荀子集解

二

〔唐〕楊倞　注
〔清〕王先謙　集解

齊魯書社
·濟南·

荀子集解

四

孫鑛曰荀公重禮故論禮甚精多折微探奧之語然想有所祖未必盡是己出

孫鑛曰意精語鍊

荀子卷第十三

唐登仕郎守大理評事楊倞注

臣王先謙集解

禮論篇第十九 舊目錄第二十三今升在論議之中於文爲比

禮起於何也？曰：人生而有欲，欲而不得，則不能無求，求而無度量分界，則不能不爭。量力鄕反。○先謙案：宋台州本無此四字，有分扶問反四字。爭則亂，亂則窮。窮謂計無所出也。先王惡其亂也，故制禮義以分之，以養人之欲，給人之求，有分然後欲可養，求可給。使欲必不窮乎物，物必不屈於欲，兩者相持而長，是禮之所起也。屈，竭也。先王爲之立中道，故欲不盡於物，物不竭於欲，欲與物相扶持，故能長久，是禮所起之本意者也。故禮者，養也。芻豢稻粱，五味調香，所以養口也。○王念孫曰：香，臭也，非味也，與五味調三字義不相屬。下文云椒蘭芬苾所以養鼻，是香以養鼻，非以養口也。香當爲盉，說文盉調味也從皿禾聲今通作和昭廿年左傳曰和如羹焉水火醯醢鹽梅以亨魚肉宰夫和之齊之以味濟其不及以洩其過君子食之以平其心故曰五味調盉所以養口也盉與香字相似故盉誤爲香而楊注不釋盉字則所見本已誤爲香矣說文又曰鬻䰞羹五味盉羹也博古圖所載商周器皆有盉蓋因其可以盉羹而名之故其字從皿而以禾爲聲今經傳皆通用和字而盉字遂廢此盉字若不誤爲香則後人亦必改爲和矣

椒蘭芬苾。所以養鼻也。雕琢刻鏤。黼黻文章。所以養目也。鐘鼓管磬。琴瑟竽笙。所以養耳也。疏房、檖貌。越席、牀、笫、几、筵。所以養體也。疏通也疏房通明之房也貌古貌字檖貌未詳或曰檖讀爲邃貌廟也廟者宮室尊嚴之名或曰貌讀爲邈言屋宇深邃緜邈也笫牀棧也越席翦蒲席也古人所重司馬貞曰疏窗也○先謙案宋台州本注緜作緬

故禮者養也。君子既得其養。又好其別。曷謂別。曰。○先謙案史記禮書作又好其辨也所謂辨者貴賤有等。長幼有差。貧富輕重。皆有稱者也。稱謂各當其宜尺證反

故天子大路越席。所以養體也。側載睪芷。所以養鼻也。○盧文弨曰睪芷說在上篇史記禮書作臭茝臭亦皋之誤

前有錯衡。所以

養目也。和鸞之聲。步中武象。趨中韶護。所以養耳也。並解在正論篇龍旗九斿。所以養信也。龍旗畫龍旗爾雅曰素陞龍于縿練旃九旗正幅爲縿斿所以屬之者也信謂使萬人見而信之識至尊也養猶奉也○盧文弨曰注正幅爲縿宋本縿作緇元刻作絲皆誤今改正元刻練斿作練旒與今爾雅同郝懿行曰信與神同畫龍於旗取其神變此信蓋神之叚借古多借信爲伸此又借信爲神神與伸皆同聲之字故可相通楊氏不知叚借之義故云信謂使人見而信之其望文生訓不顧所安往往如此寢兕。謂武士寢處於甲冑者也持虎。謂以虎皮爲弓衣武士執持者也詩曰虎韔鏤膺劉氏云畫虎於鈴竿及楯也○盧文弨曰持當爲特字之誤也寢兕特虎謂畫輪爲飾也劉昭注輿服志引古今注武帝天漢四年令諸侯王朱輪特虎居前左兕右麋卜國朱輪畫特熊居前寢麋居左右白虎通亦曰朱輪特熊居前寢麋居左右此謂朱輪每輪畫一虎居前兕麋在兩旁卻後而相竝故虎稱特左右謂每輪兩旁也寢伏也大國畫特虎兕麋不寢小國則畫特熊二寢麋無兕天子乘輿蓋畫二寢兕居輪左右畫特虎居前歟此段若膺說蛟韅。韅馬服之革蓋象蛟形徐廣曰以蛟魚皮爲之○盧文弨曰史記蛟作鮫古字通用注馬服乃馬腹之誤徐說本說文楊云象蛟形與上下文虎兕龍一例勝徐說絲末。末與幦同禮記曰君羔幦虎犆鄭云覆苓也絲幦蓋織絲

姚姬傳孰世修堂本作塾

孫鏘曰古熟孰通作淮字解為長史記作孰

爲幣亡狄反○盧文弨曰絲末史記無**彌龍所以養威也**彌如字又讀爲弭弭末也謂金飾衡軛之末爲龍首也徐廣曰乘輿車以金薄繆龍爲輿倚較文虎伏軾龍首衡軛○盧文弨曰彌卽說文之䥯廣韻引說文云䥯乘輿金耳也讀若渳水一讀若月令靡艸之靡金耳謂車耳卽重較也徐廣說爲得之繆龍史記作璆龍索隱云璆然龍貌徐又云文虎伏軾龍首衡軛此引古類及之非正釋也衡軛當從史記注作衡軛爲是郝懿行曰金耳者金飾車耳也於倚較上刻爲交龍之形飾之以金以養威重龍取其威也王念孫曰盧注亦段說也今本說文作乘輿金飾馬耳也經段氏校正說見段氏說文注**故大路之馬必倍至教順然後乘之所以養安也**倍至謂倍加精至也或以必倍爲句倍謂反之車在馬前令馬熟識車也至極教順然後乘之備驚奔也○盧文弨曰史記倍至作信至先謙案倍當依史記作信倍信形近而譌據楊注則所見本已誤信至謂馬調良之極**孰知夫出死要節之所以養生也**孰甚也出死出身死寇難也要節自要約以節義謂立節也使其孰知出死要節盡忠於君是乃所以受祿養生也若不能然則亂而不保其生也要一遙反○盧文弨曰此注舊本有譌有脫今訂正先謙案史記出死上多一士字**孰知夫出費用之所以養財也**費用財以成禮謂問遺之屬是乃所以求奉養其財不相侵奪

孫鑛曰句法新

姜寳曰知此則老氏之絶滅禮豈不過激

也○郭嵩燾曰用上疑奪文或作出費制用四句爲一例先謙案史記出作輕文義大異孰知夫恭敬辭讓之所以養安也無恭敬辭讓則亂而不安也孰知夫禮義文理之所以養情也無禮義文理則縱情性不知所歸也故人苟生之爲見若者必死言苟唯以生爲所見不能出死要節若此者必死也苟利之爲見若者必害苟唯以利爲所見不能用財以成禮若此者必遇害也苟怠惰偸懦之爲安若者必危懦讀爲儒言苟以怠惰爲安居不能恭敬辭讓若此者必危也○盧文弨曰偸懦非十二子篇作偸儒是也此與勸學篇作偸儒皆非先謙案宋台州本安下有居字據注似正文本有居字苟情説之爲樂若者必滅説讀爲悦言苟以情悦爲樂不知禮義文理恣其所欲若此者必滅亡也故人一之於禮義則兩得之矣一之於情性則兩喪之矣專一於禮義則禮義情性兩得專一於情性則禮義情性兩喪也故儒者將使人兩得之者也墨者將使人兩喪之者也是儒墨之分也

禮有三本天地者生之本也先祖者類之本也類種君師者治之

本也○無天地惡生○無先祖惡出○無君師惡治○三者偏亡焉○無安人○偏亡謂闕一也故禮上事天○下事地○尊先祖○而隆君師○是禮之三本也○所以奉其三本故王者天○太祖○謂以配天也太祖若周之后稷諸侯不敢壞○謂不祧其廟若魯周公史記作不敢懷司馬貞云思也蓋誤耳大夫士有常宗○繼別子之後爲族人所常宗百世不遷之大宗也別子若魯三桓也所以別貴始○貴始○得之本也○得當爲德言德之本在貴始穀梁傳有此語○盧文弨曰得大戴禮作德古二字通用先謙案此上是貴始之義史記作所以別貴賤貴賤治德之本也傳鈔致誤郊止乎天子○疇類也天子類得郊天餘並不合祭○先謙案史記作郊疇乎天子索隱而社止於諸侯○先謙案史記作社至諸侯索隱言天子已下至諸侯得立社說文社地主也孝經緯社土地之主也土地闊不可盡敬故封土爲社以報功也案止字義不合當作至至止形近而誤楊所見荀子本亦作至於諸侯若作止於諸侯不詞爲自諸侯通及士大夫矣道及士大夫○道通也言社自諸侯通及士大夫也或曰道行神也祭法大夫適士皆得祭門及行史記道作蹈亦作啗司馬貞曰啗音含苞也言上大夫皆得苞立社僚謂當是道誤爲蹈傳寫又誤以蹈爲啗耳○盧文弨曰史記集解

本道及作函及郝懿行曰案祭法云大夫以下成羣立社曰置社鄭注羣衆也大夫以下謂下至庶人也大夫不得特立社與民族居百家以上則共立一社今時里社是也此則社之禮下達庶人道謂通達也王念孫曰楊注皆出於小司馬其說道啗二字皆非也[illegible]道及者覃及也說見史記禮書先謙案史記作函及士大夫集解函音含索隱作啗云啗音含含謂包容鄒誕生音徒濫反大戴禮作導導亦通也今此爲啗者當以導與蹈同後其字足失止唯有口存故使解者穿鑿也錢氏大昕云函及者覃及也說文弓嘾也讀若含函從弓得聲亦與嘾同義古文導與禫同士喪禮中月而禫古文禫作導說文祓讀若三年導服之導亦謂禫服也導與禫通則亦與覃嘾通而啗又與嘾同音是文異而實不異小司馬疑啗爲蹈之譌由不知古音之變易也王氏念孫云錢謂導與覃通導及卽覃及是也大雅蕩篇覃及鬼方爾雅覃延也言社自諸侯延及士大夫也函當爲臽附作啗從臽得聲是臽與啗古同聲故鄒本作啗卽臽之異文也啗與覃古亦同聲故鄒本之啗及卽詩之覃及也錢以函及爲覃及非也函訓爲容非覃及之義函與啗亦不同聲若本是函字無緣通作啗也臽字本作臽形與函相似因譌爲函後人多見函少見臽故經史中臽字多譌爲函[illegible]隔若所以別尊者事尊卑者事卑宜大者巨宜小者小也○先謙案宋台州本有也字各本無以上下文例之當有今據補故

王納諫曰精於禮意可与戴記相表裡

有天下者事十世，十當爲七，穀梁傳作天子七廟。○先謙案大戴禮史記皆作七。有一國者事五世，有五乘之地者事三世，古者十里爲成，成出革車一乘，五乘之地謂大夫有菜地者得立三廟也。○盧文弨曰注菜俗閒本作采宋本元刻皆作菜案諸經正義中亦多作菜字白虎通京師篇凡三見皆作菜後漢馮魴傳食菜馮城是以匡謬正俗云古之經史采菜相通有三乘之地者事二世，祭法所謂適士立二廟也。持手而食者，不得立宗廟，持其手而食謂農工食力也。○先謙案持手大戴禮作待年史記作有特牲禮記曰庶人祭於寢所以別積厚，積厚者流澤廣，積薄者流澤狹也。積與績同功業也穀梁傳僖公十五年震夷伯之廟夷伯魯大夫因此以見天子至於士皆有廟也天子七廟諸侯五大夫三士二故德厚者流光德薄者流卑是以貴始德之本也○盧文弨曰大戴及史記積厚二字不重王念孫曰不重者是也上文所以別尊者事尊卑者事卑與此文同一例則積厚二字不當重大饗尚玄尊，俎生魚，先大羹，貴食飲之本也。大饗祫祭先王也尚上也玄酒水也大羹肉汁無鹽梅之味者也本謂造飲食之初禮記曰郊血大饗腥也饗尚玄尊而用酒醴，先黍稷而飯稻粱。饗與享同四時享廟也用謂酌獻也

王納諫曰親用一語妙不可言

孫鑛曰連用五一字

王納諫曰冲淡有餘

以玄酒爲上而獻以酒醴先陳黍稷而後飯以稻粱也祭齊大羹而飽庶羞貴本而親用也祭月祭也齊讀爲嚌嚌至齒也謂尸舉大羹但至齒而已矣至庶羞而致飽也用謂可用食也○盧文弨曰大戴禮齊作嚌史記嚌下有先字俞樾曰楊注齊讀爲嚌此因大戴記而誤也齊當爲躋禮記樂記篇鄭注曰齊讀爲躋是也文二年左傳躋僖公杜注曰躋升也然則躋大羹者升大羹也正與上文尚玄尊先黍稷一律下文云豆之先大羹也是其義也大戴記禮三本篇作嚌疑即躋之壞字史記禮書嚌下有先字疑史公原文作先大羹後人因大戴之文妄增嚌字耳貴本之謂文親用之謂理文謂脩飾理謂合宜兩者合而成文○郝懿行曰文理一耳貴本則溯追上古禮至備矣兼備之謂文親用則曲盡人情禮至察矣密察之謂理理統於文故兩者通謂之文也以歸大一夫是之謂大隆貴本親用兩者相合然後備成文理大讀爲太太一謂太古時也禮記曰夫禮必本於太一言雖備成文理然猶不忘本而歸於太一是謂大隆於禮司馬貞曰隆盛也得禮文理歸於太一是禮之盛也故尊之尚玄酒也俎之尚生魚也俎之先大羹也一也一謂一於古也此以象太古時皆貴本之義故云一也○先謙案下俎字大戴禮史記作豆大羹盛於登俎豆盎通言之利爵之不醮也成事

之俎不嘗也。三臭之不食也。一也。醮盡也謂祭祀畢告利成利成之時其爵不卒奠於筵前
也史記作不啐成事謂尸既飽禮成不嘗其俎儀禮尸又三飯
士佐食受尸牢肺正脊加於肵是臭謂歆其氣謂食畢也許又
反皆謂禮畢無文飾復歸於朴亦象太古時也史記作三侑之
不食司馬貞曰禮祭必立侑以勸尸食至三飯而止每飯有侑
一人故曰三侑既是勸尸故不自食也。俞樾曰楊注利爵不
醮未盡其義利者謂佐食也利爵不醮蓋據大夫儐尸之禮有
司徹篇利洗爵獻於尸尸酢獻祝祝受祭酒啐酒奠之是其事
也利既獻尸尸卒爵酢利利又獻祝祝受奠之不啐示祭事畢
也先謙案索隱云成事卒哭之祭故記曰卒哭曰成事既是卒
哭始從吉祭故受爵而不嘗俎與楊注義異孔廣森云一也三
者皆禮之終 大昏之未發齊也。大廟之未入尸也。始卒之未小斂也。
一也。皆謂未有威儀節文象太古時也史記作大昏之未廢齊也司馬貞曰廢齊謂婚禮父親醮子而迎故曲禮云齊戒
以告鬼神此三者皆禮之初始質而未備故云一也。盧文弨
曰案古廢發音同通用俞樾曰齊當讀爲醮發猶致也昏禮父
親醮子而命之迎未發醮者未致醮也先謙案孔
廣森云未入尸謂若饋食尸未入之前爲陰厭也 大路之素未
集也。郊之麻絻也。喪服之先散麻也。一也。大路殷祭天車王者所乘也未集不集丹

孫鏘曰雕幾疑是雕乃

李聲說詳要交參遺漏字

漆也禮記云大路素而越席又曰丹漆雕幾之美素車之乘麻絻緝麻爲冕所謂大裘而冕不用袞龍之屬也士喪禮始死主人散帶垂長三尺史記作大路之素幬司馬貞曰幬音稠謂車蓋素帷示質也○盧文弨曰注未舊本作亦質者也俞樾曰楊注未集不集丹漆也則但言素而其義已足矣不必言未集且未集二字義亦未足楊注非也未字當爲末素末一事素集一事葢一本作末一本作集傳寫誤合之而因改末爲未以曲成其義非荀子原文也末者幦之叚字上文絲末楊注曰末與幦同禮記曰君羔幦虎犆鄭云覆笭也然則大路之素末亦卽素幦耳大戴記禮三本篇作素幭幭與幦同荀子作末之本與大戴合集者幬之叚字集音轉而爲就詩小旻篇是用不集韓詩作是用不就是也故得讀爲幬爾雅釋訓幬謂之帳釋文曰幬本或作裯是幬字或從周聲山海經中山經暴山其獸多麋鹿麢就郭注曰就雕也然則以就爲裯猶以就爲雕矣史記禮書正作素幬荀子作集之本與史記合先謙案大戴禮散麻作散帶孔廣森云帶要經也喪禮小斂主人始經散垂之旣成服乃絞雜記曰大功以上散帶三者皆從質故云一也

三年之喪。哭之不文也。清廟之歌。一倡而三歎也。縣一鍾。尚拊之膈。朱絃而通越也。一也。不文謂無曲折也禮記曰斬衰之哭若往而不反清廟之歌謂工以樂歌清廟之篇也一人倡三人歎言和之者寡也縣一鍾比於編鍾爲簡略也尙拊之膈未詳或曰尙謂上古也拊樂器名膈擊也卽所謂戛擊鳴球搏拊琴瑟也尙古樂所以示質也楊子雲長楊賦曰拮膈鳴球韋昭曰古文膈爲擊或曰膈當爲搏大戴禮作搏拊一名相禮記曰治亂以相拊所以輔樂相亦輔之義書曰搏拊琴瑟孔安國曰搏拊以韋爲之實之以糠所以節樂也周禮大祭祀登歌令奏擊拊司馬貞曰拊鬲謂縣鍾格也不擊其鍾而拊其格不取其聲示質也朱絃疏越鄭玄云朱絃練朱絃也練則聲濁越瑟底孔也所以發越其聲故謂之越疏通之使聲遲也史記作洞越或曰膈讀爲戛也○盧文弨曰不文大戴禮史記皆作不反觀注意此亦似本作不反文字疑誤郝懿行曰樂論篇以拊鞷與鞉柷椌楬相儷則皆樂器名也拊者以韋爲之實以糠膈彼作鞷其字從革竊疑亦拊之類不得依此注以膈爲擊也若長楊賦之拮膈鳴球則又借拮膈爲戛擊楊注爲誤引矣以此互相訂正則此當縣之一鍾句尙拊膈句文誤倒耳尙者上也鍾聲宏大言不貴彼而上此聲之近質者也先謙案不文當作不反盧說是也大戴禮鍾作磬與磬同拊膈作拊搏無之字史記亦無明此之字衍尙書大傳曰古者帝王升歌清廟之樂大琴練絃達越大瑟朱絃達越

凡禮始乎梲。成乎文。終乎悅校。史記作始乎脫成乎文終乎稅言禮始於脫略成於文飾終於稅減禮記曰禮主其減校未詳大戴禮作終於隆隆盛也○盧文弨曰注隆字舊本不重案大戴作終於隆史記索隱所引同云隆謂盛也今据增郝懿行曰稅史記作脫疑此當作稅稅者斂也校當作恔恔者快也孟子於人心獨無恔乎趙注恔快是矣此言禮始乎收斂成乎文飾終乎悅快故至備情文俱盡。情文俱盡乃爲禮之至備情謂禮意喪主哀祭主敬之類文謂禮物威儀也其次情文代勝。不能至備或文勝於情情勝於文是亦禮之次也其下復情以歸大一也。雖無文飾但復情以歸質素是亦禮也若潢汙行潦之水可薦於鬼神也天地以合。日月以明。四時以序。星辰以行。江河以流。萬物以昌。好惡以節。喜怒以當。言禮能上調天時下節人情若無禮以分別之則天時人事皆亂也昌謂各遂其生也以爲下則順。以爲上則明。萬物變而不亂。貳之則喪也。禮豈不至矣哉。禮在下位則使人順在上位則治萬變而不亂貳謂不一在禮喪亡也○顧千里曰物字而字疑不當有大戴記禮三本篇無此二字可以爲證先謙案貳乃貣之誤字說見天論篇大戴禮作貣之則喪張參五經文字云貸相承或借爲貣呂覽管子史記皆以貣爲忒立隆以爲極。而天下莫之能損益也。立隆盛之禮以極盡人情使天下不復更能損益也本末相順。司馬貞曰禮之盛文理合以歸太一禮之殺復情以歸太一是本末相順也○俞樾曰順讀爲𢓊禮記祭義篇

王納諫曰有說謂有精意可講說也注作者非

終始相巡此云本末相巡其義正同順巡並從川聲故得段用終始相應。司馬貞曰禮始於脫略終於稅稅亦殺也殺亦脫略是終始相應也至文以有別。至察以有說。言禮之至文以其有尊卑貴賤之別至察以其有是非分別之說司馬貞曰說音悅言禮之至察有以明隆殺委曲之情文足以悅人心也○王念孫曰以猶而也統說言至文而有別至察而有說也史記以有二字皆倒轉誤也楊前說誤解以字後用小司馬說讀說為悅尤非天下從之者治。不從者亂。從之者安。不從者危。從之者存。不從者亡。小人不能測也。○先謙案測史記誤則禮之理誠深矣。堅白同異之察。入焉而溺。其理誠大矣。擅作典制辟陋之說。入焉而喪。其理誠高矣。暴慢恣睢輕俗以為高之屬。入焉而隊。隊古墜字墮也以其深故能使堅白者溺以其大故能使擅作者喪以其高故能使暴慢者墜司馬貞曰恣睢毀訾也○先謙案史記理並作貌喪作嗛故繩墨誠陳矣。則不可欺以曲直。衡誠縣矣。則不可欺以輕重。規矩誠設矣。則不可欺以方圓。君子審於禮。則不可欺以詐偽。故繩者直之

許國曰法度氣力
精采光燄熟讀再

至。衡者平之至。規矩者方圓之至。禮者人道之極也。然而不法禮。不足禮。謂之無方之民。法禮足禮。謂之有方之士。足謂無闕失方猶道也。郝懿行曰方猶隅也廉隅謂有棱角士知砥厲故德有隅民無廉恥故喪其隅者也王念孫曰足禮謂重禮也不足禮謂輕禮也儒效篇云縱性情而不足問學則爲小人矣樂論篇云百姓不安其處不樂其鄉不足其上與此言不足禮同反是則足禮矣上文云禮者人道之極也正足禮之謂也楊注失之又曰足當爲是爾雅曰是則也則亦法也非十二子篇曰不法先王不是禮義脩身篇曰不是師法而好自用猶此言不法禮不是禮也是與足字相似而誤先謙案王前說是禮之中焉能思索。謂之能慮。禮之中焉能勿易。謂之能固。勿易不變也若不在禮之中雖能思索勿易猶無益能慮能固。加好者焉。○先謙案史記者作之此句當作加好之者焉史記引刪者字荀書奪之字也無之字則語不圓足王制篇云爲之貫之積重之致好之者君子之始也致好下有之字是其例斯聖人矣。故天者。高之極也。地者。下之極也。無窮者。廣之極也。東西南北無窮聖人者。道之極也。故學者。固學爲聖人也。非特學爲無方之民也。

禮者以財物爲用，以貢獻問遺之類爲行禮之用也以貴賤爲文，以章服旗章爲貴賤文飾也以多少爲異，多少異制所以別上下也以隆殺爲要。隆豐厚殺減降也要當也禮或厚或薄唯其所當爲貴也文理繁，情用省，是禮之隆也。文理謂威儀情用謂忠誠若享獻之禮賓主百拜情唯主敬文過於情是禮之隆盛也○先謙案史記理作貌用作欲下同文理省，情用繁，是禮之殺也。若尊之尚玄酒本於質素情過於文雖減殺是亦禮也文理情用相爲內外表裏，竝行而襍，是禮之中流也。或豐或殺情文代勝竝行相襍是禮之中流中流言如水之清濁相混也○王念孫曰襍讀爲集爾雅集會也言文理情用竝行而相會也集襍古字通[illegible]楊未達假借之旨俞樾曰襍讀爲帀古襍與帀通呂氏春秋圜道篇圜周復襍注曰襍猶帀也淮南子詮言篇以數襍之壽憂天下之亂注曰襍帀也人生子從子至亥爲一帀然則竝行而襍言竝行而周帀也楊注非先謙案中流猶中道下有復句可互證楊注非故君子上致其隆，下盡其殺，而中處其中。君子知禮者致極也言君子於大禮則極其隆厚小禮則盡其降殺中用得其中皆不失禮也步驟馳騁厲騖，不外是矣，是君子之壇

王納諫曰似尋常訓詁之語而有神采奕奕可見

孫鑛曰此亦妙絶古今所摘是雅文字

宇宮廷也厲鶩疾鶩也史記作廣鶩言雖馳騁不出於隆殺之閒壇宇宮廷已解於上人有是士君子也外是民也是猶此也民氓無所知者○王念孫曰是謂禮也有讀爲域孟子公孫丑篇注曰域居也人域是人居是也故與外是對文商頌元鳥篇奄有九有韓詩作九域[illegible]魯語共工氏之伯九有也韋注曰有域也漢書律厤志引祭典曰共工氏伯九域是域有古通用史記禮書正作人域是[illegible]域於是其中焉方皇周挾曲得其次序是聖人也方皇讀爲仿偟猶徘徊也挾讀爲浹帀也言於是禮之中徘徊周帀委曲皆得其次序而不亂是聖人也故厚者禮之積也大者禮之廣也高者禮之隆也明者禮之盡也聖人所以能厚重者由積禮也能弘大者由廣禮也崇高者由隆禮也明察者由盡禮也司馬貞曰言君子聖人有厚大之德則爲禮之所歸積益弘廣也詩曰禮儀卒度笑語卒獲此之謂也引此明有禮動皆合宜也

禮者謹於治生死者也謹嚴生人之始也死人之終也終始俱善人道畢矣故君子敬始而愼終終始如一是君子之道禮義之

荀子闢儒非墨
氏之可喙辯

王納諫曰插所灌之
字便從

王練曰痛絶

文也。夫厚其生而薄其死，是敬其有知而慢其無知也，是姦人之道而倍叛之心也。君子以倍叛之心接臧穀，猶且羞之，而況以事其所隆親乎。臧已解在王霸篇。莊子曰臧與穀相與牧羊，音義云孺子曰穀，或曰穀讀爲鬬穀於菟之穀，穀乳也，謂哺乳小兒也。所隆親，所厚之親也。○王引之曰隆，尊也。親謂隆親二字平列，所隆謂君也，所親謂父母也。下文曰臣之所以致重其君，子之所以致重其親，是其證。楊注非。故死之爲道也，一而不可得再復也。臣之所以致重其君，子之所以致重其親，於是盡矣。以其一死不可再復，臣子於極重之道不可不盡也。故事生不忠厚，不敬文，謂之野。忠厚，忠心篤厚。敬文，恭敬有文飾。野，野人不知禮者也。送死不忠厚，不敬文，謂之瘠。瘠薄。君子賤野而羞瘠。故天子棺槨十重，諸侯五重，大夫三重，士再重。禮記曰：天子之棺四重，水兕革棺被之，其厚三寸，杝棺一，梓棺二，四者皆周，棺束縮二衡三衽，每束一，柏椁以端長六尺。又禮器曰：天子七月而葬，五重八翣。鄭云五重謂抗木與茵也。今十重，蓋以棺椁與抗木合爲十重也。諸侯以下與禮記多少不同，未詳也。○郝懿行曰十當作五古五作乂與十形近易譌上有天下者事十世十當爲七然天子七重於古無文作五或猶近之而檀弓云天子之棺四重鄭注諸公三重諸侯再重大夫一重士不重與此復不同若依鄭義推之此重數俱有加亦當言天子五重諸侯三重大夫二重士一重矣王引之曰十疑當作七[illegible][illegible][illegible]神[illegible]樹[illegible]二字禮自上以下降殺以兩天子七重故諸侯減而爲五大夫減而爲三也楊注非

然後皆有衣衾多少厚薄之數，皆有翣菨文章之等，以敬飾之。衣謂衣衾禮記所謂君陳衣於庭百稱之比者也衾謂君錦衾大夫縞衾士緇衾也食謂遣車所苞遣奠也翣菨當爲蔞蔞翣鄭康成云蔞翣棺之牆飾也翣以木爲筐衣以白布畫爲雲氣如今之攝也周禮縫人衣翣柳之材鄭云必先纏衣其木乃以張飾也柳之言聚也諸飾所聚柳以象宮室也劉熙釋名云輿棺之車其蓋曰柳文章之等謂君龍帷三池振容黼荒火三列黻三列素錦褚加帷荒纁紐六齊五采五貝黼翣二黻翣二畫翣二皆戴圭魚躍拂池君纁戴六纁披六大夫以下各有差也○盧文弨曰正文衣衾案注當本作衣食元刻於注頗有刪節今悉依宋本王念孫曰盧說是也正文本作然後皆有衣食多少厚薄之數[illegible][illegible][illegible]衣楊注本作衣謂衣衾[illegible][illegible]衣禮記所謂君陳衣於庭百稱之比者也衾謂君錦衾大夫縞衾士緇衾也[illegible][illegible][illegible][illegible][illegible][illegible][illegible][illegible][illegible]二字食謂遣車所苞遣奠也[illegible][illegible][illegible]宋本正文食字誤而爲衾注文禮記上又脫一衣字則義不可通而元刻遂妄加删節矣使生死終始若一一足以爲人願是先王之道忠臣孝子之極也生死如一則人願皆足忠孝之極在此也天子之喪動四海屬諸侯諸侯之喪動通國屬大夫大夫之喪動一國屬脩士脩士之喪動一鄉屬朋友屬謂付託之使主喪也通國謂通好之國也一國謂同在朝之人也脩士士之進脩者謂上士也一鄉謂一鄉內之姻族也春秋傳曰天子七月而葬同軌畢至諸侯五月而葬同盟至大夫三月同位至士踰月外姻至○王念孫曰屬合也[illegible][illegible]辟下文云庶人之喪合族黨動州里是也周官州長各屬其州之民而讀法鄭注曰屬猶合也聚也晉語三屬諸侯韋注屬會也楊注失之庶人之喪合族黨動州里刑餘罪人之喪不得合族黨獨屬妻子棺椁三寸衣衾三領不得飾棺不得晝行以昏殣凡緣而往埋之刑餘遭刑之餘死者墨子曰桐棺三寸葛以爲緘趙簡子亦云然則厚三寸刑人之棺也喪大記士陳衣於序東三十稱今云三領亦貶損之甚也殣道死人也詩曰行有死人尚或殣之今昬殣如掩道路之死人惡之甚也凡常也緣因也言其妻子如常日所服而埋之不更加絰杖也今猶謂無盛飾爲緣身也○

郝懿行曰按緣身今俗亦有此語反無哭泣之節無衰麻之服無親疏月數之等各反其平各復其始。王引之曰平字文義不明平當爲本字之誤也本亦始也呂氏春秋孝行篇注本始也晉語注始本也也反其本即復其始復其始謂若無喪時也又曰平字不誤下文曰久而平楊注久則哀殺如平常也是其證前謂平當爲本失之已葬埋若無喪者而止夫是之謂至辱此蓋論墨子薄葬是以至辱之道奉君父也禮者謹於吉凶不相厭者也厭掩也烏甲反謂不使相侵掩也或曰不使相厭惡非也紸纊聽息之時則夫忠臣孝子亦知其閔已紸讀爲注注纊即屬纊也言此時知其必至於憂閔也或曰紸當爲絓絓苦化反以爲蛙字非也。兪樾曰楊注文義迂曲殆非也爾雅釋詁閔病也詩柏舟篇覯閔既多鴟鴞篇鬻子之閔斯毛傳竝曰閔病也亦知其閔已猶言亦知其病已病謂疾甚也儀禮既夕記注曰疾甚曰病然而殯斂之具未有求也所謂不相厭也垂涕恐懼然而幸生之心未已持生之事未輟也卒矣然後作具之作之具之故雖備家必踰日然後能殯三日而成服備豐足也。郝懿行曰備具也皆也物皆饒多夙具故謂富家爲備家郭嵩燾曰備

孫鑛曰此亦妙絕古今所摘意細語淨雅潔中有深味蓋錬之至

至文生於至情

王納諫曰兩然而兩然後轉換處聲[illegible]

（家不詞當卽下備物此時雖備物不敢遽也踰日而殯三日而成服而後所備之物畢作也）然後告遠者出矣，備物者作矣。故殯久不過七十日，速不損五十日。（此告據士喪禮首尾三月者也損減也）是何也？曰：遠者可以至矣，百求可以得矣，百事可以成矣。其忠至矣，其節大矣，其文備矣。（忠誠也節人子之節也文器用儀制也子思曰喪三日而殯凡附於身者必誠必信勿之有悔焉耳三月而葬凡附於棺者必誠必信勿之有悔焉耳）然後月朝卜日，月夕卜宅，然後葬也。（月朝月初也月夕月末也先卜日知其期然後卜宅此大夫之禮也士則筮宅士喪禮先筮宅後卜日此云月朝卜日月夕卜宅未詳也○郝懿行曰夕與昔古字通昔者舊也舊已卜宅月朝乃卜日也王引之曰當作月朝卜宅月夕卜日今本宅日二字上下互誤耳斷無先卜日後卜宅之理）當是時也，其義止，誰得行之？其義行，誰得止之？（聖人爲之節制使賢者抑情不肖者企及）故三月之葬，其額以生設飾死者也，殆非直畱死者以安生也，（須象也言其象以生之所設器用飾死者三月乃能備也）是致隆思慕之義也。

李摯强曰此論皆入肝膈之液
乃伸厚葬以駁墨子大闡世道卿所持論若此何文滋孟子

喪禮之凡凡謂常道○盧文弨曰喪禮宋本作卒禮下同變而飾謂殯斂每加飾動而遠禮記子游云飯於牖下小斂於戶內大斂於阼殯於客位祖於庭葬於墓所以卽遠也久而平久則哀殺如平常也故死之為道也不飾則惡惡則不哀尒則翫尒與邇同翫戲狎也翫則厭厭則忘忘則不敬一朝而喪其嚴親○俞樾曰禮記大傳篇收族故宗廟嚴鄭注曰嚴猶尊也嚴親卽尊親嚴謂君親謂父母而所以送葬之者不哀不敬則嫌於禽獸矣君子恥之故變而飾所以滅惡也動而遠所以遂敬也遂成也邇則懽敬不成也久而平所以優生也優養生者謂送死有已復生有節也禮者斷長續短損有餘益不足達愛敬之文而滋成行義之美者也皆謂使賢不肖得中也賢者則達愛敬之文而已不至於滅性不肖者用此成行義之美不至於禽獸也故文飾麤惡聲樂哭泣恬愉憂戚是反也是相反也然而禮兼而用之時舉而代御御進用也時吉則吉時凶則凶也○王念孫曰此時字非謂天時時者更䮑也謂文飾與麤惡聲樂與哭泣恬愉與憂戚皆更舉而代御也方言曰蒔䣑

此下性偽之說即性
惡之說故刪之

侍更也古無蒔字故借時爲之莊子徐無鬼篇云堇也桔梗也雞廱也豕零也是時爲帝者也爾雅帝君也淮南齊俗篇云見雨則裘不用升堂則蕢不御此代爲帝者也帝今本誤作常說林篇云旱歲之土龍疾疫之芻靈是時爲帝者也今本脫時字據高注補太平御覽器物部十引馮衍詣鄧禹牋云見雨則裘不用上堂則蓑不御此更爲適者也適讀爲嫡子之嫡廣雅嫡君也或言時爲或言代爲或言更爲是時代皆更也詁言更代也說文代迭迭故曰時舉而代御楊說時字之義未了

故文飾聲樂恬愉，所以持平奉吉也。麤衰哭泣憂戚。王念孫曰麤衰本作麤惡此後人不曉文義而妄改之也麤惡對文飾哭泣對聲樂憂戚對恬愉皆見上文麤惡二字所包者廣不止麤衰一事不得改麤惡爲麤衰也下注云立麤衰以爲居喪之飾則楊所見本已誤所以持險奉凶也。持扶助也險謂不平之時故其立文飾也不至於窕冶。窕讀爲姚姚冶妖美也其立麤衰也不至於瘠棄。立麤衰以爲居喪之飾亦不使羸瘠自棄其立聲樂恬愉也不至於流淫惰慢。其立哭泣哀戚也不至於隘懾傷生。是禮之中流也。隘窮也懾猶戚也之怯反中流禮之中道也故情貌之變，足以別吉凶，明貴賤親疏之節，期止矣。期當爲斯外是姦也。雖難，君子賤之。故量食而食之，量要而帶之，相高以毀瘠，是姦人之道也，非禮義之文也，非孝子之情也，將以有爲者也。非禮義之節文孝子之眞情將有作爲以邀名求利若演門也。盧文弨曰注演門未詳故說豫娩澤，憂戚萃惡，是吉凶憂愉之情發於顏色者也。說讀爲悅豫樂也娩媚也音晚澤顏色潤澤也萃與顇同惡顏色惡也發見也。王念孫曰娩讀若問娩澤顏色潤澤也說豫與憂戚對文娩澤與萃惡對文故曰是憂愉之情發於顏色者也內則免薨鄭注免新生者薨乾也釋文免音問娩免古字通內則以免對薨猶此文之以娩澤對惡萃也楊讀爲娩娩之娩分娩澤爲二義與萃惡不對矣歌謠謸笑，哭泣諦號，是吉凶憂愉之情發於聲音者也。謸與傲同戲謔也說文云謸悲聲與此義不同諦讀爲啼管子曰豕人立而諦古字通用號胡刀反。盧文弨曰案春秋繁露執贄篇羊殺之不諦淮南精神訓病疵瘕者跦踦而諦並以諦爲啼芻豢稻粱，酒醴餰鬻，魚肉，菽藿酒漿，是吉凶憂愉之情發於食飲者也。餰鬻菽藿喪者之食。郝懿行曰藿豆葉也說苑十一藿食者尙何與焉是菽藿皆卑賤之所食也王念孫曰酒漿當爲水漿芻豢稻粱酒醴魚肉吉事之飲食也餰鬻菽藿水漿凶事之飲食也今本水漿作洒漿則既與凶事不合又與上文酒醴相複矣此酒字卽涉上酒醴而誤俞樾曰王說是也魚肉二字當在餰鬻二字之上蓋芻豢稻粱酒醴魚肉屬吉餰鬻菽藿水漿屬凶方與上下文一律今魚肉字誤倒在餰鬻下則吉凶不倫矣楊注餰鬻菽藿喪者之食疑楊氏所見本尚未倒故以餰鬻菽藿連文也當據以訂正

絻黼黻文織資麤衰絰菲繐菅屨。是吉凶憂愉之情。發於衣服者也。卑絻與禪冕同衣禪衣而服冕也禪之言卑也天子六服大裘爲上其餘爲卑以事尊卑服之諸侯以下皆服焉文織染絲織爲文章也資與齋同卽齊衰也麤衰布也今麤布亦謂之資菲草衣荼如蕢然或當時喪者有服此也繐繐衰也鄭玄云繐衰小功之縷四升半之衰也凡布細而疎者謂之繐今南陽有鄧繐布菅茅也春秋傳曰晏子杖菅屨也。盧文弨曰今注鄧繐布今儀禮無布字王念孫曰案富國篇曰天子祩衣冕諸侯元裷衣冕大夫禪冕士皮弁大略篇曰天子山冕諸侯元冠大夫禪冕士韋弁其制上下不同此不當獨舉禪冕言之楊以卑絻爲禪冕未是也卑絻疑當爲弁絻弁卽今弁字弁絻黼黻文織皆二字平列且弁絻二字兼上下而言此篇曰弁絻黼黻文織君道篇曰冠弁衣裳黼黻文章曾子問曰天子賜諸侯大夫冕弁服禮運曰冕弁兵革昭元年左傳曰吾與子弁冕端委九年傳曰猶衣服之有冠冕宣元年公羊傳曰已練可以弁冕僖八年穀梁傳曰弁冕雖舊必加於首或言弁冕或言冕弁或言冠冕或言冠弁皆二字平列且兼上下而言故知卑絻爲㝸絻之誤說文覍冕也籀文作㝸或作弁今經傳皆作弁而覍㝸弁三字遂廢此㝸字若不誤爲卑則後人亦必改爲弁矣疏房檖貌越席牀第几筵屬茨倚廬席薪枕塊是吉凶憂愉之情發於居處者也。茨蓋屋草也屬茨令茨相連屬而已至疏漏也倚廬鄭云倚木爲廬謂一邊著地如倚物者既葬柱楣塗廬也兩情者人生固有端焉。兩情謂吉與凶憂與愉言此兩情固自有端緒非出於禮也若夫斷之繼之博之淺之益之損之類之盡之盛之美之使本末終始莫不順比足以爲萬世則則是禮也。人雖自有憂愉之情必須禮以節制進退然後終始合宜類之謂觸類而長比附會也毗至反非順孰脩爲之君子莫之能知也。順從也孰精也脩治也爲作也故曰性者本始材朴也僞者文理隆盛也無性則僞之無所加無僞則性不能自美。之往○郝懿行曰朴當爲樸樸者素也言性本質素禮乃加之文飾所謂素以爲絢也僞卽爲字之不訓往往非下云性僞合然後聖人之名一言必性僞合一斯乃聖人所以成名性惡篇云聖人化性而起僞僞起於性而生禮義卽此所謂性僞合矣性僞合然後聖人之名一。天下之功於是就也。一謂不分散言性僞合然後成聖人之名也故曰。天地合而萬物生。陰陽接而變化起。性僞合而天下治。天能生物。不能辨物也。地能載人。不能治人也。宇中萬物生人之屬。待聖人然後分也。詩曰。懷柔百神。及河喬嶽。此之謂也。引此喻聖人能并治之詩周頌時邁之篇

喪禮者。以生者飾死者也。大象其生。以送其死也。故如死如生。如亡如存。終始一也。不以死異於生亡異於存。郝懿行曰案檀弓云之死而致生之不知而不可爲也故言如死者知之盡也又云之死而致死之不仁而不可爲也故言如生者仁之至也中庸曰事死如生事亡如存仁知備矣兪樾曰如死如生如亡如存義不可通當作事死如生事亡如存上兩如字誤也篇末云哀夫敬夫事死如事生事亡如事存可知此文之譌當據以訂正始卒。沐浴鬠體飯唅。象生執也。儀禮鬠用組鄭云用組組束髮也古文鬠皆爲括體謂爪揃之屬士喪禮主人左扱米實於右三實一貝左中亦如之又實米唯盈鄭云于右尸口之右唯盈

取滿而已是飯唅之禮也象生執謂象生時所執持之事執或爲持不沐則濡櫛三律而止。不浴則濡巾三式而止。律理髮也今秦俗猶以枇髮爲栗濡溼也式與拭同士喪禮尸無有不沐浴者此云不蓋末世多不備禮也。盧文弨曰注枇髮舊本枇作批誤案魏志管輅傳簟十三物一一名之惟以梳爲枇耳古枇作比漢書有比疏蓖梳疏而比密也說文櫛下云梳比之總名郝懿行曰枇當作比比者梳之密者也律猶類也今齊俗亦以比去蟣蝨爲律言一類而盡除之也律栗音同注內栗字依正文作律亦可不必別出栗字也充耳而設瑱。士喪禮瑱用白纊鄭云瑱充耳纊新緜也飯以生稻，唅以槁骨，反生術矣。生稻米也槁枯也槁骨貝也術法也前說象其生也此已下說反於生之法也說褻衣，襲三稱，縉紳而無鉤帶矣。縉與搢同扱也紳大帶也搢紳謂扱於帶鉤之所用弛張也今不復解脫故不設鉤也褻衣親身之衣也士喪禮飯唅後乃襲三稱明衣不在算設韐帶搢笏禮記曰季康子之母死陳褻衣鄭玄云褻衣非上服陳之將以斂也。盧文弨曰正文說字疑當作設王念孫曰錢本說作設與盧說合先謙案宋台州本作設設掩面儇目，鬠而不冠笄矣。士喪禮掩用練帛廣終幅長五尺儇與還同繞也士喪禮幎目用緇方尺二寸䞓裏著組繫幎讀如縈縈與還義同鬠而不笄謂但鬠髮而已不加冠及笄也士喪禮笄用桑又云鬠笄用組乃笄此云不笄或後世略也**書其名。置於其重。則名不見而柩獨明矣。**書其名於旌也士喪禮爲銘各以其物亡則以緇長半幅䞓末長終幅廣三寸書銘於末曰某氏某之柩重以木爲之長三尺夏祝鬻餘飯用二鬲縣於重冪用葦席書其名置於重謂見所書置於重則名已無但知其柩也士喪禮祝取銘置於重案銘皆有名此云無葢後世禮變今猶然**薦器。則冠有鍪而毋縰。**薦器謂陳明器也鍪冠捲如兜鍪也縰韜髮者也士冠禮緇纚廣終幅長六尺謂明器之冠也有如兜鍪加首之形而無韜髮之縰也鍪之言蒙也冒也所以冒首莫侯反或音冒**甕甒虛而不實。**士喪禮甕三醯醢屑甒二醴酒皆有冪葢喪禮陳鬼器人器鬼器虛人器實也禮記宋襄公葬其夫人醯醢百甕曾子曰既曰明器而又實之。盧文弨曰此與下所引士喪禮皆見既夕篇中鄭云古文甒皆作廡**有簟席而無牀笫。**此言棺中不施牀笫大斂小斂則皆有也**木器不成斲。陶器不成物。薄器不成內。**木不成於雕琢不加功也瓦不成於器物不可用也薄器竹葦之器不成內謂有其外形內不可用也內或爲用禮記曰竹不成用瓦不成味鄭云成善也竹不可善用謂籩無縢也味當作沫沫靧也。郝懿行曰內與納同古皆以內爲納內者入也入即納也非內外之內注誤注云內或爲用用字於義較長檀弓云竹不成用王念孫曰案作用者是內郎用之譌注前說非笙竽具而不和。琴瑟張而不均。鄭云無宮商之調也輿藏而馬反。告不用也。輿謂輤輴也國君謂之輴藏謂埋之也馬謂駕輤輴之馬告示也言也士喪禮既啟遷于祖廟用輴禮記君葬用輴四綍二碑夫人葬用輴二綍二碑士葬用團車皆至葬時埋之也具生器以適墓。象徙道也。生器用器也弓矢盤盂之屬徙遷改也徙道其生時之道器當在家今以適墓以象人行不從常行之道更從它道也○郝懿行曰徙者遷也象徙道者謂如將遷居然耳亦不忍死其親之意注似未了略而不盡。貌而不功。趨輿而藏之。金革轡靷而不入。明不用也。略而不盡謂簡略而不盡備也貌形也言但有形貌不加功精好也趨輿而藏之謂以輿趨於墓而藏之趨者速藏之意金謂和鸞革車鞎也說文云靷所以引軸者也杜元凱云靷在馬胷或曰貌讀如邈邈像也今謂畫物為貌下貌皆同義。盧文弨曰趨者下俗閒本有速也二字宋本元刻皆無車報舊誤作車軟今據爾雅改正王念孫曰金革即小雅蓼蕭所謂鞗革也說文鋚作鋚云轡首銅也從金攸聲石鼓文及寅簋文作鋚勒焦山鼎作攸勒伯姬鼎作攸勒辟父敦作攸革字爾雅曰轡首謂之革故曰金革轡靷鞗以金為和鸞失之又曰革車鞅也宋本鞅譌作軟今本譌作軟盧又改軟為報皆與金革無涉象從道。又明不用。

也。以器適墓象其改易生時之器器亦所以明不用是皆所以重哀也。有異生時皆所以重孝子之哀也、故生器文而不功，明器貌而不用。生器生時所用之器士喪禮曰用器弓矢耒耜兩敦兩杅盤匜之屬明器鬼器木不成斲竹不成用瓦不成沫之屬禮記曰周人兼用之以言不知死者有知無知故襍用生器與明器也凡禮，事生，飾歡也；送死，飾哀也；祭祀，飾敬也；師旅，飾威也。是百王之所同，古今之所一也，未有知其所由來者也。故壙壠其貌象室屋也。壙墓中壠冢也禮記曰適墓不登壠貌猶意也言其意以象生時也或音邈棺椁其貌象版蓋斯象拂也。版謂車上障蔽者蓋車蓋也斯未詳象衍字拂卽茀也爾雅釋器云輿革前謂之鞎後謂之茀郭云以韋靶車軾及後戶也○郝懿行曰版蓋者棺椁所以象屋旁爲版上爲蓋非車之版蓋也斯疑縰之音譌縰腆象非衍字拂與茀同斯象拂者蓋如喪大記云飾棺君龍帷黼荒大夫畫帷畫荒士布帷布荒之類皆所以蒙茀棺上因以爲飾也禮記問喪篇雞斯當爲笄纚聲之誤此誤正同兪樾曰版者車轓也漢書景帝紀令長吏二千石車朱兩轓千石至六百石朱左轓應劭曰車耳反出所以爲之藩屏翳塵泥也廣雅釋器曰轓謂之𨏥版與𨏥通楊注說版字未了又云斯未詳象衍字旣爲衍字則斯拂連文楊云拂卽茀也然則斯與拂必同類之物爾雅釋器云輿革前謂之鞎後謂之茀鞎字從艮聲與斤聲相近故垠從艮聲或體作圻從斤聲是其例也斯疑靳字之誤靳之本義爲當膺而古或借爲鞎廣雅釋器𩋙韇謂之靳王氏疏證亦云未詳不知𩋙韇之靳卽輿革前謂之鞎也惟其在前故繫於韇也此以版蓋靳拂並言版卽輹也在車旁蓋者車蓋也在車上靳在前拂在後其所說至爲詳備矣靳字本當作鞎而借用靳亦猶齒本字本當作齗而太元密次八琢齒依齗則借用齦齦者齧也非齒本也艮斤聲近故字得通耳乃靳又誤作斯則其義遂不可見矣

無帾絲歶縷。翣其貆以象菲、帷、幬、尉也。

無讀爲幠幠覆也所以覆尸者也士喪禮幠用斂衾夷衾是也帾與褚同禮記曰素錦褚又曰褚幕丹質鄭云所以覆棺也絲歶未詳蓋亦喪車之飾也或曰絲讀爲綏禮記曰畫翣二皆戴綏鄭云以五采羽注於翣首也歶讀爲魚謂以銅魚縣於池下禮記曰魚躍拂池縷讀爲柳蔞字誤爲縷字耳菲謂編草爲蔽蓋古人所用障蔽門戶者今貧者猶然或曰菲當爲扉隱也謂隱奧之處也或曰菲讀爲扉戶扇也幬讀爲帳尉讀爲罻罻網也帷帳如網也○王念孫曰幠者柳車上覆卽禮所謂荒也喪大記曰飾棺君龍帷黼荒素錦褚加僞荒鄭注曰荒蒙也[illegible]老在旁曰帷在上曰荒皆所以衣柳也僞當爲帷大夫以上有褚以襯覆棺乃加帷荒於其上鄭注荒幠一聲之轉皆謂覆也故柳車上覆

謂之荒亦謂之幠帾即素錦褚之褚幠帾皆所以飾棺幠在上象幕帾在下象幄故曰其貌象菲帷幬尉也周官縫人掌縫棺飾鄭注曰若存時居於帷幕而加文繡是也若斂衾夷衾非所以飾棺不得言象菲帷幬尉矣詩公劉傳曰荒大也閟宮傳曰荒有也爾雅曰幠大也有也是幠與荒同義幠從無聲荒從巟聲巟從亡聲荒之轉爲幠猶亡之轉爲無故詩遂荒大東爾雅注引作遂幠大東禮記毋幠毋敖大戴作無荒無傲矣

抗折。其額。以象槾、茨、番、閼也。士喪禮陳明器於乘車之西折橫覆之鄭云折如牀縮者三橫者五無簀窆事畢加之壙上以承抗席抗禦也所以禦止土者槾杅也茨蓋屋也槾茨猶壂茨也槾臭于反番讀爲藩藩籬也閼謂門戶壅閼風塵者抗所以禦土折所以承抗皆不使外物侵內有象於槾茨藩閼也○盧文弨曰舊本注引士喪禮多脫誤今補正

故喪禮者。無它焉。明死生之義。送以哀敬。而終周藏也。故葬埋。敬藏其形也。葬也者藏也所以爲葬埋之禮敬藏其形體也

祭祀。敬事其神也。其銘誄繫世。敬傳其名也。銘謂書其功於器物若孔悝之鼎銘者誄謂誄其行狀以爲謚也繫世謂書其傳襲若今之譜諜也皆所以敬傳其名於後世也○俞樾曰周官小史職曰奠世繫辨昭穆鄭司農云繫世謂帝繫世本之屬是也以帝繫解繫字世本解世字則繫也世也自是二事與銘誄相對楊

注未得事生，飾始也；送死，飾終也。終始具而孝子之事畢，聖人之道備矣。刻死而附生謂之墨，刻生而附死謂之惑，刻損減附增益也墨墨子之法惑謂惑亂過禮也○王念孫曰墨與惑賊對文則墨非墨子之謂上文云事生不忠厚不敬文謂之野送死不忠厚不敬文謂之瘠瘍辥此云刻死而附生謂之墨樂論云亂世之徵其養生無度其送死瘠墨又以瘠墨連文則墨非墨子明矣殺生而送死謂之賊。殉葬殺人與賊同也大象其生以送其死，使死生終始莫不稱宜而好善，是禮義之法式也，儒者是矣。

三年之喪何也？曰：稱情而立文，鄭康成曰稱人之情輕重而制其禮也因以飾羣，別親疏貴賤之節，而不可益損也。故曰：無適不易之術也。羣別謂羣而有別也適往也無往不易言所至皆不可易此術或曰適讀爲敵○謝本從盧校作不是郝懿行曰依注是當爲易轉寫之譌或曰適讀爲敵亦通先謙案各本譌是據宋台州本正作易創巨者其日久，痛甚者其愈遲，三年之喪，稱情而立文，所以爲至痛極也。創傷也楚良反日久愈遲互言之也皆言久乃能平故重喪必待三年乃除亦爲至痛之極不可朞月而已齊衰苴杖居廬食粥席薪枕塊所以爲至痛飾也齊衰禮記作斬衰苴杖謂以苴惡色竹爲之杖鄭云飾謂章表也三年之喪二十五月而畢哀痛未盡思慕未忘然而禮以是斷之者豈不以送死有已復生有節也哉斷決也丁亂反鄭云復生謂除喪反生者之事也凡生乎天地之閒者有血氣之屬必有知有知之屬莫不愛其類今夫大鳥獸則失亡其羣匹先謙案則猶若也說見議兵篇越月踰時則必反鉛過故鄉則必徘徊焉鳴號焉躑躅焉踟躕焉然後能去之也鉛與沿同循也禮記作反巡過故鄉徘徊回旋飛翔之貌躑躅以足擊地也踟躕不能去之貌小者是燕爵猶有啁噍之頃焉然後能去之燕爵與鷰雀同故有血氣之屬莫知於人故人之於其親也至死無窮鳥獸猶知愛其羣匹良久乃去況人有生之最智則於親喪悲哀之情至死不窮已故以三年節之也將由夫愚陋淫邪之人與則彼朝死而夕忘

之。然而縱之，則是曾鳥獸之不若也。彼安能相與羣居而無亂乎？將由夫脩飾之君子與，則三年之喪，二十五月而畢，若駟之過隙，然而遂之，則是無窮也。隙，壁孔也。鄭云：喻疾也。遂之，謂不時除也。故先王聖人安爲之立中制節，一使足以成文理，則舍之矣。禮記作焉爲之立中制節。鄭云：焉猶然。立中制節，謂服之年月也。舍，除也。王肅云：一，皆也。○郝懿行曰：此云安爲之，下云案以此象之，又云案使倍之，案使不及，此二案一安，禮記三年問俱作焉，皆語辭也。鄭注：焉猶然，亦語辭。然則何以分之？分，半也。半於三年矣。曰：至親以期斷。斷，決也。鄭云：言服之正，雖至親皆期而除也。是何也？鄭云：問服斷於期之義也。曰：天地則已易矣，四時則已徧矣，其在宇中者莫不更始矣。宇中者，謂萬物。故先王案以此象之也。然則三年何也？鄭云：法此變易可以期，何乃三年爲？曰：加隆焉，案使倍之，故再期也。鄭云：言於父母加厚其恩，使倍期也。由九月以下何也？由，從也。從大功以下也。曰：案使不及也。鄭云：言使其恩不若父母。故三年以爲隆，緦小

孫鑛曰此亦妙絕古今所摘果摘得妙微婉有逸波

功以爲殺。期九月以爲間。隆厚也殺減也所介反間廁其間也古莧反情在隆殺之間也上取象於天。下取象於地。中取則於人。人所以羣居和一之理盡矣。鄭云取象於天地謂法其變易也自三年以至緦皆歲時之數言既象天地又足盡人聚居粹厚之恩也○盧文弨曰注恩字俗本在聚居上宋本上下皆有今案上恩字衍去之下恩字元刻作理卽依本文似未是故三年之喪。人道之至文者也。夫是之謂至隆。至文飾人道使成忠孝鄭云言三年之喪喪禮之最盛也是百王之所同。古今之所一也。一謂不變君之喪所以取三年。何也。問君之喪何取於三年之制曰。君者。治辨之主也。文理之原也。情貌之盡也。相率而致隆之。不亦可乎。治辨謂能治人使有辨別也文理法理條貫也原本也情忠誠也貌恭敬也致至也言人所施忠敬無盡於君者則臣下相率服喪而至於三年不亦可乎○郝懿行曰率者循也循人子爲父母喪三年推之爲君亦致隆三年也先謙案辨亦治也楊注非詩曰。愷悌君子。民之父母。彼君子者。固有爲民父母之說焉。○俞樾曰子字衍文此本說君之喪所以三年之故故引詩而釋之曰彼君者固有

孫鑛曰其文多排而莊如此段独以拋擲頓挫勝大匠技固無所不有哉

康海曰三年之喪無貴賤一至漢文如以日易月後因之不變漢治之不古有以夫

爲民父母之說焉下文云父能生之不能養之母能食之不能教誨之君者已能食之矣又善教誨之者也下言君者則此文亦當作君者涉上愷悌君子之文而衍子字耳父能生之不能養之養謂哺乳之也養或謂食○王念孫日作食者是也下文兩食字並承此食字而言母能食之不能教誨之食音嗣也君者已能食之矣又善教誨之者也食謂饘糜敎誨謂制命也三年畢矣哉君者兼父母之恩以三年報之猶未畢也乳母飲食之者也而三月慈母衣被之者也而九月君曲備之者也三年畢乎哉曲備謂兼飲食衣服得之則治失之則亂文之至也文謂法度也治亂所繫是有法度之至也得之則安失之則危情之至也情謂忠厚使人去危就安是忠厚之至也兩至者俱積焉以三年事之猶未足也直無由進之耳直但也故社祭社也稷祭稷也社上神以句龍配之稷百穀之神以棄配之但各止祭一神而已郊者并百王於上天而祭祀之也百王百神也或神字誤爲王言社稷唯祭一神至郊天則兼祭百神以喩君兼父母者也○郝懿行曰上云祭社祭稷配止一人此言郊祭上天配以百王尊之至

也百王百世之王皆前世之君也楊注欲改王爲神則謬矣郭嵩燾曰故社以下數語在此終爲不類疑當在下尊尊親親之義至矣下言社以報社稷以報稷郊者并百神而盡報之皆志意思慕之積也三月之殯何也此殯謂葬也○王引之曰死三日而殯三月而葬則殯非葬也三月之殯謂既殯之後未葬之前約有三月之久也上文曰殯久不過七十日速不損五十日楊彼注云此皆據士喪禮首尾三月者也是其義矣下文曰將舉錯之遷徙之離宮室而歸邱陵也乃言葬事耳曰大之也重之也所致隆也所致親也將舉錯之遷徙之離宮室而歸丘陵也先王恐其不文也是以繇其期足之日也所至厚至親將從而歸丘陵不可急遽無文飾故繇其期足之日然後葬也繇讀爲由從也○王引之曰繇讀爲遙凡從䍃之字多並見於蕭卷二顧故傜役之傜漢書多作繇歌謠之謠漢書李尋傳作繇首飾之步搖周官追師注作繇遙其期謂遠其葬期也足之日謂足其日數也楊誤讀繇爲由且誤以期足之日連讀故天子七月諸侯五月大夫三月皆使其須足以容事事足以容成成足以容文文足以容備曲容備物之謂道矣須待也謂所待之期也事喪具也道者委曲容物備物者也○王引之曰須者遲也論語[illegible]謂遲其期使足以容事也楊訓待失之迂祭

者志意思慕之情也○王念孫曰情與志意義相近可言思慕之情不可言志意思慕之情情當爲積字之誤也[illegible]志意思慕積於中而外見於祭故曰祭者志意思慕之積也下文唈僾注云氣不舒憤鬱之貌正所謂志意之積也又下文則其於志意之情者惆然不嗛情亦當爲積言志意之積於中者不慊也楊云忠臣孝子之情悵然不足則所見本已誤

悼詭唈僾而不能無時至焉悼變也詭異也皆謂變異感動之貌唈僾氣不舒憤鬱之貌爾雅云僾唈也郭云嗚唈短氣也言人感動或憤鬱不能無時而至言有待而至也悼音革唈音邑僾音愛○盧文弨曰唈宋本作悒案爾雅作唈陸德明釋文作邑烏合反今從元刻作唈郝懿行曰悼與革詭與恑並同恑變也革更也此言祭者思慕之情悼恑皆變動之貌唈僾氣不舒之貌四字俱以雙聲爲義

故人之歡欣和合之時則夫忠臣孝子亦悼詭而有所至矣歡欣之時忠臣孝子則感動而思君親之不得同樂也

彼其所至者甚大動也言所至之情甚大感動也

案屈然已則其於志意之情者惆然不嗛其於禮節者闕然不具屈竭也屈然空然也惆然悵然也嗛足也言若無祭祀之禮空然而已則忠臣孝子之情悵然不足禮節又闕然不具也○先謙案志各本作至荀書至志同字然

王納諫日精語

上下文皆作志今依宋台州本改正故先王案爲之立文。尊尊親親之義至矣。文謂祭祀節文故曰。祭者志意思慕之情也。忠信愛敬之至矣。禮節文貌之盛矣。苟非聖人。莫之能知也。聖人明知之。士君子安行之。官人以爲守。百姓以成俗。其在君子。以爲人道也。其在百姓。以爲鬼事也。以爲人道則安而行之以爲鬼事則畏而奉之故鐘鼓管磬。琴瑟竽笙。韶夏護武。汋桓箾簡象。是君子之所以爲愅詭其所喜樂之文也。因說祭遂廣言喜樂哀痛敦惡之意本皆因於感動而爲之文飾也喜樂不可無文飾故制爲鐘鼓韶夏之屬箾音朔賈逵曰舞曲名武汋桓皆周頌篇名簡未詳象周武王伐紂之樂也。王念孫曰箾象即左傳之象箾也自鐘鼓管磬以下皆四字爲句則箾象之閒不當有簡字疑即箾字之誤而衍者齊衰苴杖。居廬食粥。席薪枕塊。是君子之所以爲愅詭其所哀痛之文也。感動其所哀痛而不可無文飾故制爲齊衰苴杖之屬言本皆因於感動也師旅有制。刑法有等。莫不稱罪。是君子之所以爲愅詭

王紬諫曰落々穆々漢々悵然

其所敦惡之文也。師旅所以討有罪制謂人數也有等輕重異蹟也本因感動敦惡故制師旅刑法以爲文飾。盧文弨曰案方言七諄憎所疾也宋魯凡相惡謂之諄憎敦與諄音義同

卜筮視日。齋戒脩涂几筵饋薦告祝如或饗之。視日之吉凶史記周文爲項燕視日脩涂謂脩自宫至廟之道塗也几筵謂祝筵几於室中東面也饋獻牲體也薦進黍稷也告祝謂尸命祝以嘏於主人曰皇尸命工祝承致多福無疆於女孝孫來女孝孫使女受祿於天宜稼於田眉壽萬年勿替引之如或歆饗其祀然也。王念孫曰涂讀爲除周官典祀若以時祭祀則帥其屬而脩除鄭注曰脩除芟埽之脩除二字專指廟中而言作涂者借字耳非謂脩自宫至廟之道涂也

物取而皆祭之如或嘗之。物取每物皆取也謂祝命挼祭尸取菹擩於醢祭於豆閒佐食取黍稷肺授尸啐祭之又取肝擩於鹽振祭嚌之是也如或嘗之謂以尸啐嚌之如神之親嘗然也

毋利舉爵。當云無舉利爵卽上文云利爵之不醮也。俞樾曰案特牲饋食禮主人主婦賓長三獻之後長兄弟衆賓長又行加爵之禮然後利洗散獻於尸鄭注謂以利待尸禮將終宜一進酒然則利之獻尸非祭之正故以祭禮將終始行之也此云毋利舉爵益以主人爲重猶言不使利代舉爵耳故下云主人有尊如或觴之楊注當云無舉利爵則與下意不貫矣

主

人有尊。如或觴之。謂主人設尊酌以獻尸尸飲之如神飲其觴然賓出主人拜送反易服卽位而哭。如或去之。此襍說喪祭也易服易祭服反喪服也賓出祭事畢卽位而哭如神之去然也哀夫敬夫。事死如事生。事亡如事存。狀乎無形影。然而成文。狀類也言祭祀不見鬼神有類乎無形影者然而足以成人道之節文也

荀子卷第十三

錢禮曰採摭成篇偶出奇句
起句已見人意

荀子卷第十四 ○盧文弨曰此卷各本皆無注

唐登仕郎守大理評事楊　倞　注

臣　王先謙集解

樂論篇第二十

夫樂者樂也人情之所必不免也故人不能無樂樂則必發於聲音形於動靜而人之道聲音動靜性術之變盡是矣故人不能不樂樂則不能無形形而不爲道則不能無亂先王惡其亂也故制雅頌之聲以道之使其聲足以樂而不流使其文足以辨而不諰○盧文弨曰禮記樂記作論而不息史記樂書作綸而不息此作諰乃諰字之訛莊子人間世篇氣息茀然向本作諰崔本亦同案詩南有喬木不可休息息亦是思字此二字形近易訛也郝懿行曰諰乃別字古止作息樂記作論而不息是也荀書多以諰爲葸此又以諰爲息皆假借也使其曲直繁省廉肉節奏足以感

動人之善心。○盧文弨曰繁省史記同禮記作繁瘠使夫邪汙之氣無由得接焉。是先王立樂之方也。而墨子非之奈何。○盧文弨曰墨子書有非樂篇故樂在宗廟之中。君臣上下同聽之。則莫不和敬。閨門之內。父子兄弟同聽之。則莫不和親。鄉里族長之中。長少同聽之。則莫不和順。故樂者。審一以定和者也。比物以飾節者也。合奏以成文者也。○盧文弨曰禮記作節奏合以成文史記同郝懿行曰節以分析言之奏以合聚言之語甚明晰樂記作節奏合以成文則總統言之而此於義較長足以率一道。足以治萬變。是先王立樂之術也。而墨子非之奈何。故聽其雅頌之聲。而志意得廣焉。執其干戚習其俯仰屈伸。而容貌得莊焉。行其綴兆。要其節奏。而行列得正焉。進退得齊焉。故樂者。出所以征誅也。入所以揖讓也。征誅揖讓。其義一也。出所以征誅。則莫不聽從。入所以揖讓。則莫不從

服故樂者天下之大齊也中和之紀也人情之所必不免也是
先王立樂之術也而墨子非之奈何且樂者先王之所以飾喜
也軍旅鈇鉞者先王之所以飾怒也先王喜怒皆得其齊焉盧
文弨曰禮記齊作儕儕郝懿行曰齊才細切謂分齊也樂記作儕假借字耳先謙案史記樂書作齊是故喜而天
下和之怒而暴亂畏之先王之道禮樂正其盛者也而墨子非
之故曰墨子之於道也猶瞽之於白黑也猶聾之於清濁也猶
欲之楚而北求之也○先謙案各本脫欲字據宋台州本補正夫聲樂之入人也深
其化人也速故先王謹爲之文樂中平則民和而不流樂肅莊
則民齊而不亂民和齊則兵勁城固敵國不敢嬰也如是則百
姓莫不安其處樂其鄉以至足其上矣然後名聲於是白光輝
於是大四海之民莫不願得以爲師○先謙案師長也說詳儒效篇是王者之

始也。樂姚冶以險，則民流僈鄙賤矣。流僈則亂，鄙賤則爭。亂爭則兵弱城犯，敵國危之。如是則百姓不安其處，不樂其鄉，不足其上矣。故禮樂廢而邪音起者，危削侮辱之本也。故先王貴禮樂而賤邪音。其在序官也，曰：脩憲命，審誅賞，禁淫聲，以時順脩，使夷俗邪音不敢亂雅，太師之事也。○先謙案：序官以下語見王制篇，審誅賞當爲審詩商之誤，說詳彼注。

墨子曰：樂者，聖王之所非也，而儒者爲之，過也。君子以爲不然。樂者，聖人之所樂也，而可以善民心，其感人深，其移風易俗。○先謙案：史記作其風移俗易，語皆未了。此二語相儷，當是其感人深，其移風俗易，與富國篇其道易，其塞固，其政令一，其防表明，句法一例。上文聲樂之入人也深，其化人也速，即是此意。讀者據下文妄改耳。

故先王導之以禮樂，而民和睦。夫民有好惡之情，而無喜怒之應，則亂。先王惡其亂也，故脩其行，正其樂，而天下順焉。故齊衰之服，哭泣之聲。使人之心悲。帶甲嬰軸，歌於行伍，使人之心傷。○俞樾曰：歌於行伍，何以使人心傷？義不可通。傷當爲愓。荀子書多用愓字。脩身篇曰：加愓悍而不順。注引韓侍郎云：愓與蕩同，字作心邊易，謂放蕩兇悍也。又榮辱篇曰：愓悍憍暴。注亦云：愓與蕩同。歌於行伍，則使人之心爲之動蕩，故曰使人之心愓。愓、傷形似，因致譌耳。先謙案：說文胄，司馬法作䩜，又見議兵篇。姚冶之容，鄭衛之音，使人之心淫。紳端章甫，舞韶歌武，使人之心莊。故君子耳不聽淫聲，目不視女色，口不出惡言。此三者，君子慎之。凡姦聲感人而逆氣應之，逆氣成象而亂生焉。正聲感人而順氣應之，順氣成象而治生焉。唱和有應，善惡相象，故君子慎其所去就也。君子以鐘鼓道志，以琴瑟樂心。動以干戚，飾以羽旄，從以磬管。○盧文弨曰：元刻作簫管，與禮記同。故其清明象天，其廣大象地，其俯仰周旋有似於四時。○盧文弨曰：元刻周旋作隨還。故樂行而志清，禮脩而行成，耳目聰明，血氣和平，移風易俗，天下皆寧。美善相樂。謝本從盧校作莫善於樂盧文弨曰宋本作美善相樂王念孫曰元刻以上文言移風易俗又以孝經言移風易俗莫善於樂故改爲莫善於樂也不知美善相樂正承上五句而言唯其樂行志清禮脩行成是以天下皆移風易俗而美善相樂此樂字讀喜樂之樂下文君子樂得其道小人樂得其欲云云皆承此樂字而言若改爲莫善於樂則仍讀禮樂之樂與上下文皆不相應矣樂記亦云故樂行而倫清耳目聰明血氣和平移風易俗天下皆寧此下若繼之曰莫善於樂尚成文理乎仍當依宋本作美善相樂爲是先謙案王說是今改從宋本故曰樂者樂也。君子樂得其道。小人樂得其欲。以道制欲。則樂而不亂。以欲忘道。則惑而不樂。故樂者。所以道樂也。金石絲竹。所以道德也。樂行而民鄉方矣。故樂者。治人之盛者也。而墨子非之。且樂也者。和之不可變者也。禮也者。理之不可易者也。樂合同。禮別異。禮樂之統。管乎人心矣。窮本極變。樂之情也。著誠去僞。禮之經也。墨子非之。幾遇刑也。明王已沒。莫之正也。愚者學之。危其身也。君子明樂。乃其德也。亂世惡善。不此聽也。顧千里曰德字疑當作人與上下韻此篇楊注亡宋本與今本同盍皆誤俞樾曰自窮本極變樂之情也至弟子勉學無所營也十八句皆有韻之文獨德字不入韻當必有誤荀子原文疑作乃斯聽也斯與此文異義同乃斯聽也與不此聽也反復相明古人用韻不避重複如采薇首章連用二玁狁之故句正月一章連用二自口字十月之交首章連用二而微字車舝三章連用二庶幾字文王有聲首章連用二有聲字召旻卒章連用二百里字竝其例也後人疑兩句不得疊用聽字因改上句爲乃其德也不特於韻不諧而亦失其義矣

於乎哀哉。不得成也。弟子勉學。無所營也。盧文弨曰勉元刻作免古通用

聲樂之象。鼓大麗。盧文弨曰宋本作天麗先謙案作大者是鼓之爲物大音亦大也麗者方言三郭注偶物爲麗說文周禮六鼓靁鼓八面靈鼓六面路鼓四面鼖鼓皐鼓晉鼓皆兩面鐘統實。先謙案統者鐘統眾樂爲君樂叶圖徵曰據鐘以知君鐘聲調則君道得實者成實也五經通義曰鐘秋分之音萬物至秋而成也磬廉制。先謙案廣雅釋詁廉棱也磬有隅棱曰廉禮記樂記疏制謂裁斷也磬以明貴賤親疏長幼之節是有制也詳白虎通禮樂篇下文莫不廉制亦謂磬之容節莫不廉棱而有裁斷也竽笙簫和。王引之曰簫當爲肅言竽笙之聲既肅且和也漢書劉

向傳曰雜遝眾賢罔不肅和是也竽笙肅和筦籥發猛塤篪翁博三句相對爲文今本肅作簫者因竽笙二字相連而誤加竹耳又下文云鼓似天鐘似地磬似水竽笙筦籥似星辰日月今本竽笙下有簫和二字亦因上文而衍筦籥發猛。○先謙案樂書集解引王肅曰猛起發揚是發猛同義塤篪翁博。○俞樾曰翁當爲滃文選江賦曰氣滃渤以霧杳翁博猶滃渤也博與渤亦一聲之轉瑟易良。○先謙案非十二子篇云其容良注良謂樂易也是易良同義琴婦好。○郝懿行曰鼓天麗已下蓋古樂經之文而荀子述之故以終篇俞樾曰賦篇蠶賦曰此夫身女好而頭馬首者與注云女好柔婉也婦好當與女好同亦柔婉之意歌清盡。○先謙案盡者反復以盡之舞意天道兼。鼓其樂之君邪。故鼓似天、鐘似地、磬似水、竽笙簫和筦籥似星辰日月。鞉柷拊鞷椌楬似萬物。○郝懿行曰拊鞷禮論篇作拊膈其義當同又簫和與竽笙筦籥相儷亦皆樂器名所未聞先謙案簫和二字衍說見上曷以知舞之意。曰目不自見、耳不自聞也、然而治俯仰詘信、進退遲速、莫不廉制、盡筋骨之力、以要鐘鼓俯會之節、而靡有悖逆者、眾積意譯譯乎。○盧文弨曰元刻無意字

謘說文作謘云語諄謘也直离切元刻正同郝懿行曰此論舞意與衆音繁會而應節如人告語之熟謘謘然也

吾觀於鄉。而知王道之易易也。〇盧文弨曰案禮記鄉飲酒義此爲孔子之言句首孔子曰三字似當有

主人親速賓及介。而衆賓皆從之。至于門外。主人拜賓及介。而衆賓皆入。貴賤之義別矣。〇盧文弨曰兩皆字元刻作自與禮記同

三揖至于階。三讓以賓升。拜至獻酬辭讓之節繁。及介省矣。至于衆賓升受坐祭。立飲不酢。而降、隆殺之義辨矣。〇謝本從盧校無降字盧文弨曰元刻而字下有降字與禮記同王念孫曰元刻是先謙案宋本奪降字今從元刻

工人。升歌三終。主人獻之。笙入三終。主人獻之。閒歌三終。合樂三終。工告樂備。遂出。二人揚觶。乃立司正焉。知其能和樂而不流也。賓酬主人。主人酬介。介酬衆賓。少長以齒。終於沃洗者焉。〇謝本從盧校無洗字盧文弨曰元刻沃下有洗字與禮記同王念孫曰元刻是焉字下屬爲句說見劉氏經傳小記先謙案宋本奪洗字今從元刻

知其能弟長而

無遺也。降說屨升坐。脩爵無數。飲酒之節。朝不廢朝。莫不廢夕。賓出。主人拜送。節文終遂。焉知其能安燕而不亂也。貴賤明。隆殺辨。和樂而不流。弟長而無遺。安燕而不亂。此五行者。是足以正身安國矣。○盧文弨曰元刻無是字與禮記同　彼國安而天下安。故曰吾觀於鄉。而知王道之易易也。

亂世之徵。○盧文弨曰舊本不提行今案當分段　其服組。○先謙案書禹貢馬注組文也服組謂華侈　其容婦。其俗淫。其志利。其行襍。其聲樂險。○先謙案廣雅釋詁險衺也　其文章匿而采。○先謙案匿讀爲慝邪也說見天論篇　其養生無度。其送死瘠墨。○郝懿行曰禮論篇云送死不忠厚不敬文謂之瘠刻死而附生謂之墨墨者墨子之教以薄爲道也瘠亦儉薄之意　賤禮義而貴勇力。貧則爲盜。富則爲賊。治世反是也。

荀子卷第十四

荀子的心理學

荀子卷第十五

唐登仕郎守大理評事楊倞注

王先謙集解

解蔽篇第二十一

蔽者言不能通明滯於一隅如有物壅蔽之也

凡人之患蔽於一曲而闇於大理一曲一端之曲說是時各蔽於異端曲說故作此篇以解之○先謙案是時二句當在如有物壅蔽之也下治則復經兩疑則惑矣言治世用禮義則自復經常之正道兩疑謂不知一於正道而疑蔽者爲是一本作兩則疑惑矣○俞樾曰兩讀如兩政之兩桓十八年左傳並后匹嫡兩政耦國是兩與匹耦義同疑讀如疑妻疑適之疑管子君臣篇內有疑妻之妾此宮亂也庶有疑適之子此家亂也朝有疑相之臣此國亂也字亦作擬韓子說疑篇孽有擬適之子配有擬妻之妾廷有擬相之臣臣有擬主之寵此四者國之所危也意與管子同天下之道一而已矣有與之相敵者是爲兩有與之相亂者是爲疑兩焉疑焉惑從此起故曰兩疑則惑矣如楊注則疑卽惑也於義複矣一本則不得其解而誤乙其文也天下無二道聖人無兩心今諸

侯異政。百家異說。則必或是或非。或治或亂。○盧文弨曰宋本或皆作惑元刻治作理亂國之君。亂家之人。此其誠心莫不求正而以自爲也。妒繆於道。而人誘其所迨也。迨近也。近謂所好也。言亂君亂人本亦求理以其嫉妒迷繆於道故人因其所好而誘之謂若好儉則墨氏誘之好辯則惠氏誘之也。○郝懿行曰迨者及也注訓近則借爲殆字殆訓近也其義較長私其所積。唯恐聞其惡也。積習倚其所私。以觀異術。唯恐聞其美也。倚任也或曰偏倚也猶傍觀也言妬於異術也。○盧文弨曰案傍觀元刻作倚觀是以與治雖走而是己不輟也。走竝馳治謂正道也既私其所習妬繆於道雖與治竝馳而自是不輟雖或作離。○郝懿行曰雖當依注作離此乃形譌與治離走謂離去正道而走而自以爲是不輟止也王念孫曰作離是也言與治離走而自是不已也作雖者字之誤耳隸書離雖相似[illegible]前說非豈不蔽於一曲而失正求也哉。心不使焉。則白黑在前而目不見。雷鼓在側而耳不聞。況於使者乎。雷鼓大鼓聲如雷者使役也以論不役心於正道則自無聞見矣況乎役心於異術豈復更聞正求哉。○俞樾曰下使字乃蔽字之誤白黑之形雷鼓之聲尙且不見不聞況於蔽者乎此承上文蔽於一曲而言下文欲爲蔽惡爲蔽諸句又承此而極言之故篇名解蔽也因涉心不使焉句而誤作使旣云心不使焉又云況於使者乎文不可通楊曲爲之說非是

德道之人○有賢德也○王念孫曰德道卽得道也剝上九君子得輿釋文得京本作德論語泰伯篇民無得而稱焉季氏篇作德大戴記文王官人篇小施而好大得逸周書作德楊說失之

亂國之君○非之上○亂家之人非之下○豈不哀哉○上下共非故可哀也

故爲蔽○數爲蔽之端也○謝本從盧校作數爲蔽盧文弨曰正文數宋本作故郝懿行曰案數當作故故語詞也此句爲下十蔽總冒作數於義爲短王念孫曰作故者是也呂錢本竝如是注言數爲蔽之端者數所主反下文言人之蔽有十故先以故爲蔽三字總冒下文然後一一數之於下注言數爲蔽之端亦是總冒下文之詞而正文自作故不作數也若云數爲蔽則不辭甚矣元刻作數郎涉注文而誤俞樾曰故猶胡也墨子尙賢中篇故不察尙賢爲政之本也下文作胡不察尙賢爲政之本也是故與胡同管子侈靡篇公將有行故不送公亦以故爲胡故爲蔽猶云胡爲蔽胡之言何也乃設爲問辭下文欲爲蔽云云乃歷數以應之也元刻涉注文而誤作數爲蔽盧氏從之非先謙案郝王說是今從宋本改正故訓爲胡俞說是也

欲爲蔽○惡爲蔽○始爲蔽○終爲蔽○遠爲蔽○近爲蔽○博爲蔽○淺爲蔽○

人君蔽
人臣蔽
賓孟蔽

古爲蔽今爲蔽此其所知所好滯於一隅故皆爲蔽也凡萬物異則莫不相爲蔽此心術之公患也公共也所好異則相爲蔽昔人君之蔽者夏桀殷紂是也桀蔽於末喜斯觀○郝懿行曰斯觀無攷楚語云啟有五觀謂之姦子然則斯觀豈其苗裔而不知關龍逢以惑其心而亂其行末喜桀妃斯觀未聞韓侍郎云斯或當爲斟斟觀夏同姓國蓋其君當時爲桀佞臣也國語史蘇曰昔夏桀伐有施有施人以末喜女焉賈侍中云有施喜姓國也紂蔽於妲己飛廉而不知微子啟以惑其心而亂其行妲己紂妃飛廉紂之佞臣惡來之父善走者秦之祖也微子紂之庶兄微國子爵啟其名也國語曰殷紂伐有蘇有蘇氏以妲己女焉賈侍中云有蘇己姓國也故羣臣去忠而事私百姓怨非而不用事任也不用不爲上用也非或爲誹賢良退處而隱逃此其所以喪九牧之地而虛宗廟之國也九牧九州之牧虛讀爲墟桀死於亭山亭山南巢之山或本作鬲山案漢書地理志廬江有灊縣當是誤以灊爲鬲傳寫又誤爲亭灊音潛○王念孫曰案作鬲山者是也鬲讀與歷同字或作歷太平御覽皇王部七引尸子曰桀放於歷山淮南脩務篇湯整兵鳴條

困夏南巢譏以其過放之歷山高注曰歷山蓋歷陽之山案漢歷陽故城爲今和州治其西有歷湖即淮南俶真篇所謂歷陽之都一夕反而爲湖者也淮南子曰湯放桀於歷山與末喜同舟浮江奔南巢之山而死此所引蓋詩注歷山即鬲山也史記滑稽傳銅歷爲棺索隱曰歷即釜鬲也是鬲歷古字通楊以鬲山爲灊山之誤非也魯語桀奔南巢韋注曰南巢揚州地巢伯之國今廬江居巢縣是是南巢地在漢之居巢不在灊縣也且廬江有灊縣而無灊山今以巢山爲灊山之誤則是以縣名爲山名尤非矣紂縣於赤旆。史記武王斬紂頭縣於太白旗此云赤旆所傳聞異也身不先知人。又莫之諫。此蔽塞之禍也。成湯監於夏桀。故主其心而愼治之。主其心言不爲邪佞所惑也是以能長用伊尹。而身不失道。此其所以代夏王而受九有也。文王監於殷紂。故主其心而愼治之。是以能長用呂望而身不失道。此其所以代殷王而受九牧也。九有九牧皆九州也撫有其地則謂之九有養其民則謂之九牧遠方莫不致其珍。故目視備色。耳聽備聲。口食備味。形居備宮。名受備號。生則天下歌。死則四海哭。盧文弨曰案元刻作天下哭夫是之謂至盛。詩曰。鳳凰秋秋。其翼若干。其聲若簫。有鳳有凰，樂帝之心。此不蔽之福也。逸詩也。爾雅：鶠鳳，其雌凰。秋秋猶蹌蹌，謂舞也。干，楯也。此帝蓋謂堯也。堯時鳳凰巢於阿閣，言堯能用賢不蔽，天下和平，故有鳳凰來儀之福也。○王念孫曰：有鳳有凰本作有凰有鳳，秋簫爲韻，鳳心爲韻。說文鳳從凡聲，古音在侵部，故與心爲韻。鳳從凡聲而與心爲韻，猶風從凡聲而與心爲韻也。鳳字古文作朋，又作鵬，而古音蒸侵相近，則朋鵬二字亦可與心爲韻。秦風小戎篇以膺弓縢與音爲韻，大雅大明篇以林與心爲韻，生民篇以登升歆今爲韻，魯頌閟宮篇以乘縢弓綅增膺懲承爲韻，皆其例也。後人不知古音，而改爲有鳳有凰，則失其韻矣。王伯厚詩攷引此已誤。藝文類聚祥瑞部、太平御覽人事部、羽族部引此並作有皇有鳳。先言皇而後言鳳者，變文協韻耳。古書中若此者甚多，後人不達，每以妄改而失其韻。衛風竹竿篇遠兄弟父母與右爲韻，而今本作遠父母兄弟。大雅皇矣篇同爾弟兄與王方爲韻，而今本作同爾兄弟。莊子秋水篇無西無東與通爲韻，而今本作無東無西。逸周書周祝篇惡姑柔剛與明陽長爲韻，而今本作剛柔。管子內業篇能無卜筮而知凶吉乎與一爲韻，而今本作吉凶。淮南原道篇與萬物終始與右爲韻，而今本作始終。文選鵩鳥賦或趨西東與同爲韻，而今本作東西。答客難外有廩倉與亭爲韻，而今本作倉廩，皆其類也。

昔人臣之蔽者，唐鞅、奚齊是也。唐鞅，宋康王之臣。呂氏春秋曰：宋康王染於唐鞅、田不禮。奚齊，晉獻公驪姬之子。論衡曰：宋王問唐鞅曰：吾殺戮甚眾，而羣臣愈不畏，何也？對曰：王之所罪，盡不善者也。罪不善，善者胡爲畏？王欲羣臣之畏也，不若無辨其善與不善一時罪之，則羣臣畏矣。宋王從之。○盧文弨曰：宋本此注多脫字，從元刻補正。呂氏淫辭篇亦載此事，一時罪之作而時罪之。

唐鞅蔽於欲權而逐載子，載讀爲戴。戴不

勝使辥居州傳王者見孟子或曰戴子戴驩也韓子曰戴驩爲宋太宰夜使人曰吾聞數夜有乘輜車至李史門者謹爲我司之使者報曰不見輜車見有奉笥而與李史史受笥又戴驩謂齊王曰王大仁於辥公大不忍人據其時代當是戴驩也葢爲唐鞅所逐奔齊也○盧文弨曰案引韓子前一段見內儲說上宋本字有錯誤據本書訂正輜車本書作轀車後一段本書作成驩又內儲說下云戴驩皇喜二人爭事相害皇喜遂殺宋君而奪其政則非唐鞅所逐也或說似牽合奚齊蔽於欲國、而罪申生。申生晉獻公之太子奚齊之兄爲驪姬所譖獻公殺之春秋穀梁傳曰晉里克殺其君之子奚齊其君之子云者國人不子也不正其殺世子申生而立之也唐鞅戮於宋。奚齊戮於晉。逐賢相而罪孝兄、身爲刑戮、然而不知、此蔽塞之禍也。故以貪鄙背叛爭權而不危辱滅亡者、自古及今、未嘗有之也。鮑叔甯戚隰朋、仁知且不蔽、故能持管仲、而名利福祿與管仲齊。持扶翼也召公、呂望仁知且不蔽、故能持周公、而名利福祿與周公齊。傳曰、知賢之謂明、輔賢之謂能。○盧文弨曰宋本彊作能案彊字與上下韻叶王念孫曰盧說非也知賢之謂明承上文仁知且不蔽而言輔賢之謂能承上文能持管仲能持周公而言勉之彊之其福必長承上文名利福祿與管仲齊與周公齊而言此四句本不用韻元刻能作彊乃涉下勉之彊之而誤呂錢本竝作能先謙案謝本從盧校作彊今依王說從宋本改能

勉之彊之。其福必長。此之謂也。此不蔽之福也。勉之彊之言必勉彊於知賢輔賢然後其福長也彊直亮反

昔賓孟之蔽者。亂家是也。賓孟周景王之佞臣欲立王子朝者亂家謂亂周之家事使庶孽爭位也○俞樾曰楊注誤下文歷數墨子諸人之蔽全與賓孟無涉此二語上無所承下無所應殊爲不倫據上文云昔人君之蔽者夏桀殷紂是也下乃極言桀紂之蔽而終以成湯文王之不蔽者明不蔽之福又云昔人臣之蔽者唐鞅奚齊是也下乃極言唐鞅奚齊之蔽而終以鮑叔甯戚諸人之不蔽者明不蔽之福此文云昔賓孟之蔽者亂家是也下乃歷舉墨子諸人之蔽而終以孔子之不蔽者明不蔽之福三段相對成文則賓孟之蔽句正與上文人君之蔽人臣之蔽相對所云賓孟殆非周之賓孟且非人名也孟當讀爲萌孟與明古音相近故孟可爲萌猶孟豬之爲明都孟津之爲盟津也呂氏春秋高義篇載墨子之言曰若越王聽吾言用吾道翟度身而衣量腹而食比於賓萌未敢求仕高注曰賓客也萌民也所謂賓萌者蓋當時有此稱戰國時遊士往來諸侯之國謂之賓萌若下文墨子宋子愼子申子惠子莊子皆其

人矣然則上言人君之蔽人臣之蔽此言賓萌之蔽文正相對人君之蔽人臣之蔽止舉兩人故可曰夏桀殷紂是也唐鞅奚齊是也賓萌之蔽則所舉人多不可並列故曰亂家是也亂家包下文諸子而言上文云亂國之君亂家之人又曰亂國之君非之上亂家之人非之下此亂家二字之證也賓萌之稱它書罕見而字又叚孟爲萌適與周賓孟之名同其義益晦矣墨子蔽於用而不知文。欲使上下勤力股無胈脛無毛而不知貴賤等級之文飾也宋子蔽於欲而不知得。宋子以人之情欲寡而不欲多但任其所欲則自治也蔽於此說而不知得欲之道也。俞樾曰古得德字通用蔽於欲而不知德正與下句慎子蔽於法而不知賢一律注失之慎子蔽於法而不知賢。慎子本黃老歸刑名多明不尚賢不使能之道故其說曰多賢不可以多君無賢不可以無君其意但明得其法雖無賢亦可爲治而不知法待賢而後舉也申子蔽於埶而不知知。申子名不害河南京縣人韓昭侯相也其說但賢得權埶以刑法馭下而不知權埶待才智然後治亦與慎子意同下知音智惠子蔽於辭而不知實。惠子蔽於虛辭而不知實理虛辭謂若山出口丁子有尾之類也莊子蔽於天而不知人。天謂無爲自然之道莊子但推治亂於天而不知在人也故由用謂之道盡利矣。由從也若由於用則天下之道無復仁義皆盡於求利也。先謙案如注道字下屬謂之二字無著此言由用而謂之道則人盡於求利也下竝同數者道之一隅而墨宋諸人自以爲道所以爲蔽也楊失其讀**由俗謂之道盡嗛矣。**俗當爲欲嗛與慊同快也言若從人所欲不爲節限則天下之道盡於快意也嗛口簟反。盧文弨曰盡用矣盡嗛矣元刻兩矣字俱作也今從宋本**由法謂之道盡數矣。**由法而不由賢則天下之道盡於術數也**由埶謂之道盡便矣。**便宜也從埶而去智則盡於埶便無復修立**由辭謂之道盡論矣。**論辨說也**由天謂之道盡因矣。**因任其自然無復治化也**此數具者。皆道之一隅也。夫道者。體常而盡變。一隅不足以舉之。**言道者體常盡變猶天地常存能盡萬物之變化也**曲知之人。觀於道之一隅。而未之能識也。**曲知言不通於大道也一隅猶昧況大道乎**故以爲足而飾之。**謂其持之有故其言之成理也。先謙案而或作五從宋台州本正**內以自亂。外以惑人。上以蔽下。下以蔽上。此蔽塞之禍也。孔子仁知且不蔽。故學亂術足以爲先王者也。**亂雜也言其多才藝足以及先王也。郝懿行曰亂者治也學治天下之術亂之一字包

張楊曰應法有收拾尚未消拔

治亂二義注非一家得周道舉而用之不蔽於成積也一家得謂作春秋也周道舉謂刪詩書定禮樂成積舊習也言其所用不滯於衆人舊習故能功業如此○郝懿行曰一家得周道句舉而用之句此言孔子志在春秋行在孝經又曰吾學周禮今用之吾從周蓋能攷論古今成一家言不蔽於諸子雜說也先謙案郝讀是也言孔子爲春秋一家之言而得周之治道可以舉而用之是匹夫而有天子之道由其不蔽於成積也儒效篇云并一而不二所以成積也并一而不二則通於神明參於天地涂之人百姓積善而全盡謂之聖人道由積而成故謂之成積不蔽於成積者猶言不蔽於道之全體也注對上道之一隅言之榮辱篇云安知廉恥隅積亦以隅積對文與此可互證楊以成積爲舊習誤甚故德與周公齊名與三王並此不蔽之福也聖人知心術之患見蔽塞之禍故無欲無惡無始無終無近無遠無博無淺無古無今兼陳萬物而中縣衡焉不滯於一隅但當其中而縣衡揣其輕重也是故衆異不得相蔽以亂其倫也倫理何謂衡曰道道謂禮義故心不可以不知道心不知道則不可道而可非道心不知道則不以道爲可可謂合意也人孰欲

孫鏞曰只以道字及可不可字衍成文固是擒法然終違大雅然妙意口令

得恣而守其所不可以禁其所可人心誰欲得縱恣而肯守其不合意之事以自禁其合意者以其不可道之心取人則必合於不道人而不知合於道人各求其類○俞樾曰知字衍下文云以其可道之心取人則合於道人而不合於不道人正與此文相對彼云不合而不云不知合則此文亦無知字明矣以其不可道之心與不道人論道人亂之本也必有妬賢害善○盧文弨曰宋本作與不可道之人論道人元刻作與不道人無可之論道人五字今案當作與不道人論道兩本有衍有脫下一人字亦可去王念孫曰盧說非也與不道人論道人謂與小人論君子非謂與之論道也上文云得道之人亂國之君非之上亂家之人非之下豈不哀哉正所謂與不道人論道人也與不道人論道人則道人退而不道人進國之所以亂也故曰與不道人論道人亂之本也故楊云必有妬賢害善夫何以知問何道以知道人也○俞樾曰夫何以知與下文何患不知相對蓋言心不知道則將與不道人論道人必至妬賢害善矣夫何以知心知道則與道人論非道必能懲姦去惡矣何患不知此兩知字與知道之知不同當讀爲智夫何以知猶言夫何能智也楊注以爲問辭失之甚矣曰心知道然後可道○俞樾曰曰字衍心知道然後可道與上文心不知道則不可道而可非道相對成

文皆承故心不可以不知道而言因上句夫何以知楊注義以爲問辭後人遂以此數句爲答辭妄加曰字可道然後能守道。以禁非道。以其可道之心取人。則合於道人。而不合於不道之人矣。以其可道之心。與道人論非道。治之要也。必能懲姦去惡。○盧文弨曰正文非字疑衍注似曲爲之說王念孫曰盧說亦非也與道人論非道謂與道人論非道之人非謂與之論道也與道人論非道人則非道人退而道人進國之所以治也故曰與道人論非道治之要也楊云必能懲姦去惡正釋治之要三字非曲爲之說也非道二字上文凡兩見何患不知。心苟知道何患不知道人故治之要在於知道。人何以知道。既知道人在於知道問知道之術如何也曰心。在心無邪心何以知。曰虛壹而靜。能然則可以知道也。○郝懿行曰壹者專壹也轉寫者亂之故此作壹下俱作一心未嘗不臧也。然而有所謂虛。臧讀爲藏古字通下同言心未嘗不苞藏然有所謂虛也心未嘗不滿也。然而有所謂一。滿當爲兩兩謂同時兼知心未嘗不動也。然而有所謂靜。雖動不使害靜也人生而有知。知而有志。志也者臧也。在心爲志然而有所

紹熙之本原
與[illegible]刻
比較

世德堂本壹作一

謂虛不以所已臧害所將受謂之虛見善則遷不滯於積習也謝本從盧校作已所臧盧文弨曰已所臧元刻作所已臧郝懿行曰臧古藏字將者送也受者迎也言不以己心有所藏而妨害於所將送迎受者則可謂中虛矣王念孫曰所已臧與所將受對文元刻是也楊注積習二字正釋所已臧三字錢本世德堂本並作所已臧先謙案王說是今從元刻改心生而有知知而有異異也者同時兼知之同時兼知之兩也然而有所謂一不以夫一害此一謂之壹既不滯於一隅物雖輻湊而至盡可以一待之也○先謙案夫猶彼也知雖有兩不以彼一害此一荀書用夫字皆作彼字解此尤其明證楊注未晰心臥則夢偷則自行使之則謀臥寢也自行放縱也使役也言人心有所思寢則必夢偷則必放縱役用則必謀慮○先謙案夢行謀皆心動之驗或以夢爲夢然無知非故心未嘗不動也然而有所謂靜不以夢劇亂知謂之靜夢想象也劇囂煩也言處心有常不蔽於想象囂煩而介於胷中以亂其知斯爲靜也此皆明不蔽於一端虛受之義也未得道而求道者謂之虛壹而靜有求道之心不滯於偏見曲說則是虛壹而靜作之則將須道者之虛則人將

心之作用在靜
虛壹之字
道體

事道者之壹則盡盡將思道者靜則察○ 此義未詳或恐脫誤耳或曰此皆論虛壹而靜之功也作動也須待也將行也當爲須道者虛則將事道者壹則盡思道者靜則察其餘字皆衍也作之則行言人心有動作則自行也以虛心須道則萬事無不行以一心事道則萬物無不盡以靜心思道則萬變無不察此皆言執其本而末隨也○王引之日楊訓將爲行而以作之則將絕句又增刪下文而強爲之解皆非也此當以作之二字絕句下文當作則將須道者之虛虛則入將事道者之壹壹則盡將思道者之靜靜則察此承上文虛一而靜言之將語詞也道者即上所謂道人也言心有動作則將須道者之虛虛則能入將事道者之壹事如請事斯語之事壹則能盡將思道者之靜靜則能察也虛則入入者入納也猶言虛則能受也故上文云不以所已臧害所將受謂之虛也壹則盡者言壹心於道則道無不盡也靜則察者言靜則事無不察也今本入誤作人其餘又有脫文衍文耳

知道察○知道行○體道者也○ 知道察謂思道者靜則察也知道行謂須道者虛則將也體謂不離道也

虛壹而靜謂之大淸明○ 言無有壅蔽者○盧文弨曰元刻無大字

萬物莫形而不見○莫見而不論○莫論而失位○ 旣虛壹而靜則通於萬物故有形者無不見見則無不能論說論說則無不得其宜○郝懿行日見讀爲現現者示也論讀爲倫倫者理也言萬物莫有形而

不顯示於人莫顯示人而不有倫理理無不宜而分位不失坐於室而見四海。處於今而論久遠。○盧文弨曰元刻論作聞疏觀萬物而知其情。參稽治亂而通其度。疏通參驗稽考度制也經緯天地。而材官萬物。制割大理。而宇宙裏矣。材謂當其分官謂不失其任裏當爲理材或爲裁也恢恢廣廣。孰知其極。睪睪廣廣。孰知其德。涫涫紛紛。孰知其形。明參日月。大滿八極。夫是之謂大人。夫惡有蔽矣哉。此皆明虛壹而靜則通於神明人莫能測也又安能蔽哉睪讀爲皞皞皞廣大貌涫涫沸貌紛紛雜亂貌涫音官又音貫○盧文弨曰正文上夫字宋本無顧千里曰廣廣疑當有誤與上文恢恢廣廣重出二字以楊注睪讀爲皞例之則此句廣讀爲曠也孰知其形形字不入韻疑當作則心者。形之君也。而神明之主也。出令而無所受令。心出令以使百體不爲百體所使也自禁也。自使也。自奪也。自取也。自行也。自止也。此六者皆由心使之然所以爲形之君也故口可劫而使墨云。形可劫而使詘申。心不可劫而使易意。是之則受。非之則辭。劫迫也云言也百體可劫心不可劫所以尤宜慎擇所好懼蔽塞之患也○郝懿行曰墨與默同云者言也或默或語皆可力劫而威使之申當作信而讀為申荀書皆然陳奐曰案墨與默同楚辭九章孔靜幽默史記屈原傳作墨商君傳殷紂墨墨以亡

故曰心容其擇也無禁必自見其物也襍博容受也言心能容受萬物若其選擇無所禁止則見襍博不精所以貴夫虛壹而靜也○先謙案此承上文心者形之君也云云而引古言以明之心自禁使自奪取自行止是容其自擇也正名篇亦云離道而內自擇容訓如非十二子篇容辨異之容無所受令是無禁也神明之主出令是必自見也物雖襍博精至則不貳心容其擇也句無禁必自見句楊失其讀

其情之至也不貳其情之至極在一而不貳若襍博則惑○盧文弨曰元刻情作精注同先謙案元刻作精是也作情者精之借字脩身篇術順墨而精雜汙注精當為情此荀書精情互通之證

詩云采采卷耳不盈頃筐嗟我懷人寘彼周行詩周南卷耳之篇毛公云采采事采之也卷耳苓耳也頃筐畚屬易盈之器也思君子置於周之列位也○盧文弨曰注卷耳苓耳也宋本元刻皆同俗本依廣雅改作枲耳不知毛傳自用爾雅為訓耳

頃筐易滿也卷耳易得也然而不可以貳周行采易得之物實易滿之器以懷人寘周行之心貳之則不能滿況乎難得

之正道而可以它術貳之乎○郝懿行曰貳謂貳之也言所懷在於實周行意不在於事采故雖易盈之器而不盈也毛傳正用其師說故曰心枝則無知，傾則不精，貳則疑惑。以贊稽之，萬物可兼知也。枝旁引如樹枝也贊助也稽考也以一而不貳之道助考之則可兼知萬物若博襍則愈不知也○郝懿行曰案枝與岐同古字通用岐者不一也此申上文貳之之意郭嵩燾曰荀意言心不貳而推類可以知萬物至以身盡道惟無貳而已類不可以兩求也楊注失之先謙案王氏念孫云貳是貳之誤字說見天論篇今案此貳字與上下文緊相承注不當作貳王說非也身盡其故則美。故事也盡不貳之事則身美矣類不可兩也，故知者擇一而壹焉。凡事類皆不可兩故知者精於一道而專一焉故異端不能蔽也農精於田而不可以爲田師，賈精於市而不可以爲賈師，工精於器而不可以爲器師。皆蔽於一技故不可爲師長也○王念孫曰呂錢本賈師作市師是也上文以兩田字相承下文以兩器字相承則此文亦當以兩市字相承呂本作賈師者涉上賈精於市而誤有人也，不能此三技，而可使治三官，曰：精於道者也。精於一道故可以理萬事精於物者也。○盧文弨曰案此句當在不可以爲器師之下誤脫在此王念孫曰此汪說也見丙申校本籤樾曰精於物上疑當有非字言此人不能三技而可治三官者精於道非精於物也精於物若農精於田賈精於市工精於器是也精於道則君子是也下文云精於物者以物物精於道者兼物物故君子一於道而以贊稽物可證其義今本奪非字則精於道者也精於物者也兩語平列而其義違矣

精於物者以物物。謂能各物其一物若農賈之屬也○盧文弨曰注各字舊本皆作名訛今改正下同

精於道者兼物物。謂能兼治各物其一物者也

故君子壹於道而以贊稽物。一於道所以助考物也助考謂兼治也

壹於道則正，以贊稽物則察，以正志行察論，則萬物官矣。在心爲志發言爲論官謂各當其任無差錯也

昔者舜之治天下也，不以事詔而萬物成。舜能一於道但委任衆賢而已未嘗躬親以事告人

處一、危之，其榮滿側；養一之微，榮矣而未知。一謂心一也危之當爲之危危謂不自安戒懼之謂也側謂迫側亦充滿之義微精妙也處心之危言能戒懼兢兢業業終使之安也養心之微謂養其未萌不使異端亂之也處心之危有形故其榮滿側可知也養心之微無形故雖榮而未知言舜之爲治養其未萌也○王念孫曰成相篇云思乃精志之榮好而壹之神以成賦篇云血氣

之精也志意之榮也四榮字並同義**故道經曰人心之危道心之微**今虞書有此語而云道經蓋有道之經也孔安國曰危則難安微則難明故戒以精一信執其中引此以明舜之治在精一於道不蔽於一隅也○郝懿行曰道經蓋古言道之書今書大禹謨有此乃梅賾所采竄也唯允執其中一語爲堯授舜舜授禹之辭耳**危微之幾惟明君子而後能知之**幾萌兆也與機同○王念孫曰阮氏元曰此篇言知道者皆當專心壹志虛靜而清明不爲欲蔽故曰昔者舜之治天下也云云案後人在尚書內解此者姑弗論今但就荀子言荀子其意則曰舜身行人事而處以專壹且時加以戒懼之心所謂危之也惟其危之所以滿側皆獲安榮此人所知也舜心見道而養以專壹在於幾微其心安榮則他人未知也如此解之則引道經及明君子二句與前後各節皆相通矣楊注謂危之當作之危非也危之者懼蔽於欲而慮危也之危者已蔽於欲而陷危也謂榮爲安榮者儒效篇曰爲君子則常安榮矣爲小人則常危辱矣凡人莫不欲安榮而惡危辱據此則荀子常以安榮與危辱相對爲言此篇言處一危之其榮滿側若不以本書證之則危榮二字難得其解矣故解道經當以荀子此說爲正非所論於古文尚書也案此說是也下文言闢耳目之欲遠蚊虻之聲可謂危矣未可謂微也言人能如舜之危不能如舜之微也然則所謂危者非蔽於欲而陷於危之謂**故人心譬如槃**

水正錯而勿動，則湛濁在下，而清明在上，湛讀爲沈，泥滓也。下同。則足以見鬚眉而察理矣。理，肌膚之文理。○郝懿行曰：鬚古止作須，今俗作鬚。理上當脫膚字。榮辱篇及性惡篇並云骨體膚理是矣。微風過之，湛濁動乎下，清明亂於上，則不可以得大形之正也。○先謙案：大字無義，上言槃水見鬚眉膚理，非能見身之全形也，大形疑當爲本形。富國篇天下之本利也，本當爲大，明二字互誤。心亦如是矣。故導之以理，養之以清，物莫之傾，清謂沖和之氣。則足以定是非，決嫌疑矣。小物引之，則其正外易，其心內傾，則不足以決庶理矣。言此者以喻心不一於道爲異端所蔽則惑也。○盧文弨曰：庶理宋本作麤理，今從元刻。故好書者衆矣，而倉頡獨傳者，壹也；倉頡，黃帝史官。言古亦有好書者，不如倉頡一於其道，異術不能亂之，故獨傳也。○盧文弨曰：案宋本此注之末有「情箸古者倉頡之有天下守法授親神農亦然也」十九字，文義不順，今刪去之。好稼者衆矣，而后稷獨傳者，壹也；好樂者衆矣，而夔獨傳者，壹也；好義者衆矣，而舜獨傳者，壹也。倕作弓，浮游作矣。而羿精於射。倕舜之共工世本云夷牟作矢宋衷注云黃帝臣也此云浮游未詳或者浮游夷牟之别名或聲相近而誤耳言倕游雖作弓矢未必能射而羿精之也弓矢舜已前有之此云倕作弓當是改制精巧故亦言作也

奚仲作車。乘杜作乘馬。而造父精於御。自古及今。未嘗有兩而能精者也。奚仲夏禹時車正黃帝時已有車服故謂之軒轅此云奚仲者亦改制耳世本云相土作乘馬杜與土同乘馬四馬也四馬駕車起於相土故曰作乘馬以其作乘馬之法故謂之乘杜乘竝音剩相土契孫也呂氏春秋曰乘馬作一駕。盧文弨曰呂氏春秋勿躬篇作乘雅作駕一本乘雅作乘持疑持爲杜字之訛王念孫曰古無謂相土爲乘杜者乘杜葢桑杜之誤相桑古同聲故借桑爲相爾雅釋蟲諸慮奚相釋文相舍人本作桑隸書桑或作桒乘或作乘見漢安平相孫根碑二形相似又因下文乘馬而誤爲乘耳漢書王子侯表乘丘節侯將夜今本乘誤作桑楊云以其作乘馬之法故謂之乘杜此則不得其解而曲爲之說

曾子曰。是其庭可以搏鼠。惡能與我歌矣。是葢當爲視曾子言有人視庭中可以搏擊鼠則安能與我成歌詠乎言外物誘之思不精故不能成歌詠也。盧文弨曰正文矣字元刻作乎郝懿行曰此言庭虛無人至靜矣恐有潛修其中而深思者我何可以歌詠亂之乎荀義當然注似失之

空石之中有人焉。其名曰觙。空石石穴也葢

古有善射之人處深山空石之中名之曰觙觙字及事並未詳所出或假設喻耳其爲人也善射以好思好喜也清靜思其射之妙○俞樾曰案凡射者必心手相得方可求中非徒思之而已且其下文曰耳目之欲接則敗其思蚊蝱之聲聞則挫其精無一字及射然則楊注非也此射字乃射策射覆之射漢書藝文志蓍龜家有隨曲射匿五十卷射匿疑即射覆覆而匿之人所不知以意懸揣而期其中此射之義也呂氏春秋重言篇載成公賈說荊莊王曰有鳥止於南方之阜三年不動不飛不鳴是何鳥也王射之曰有鳥止於南方之阜其三年不動將以定志意也其不飛將以長羽翼也其不鳴將以覽民則也然則古人設爲度辭隱語而使人意度之皆謂之射此云善射以好思即謂此也非眞援弓而射之也耳目之欲接則敗其思蚊蝱之聲聞則挫其精是以闢耳目之欲而遠蚊蝱之聲閑居靜思則通挫損也精精誠也闢屏除也言閑居靜思不接外物故能通射之妙思仁若是可謂微乎言靜思仁如空石之人思射則可謂微乎假設問之辭也孟子惡敗而出妻可謂能自彊矣此已下荅之之辭孟子惡其敗德而出其妻可謂能自彊於脩身也有子惡臥而焠掌可謂能自忍矣未及好也有子蓋有若也焠灼也惡其寢臥而焠其掌若

刺股然也。未及好也，當爲未及好思也，誤分在下，更作一句耳。有子焠掌，可謂能自忍其身，則未及善射好思者也。若思道之至人，則自無寢，焉用焠掌乎。○郝懿行曰：當依楊注作未及好思也。先謙案：楊、郝說皆非，當如郭說，見下。闢耳目之欲，可謂能自彊矣，未及思也。蚊蝱之聲聞，則挫其精，可謂危矣，未可謂微也。可謂能自彊矣，未及思也，十字並衍。耳可謂危矣，言能闢耳目之欲，則可謂能自危而戒懼，未可謂微也。微者，精妙之謂也。○郝懿行曰：此文錯亂不可讀，當作闢耳目之欲而遠蚊蝱之聲，可謂能自危矣，未可爲微也。如此訂正方可讀，餘皆涉上文而誤衍。郭嵩燾曰：下兩言何彊何忍何危，則此七句正作三項言之，疑此可謂能自彊矣六字衍。未及思也句，當在前可謂能自彊下。忍堅於彊，好甚於思，出妻猶身外也，焠掌則及身矣，蚊蝱之聲即係之耳目者，二句究屬一義，不應分言，故知此段文句有誤倒，亦有衍文。先謙案：郭說是也。此承上緻之好思言之，不分二事。上言可謂微乎，故此答以未可謂微也。楊、郝說並非。夫微者，至人也。惟精惟一，如舜者，既造於精妙之域，則冥與理會，不在作爲。苟未臻極，雖在空石之中，猶未至也。至人也，何彊！何忍！何危！故濁明外景，清明內景。景，光色也。濁謂混迹，清謂虛白。○俞樾曰：大戴記曾子天圓篇參嘗聞之夫子曰：天道曰圓，地道曰方，方曰幽而圓曰明。明者

吐氣者也是故外景幽者含氣者也是故內景故火日外景而金水內景荀子濁明外景清明內景之說卽孔子之緒言也楊注所說未盡其旨

聖人縱其欲兼其情而制焉者理矣夫何彊何忍何危。

兼猶盡也聖人雖縱欲盡情而不過制者由於暗與理會故也何必如空石之徒乎○先謙案縱當爲從聖人無縱欲之事從其欲猶言從心所欲

故仁者之行道也無爲也聖人之行道也無彊也。

無爲謂知違理則不作所謂造形而悟也無彊謂全無違理彊制之萌也

仁者之思也恭聖人之思也樂此治心之道也。

思慮也恭謂乾乾夕惕也樂謂性與天道無所不適○郝懿行曰恭則虛壹而靜樂則何彊何忍何危結上之辭楊注樂謂性與天道無所不適道當爲通楊本不誤俗人依論語妄改故誤耳性與天通語出晉書

凡觀物有疑中心不定則外物不清。

清明審也

吾慮不清則未可定然否也冥冥而行者見寢石以爲伏虎也見植林以爲後人也。

○俞樾曰上文見寢石以爲伏虎也伏與寢義相應此云後人則與植林不相應矣植林豈必在後乎疑荀子原文本作立人立與植正相應下文曰俯見其影以爲伏鬼也卬視其髮以爲立魅也亦以伏立對文可證也今作後人者疑涉上文誤立爲

伏又誤伏爲後耳冥冥蔽其明也冥冥暮夜也醉者越百步之溝以爲蹞步之澮也蹞與跬同半步曰跬澮小溝也俯而出城門以爲小之閨也酒亂其神也閨小門也○郭嵩燾曰說文閨特立之戶上圜下方似圭故以城門擬之釋宮宮中之門謂之闈其小者謂之閨閨爲宮門之小者不得徑謂之小門楊注未晰厭目而視者視一以爲兩掩耳而聽者聽漠漠而以爲哅哅埶亂其官也厭指按也一涉反漠漠無聲也哅哅喧聲也官司主也言埶亂耳目之所主守哅許用反故從山上望牛者若羊而求羊者不下牽也遠蔽其大也從山下望木者十仞之木若箸而求箸者不上折也高蔽其長也皆知爲高遠所蔽故不往求然則守道者亦宜知異術之蔽類此也水動而景搖人不以定美惡水埶玄也玄幽深也或讀爲眩瞽者仰視而不見星人不以定有無用精惑也精目之明也有人焉以此時定物則世之愚者也彼愚者之定物以疑決疑決必不當夫苟不當安能無過乎以疑決疑

猶愼墨之屬也夏首之南有人焉曰涓蜀梁夏首夏水之首楚詞云過夏首而西浮顧龍門而不見王逸曰夏首夏水口也涓蜀梁未詳何代人姓涓名蜀梁列仙傳有涓子齊人隱於宕山餌朮能致風雨者也其爲人也愚而善畏善猶喜也好有所畏明月而宵行俯見其影以爲伏鬼也卬視其髮以爲立魅也卬與仰同背而走比至其家失氣而死豈不哀哉背弃去也失氣謂困甚氣絕也○盧文弨曰正文比至其家下宋本有者字今從元刻去之凡人之有鬼也必以其感忽之間疑玄之時正之感驚動也感忽猶慌惚也玄亦幽深難測也必以此時定其有鬼也○郝懿行曰感讀爲撼撼解已見議兵篇玄讀爲眩荀書皆然王念孫曰正當爲定聲之誤也下文正必以其感忽之間疑玄之時定之者必以感忽之間疑眩之時而定其有鬼也據楊注云必以此時定其有鬼則所見本是定字明矣定字上文凡六見此人之所以無有而有無之時也無有謂以有爲無也有無謂以無爲有也此皆人所疑惑之時也而已以正事故傷於溼而擊鼓鼓痺則必有敝鼓喪豚之費矣而未有俞疾之福也已以正事謂人以此定事也痺冷疾也傷於溼則患

痹反擊鼓烹豚以禱神何益於愈疾乎若以此定事則與俗不殊也俞讀爲愈○郝懿行曰傷於溼而病痹擊鼓鼓之無損於疾徒取費耳此言愚惑之蔽王念孫曰自鼓痹以上脱誤不可讀似當作故傷於溼而痹痹而擊鼓烹豚則必有弊鼓喪豚之費矣而未有俞疾之福也楊云傷於溼則患痹反擊鼓烹豚以禱神何益於愈疾乎是其證

故雖不在夏首之南，則無以異矣。愼墨之蔽亦猶是也

凡以知，人之性也；可以知，物之理也。以知人之性推之則可知物理也

以可以知人之性，求可以知物之理，而無所疑止之，則沒世窮年不能徧也。疑止謂有所不爲窮年盡其年壽疑或爲凝○郝懿行曰疑止說已見王制篇荀書多作凝止皆俗人妄改之惟此未改楊注疑或爲凝蓋俗誤久矣俞樾曰詩桑柔篇靡所止疑傳曰疑定也疑訓定故與止同義此云疑止猶詩云止疑荀子傳詩故用詩義耳楊注疑或爲凝非是

其所以貫理焉雖億萬，已不足以浹萬物之變，與愚者若一。貫習也浹周也子叶反或當爲接○俞樾曰已猶終也言終不足以浹萬物之變也詩葛藟篇終遠兄弟傳曰已相遠矣箋云今已遠棄族親是傳箋並訓終爲已僖二十四年左傳婦怨無終杜注曰終猶已也故已

亦猶終也先謙案荀書以挾代浹此亦當爲挾作浹者後人所改學。郭嵩燾曰學字當斷句學焉至老而不免於愚則執一之不足相通也老身長子。而與愚者若一。猶不知錯夫是之謂妄人錯置也謂廢捨也身已老矣子已長矣猶不知廢捨無益之學夫是之謂愚妄人也故學也者。固學止之也。惡乎止之。曰。止諸至足。曷謂至足。曰聖也。或曰聖下更當有王字誤脫耳言人所學當止於聖人之道及王道不學異術也聖王之道是謂至足也聖也者。盡倫者也。王也者。盡制者也。倫物理也制法度也兩盡者。足以爲天下極矣。所以爲至足也故學者以聖王爲師。案以聖王之制爲法。法其法以求其統類。以務象效其人。統類法之大綱。○謝本從盧校重一類字盧文弨曰法其法元刻作治其法王念孫曰元刻無下類字案元刻是也法其法以求其統類以務象效其人三句一氣貫注若多一類字則隔斷上下語脈矣宋本下類字卽涉上類字而衍先謙案王說是今依元刻刪嚮是而務。士也。類是而幾。君子也。幾近也類聖人而近之則爲君子士者脩飾之名君子有道德之稱也知之。聖人也。知聖王之道者故有知非以慮是。則謂之懼。自知其非以圖慮於是則謂之能戒懼也有勇非以持是。則謂之賊。勇於爲非以持制是也察。孰非以分是。則謂之篡。孰甚也察甚其非以分爲是之心此篡奪之人也多能非以脩蕩。是。則謂之知。脩飾也蕩動也多能知非脩飾蕩動而爲是則謂之知言智者能變非爲是也辯利非以言是。則謂之詍。辯說利口而飾非以言亂是則謂之詍詍多言也詩曰無然詍詍〇王引之曰懼字義不可通懼當爲攫字之誤也攫謂攫取之也不苟篇小人知賊智則攫盜而漸漸詐也義見尚書逃闔民興胥漸下故曰有知非以慮是則謂之攫脩讀爲滌周官司尊彝凡酒脩酌鄭注脩讀爲滌濯之滌謂滌蕩使潔清也此言智也勇也察也多能也辯利也皆必用之於是而後可是字蓋指聖王之制言見上文若有智而不以慮是則謂之攫有勇而不以持是則謂之賊熟於察而不以分是則謂之篡多能而不以滌蕩是則謂之智智謂智故也淮南主術篇注曰故巧也管子心術篇曰恬愉無爲去智與故莊子胠篋篇曰知詐漸毒頡滑子非十二子篇曰知而險賊而神爲詐而巧淮南原道篇曰偶睢智故曲巧僞詐並與此知字同義辯利而不以言是則謂之詍也楊說皆失之傳曰。天下有二。非察是。是察非。眾以爲是者而非之以爲非者而察之謂合王制與不合王制也。所以非察是是察非觀其合王制與否也天下有不以是爲隆正也。然而猶有能分是非。治曲直者邪。有不以合王制與不合爲隆正者而能分是非治曲直乎言必不能也○先謙案隆正猶中正若夫非分是非。非治曲直。非辨治亂。非治人道。雖能之。無益於人。不能無損於人。案直將治怪說。玩奇辭。以相撓滑也。案彊鉗而利口。厚顏而忍詬。無正而恣睢。妄辨而幾利。滑亂也音骨彊彊服人鉗鉗人口也詬詈也恣睢矜夸也幾近也妄辨幾利謂妄為辨說所近者惟利也○王念孫曰方言鉗惡也廣雅同南楚凡人殘罵謂之鉗郭璞曰殘猶惡也然則彊鉗者既彊且惡也非鉗人口之謂詬恥也大戴禮曾子立事篇君子見利思辱見惡思詬定八年左傳公以晉詬語之杜盧注竝曰詬恥也字或作詢昭二十年左傳余不忍其詢杜注曰詢恥也又作㖃大戴禮武王踐阼篇口生㖃盧注曰㖃恥也又作垢宣十五年左傳國君含垢杜注曰忍垢恥漢書路溫舒傳作國君含詬詬訓為恥故曰厚顏而忍詬非謂忍詈也楚辭離騷曰忍尤而攘詬王注詬恥也呂氏春秋離俗篇曰彊力忍詢高注詢辱也淮南氾論篇曰忍詢而輕辱史記伍子胥傳曰剛戾忍詢皆其證也非十二子篇無廉恥而忍謨詢所謂厚顏而忍詬也說文謑恥也或作謨詬謑詬恥也或作詢廣雅謨詬作楊注以謨詢為詈辱亦失之俞樾曰大元元瑩篇箝知休咎范望注曰箝求也鬼谷子有飛箝篇其文曰以飛箝之辭鉤其所好以箝求之此范望注所本鉗猶箝也彊鉗謂彊求也楊注以鉗人口釋之非是不好辭讓、不敬禮節、而好相推擠、此亂世姦人之說也。則天下之治、說者方、多然矣。慎墨宋惠之屬傳曰。析辭而爲察。言物而爲辨。君子賤之。博聞彊志。不合王制。君子賤之。此之謂也。所謂析言破律亂名改作者也爲之無益於成也。求之無益於得也。憂戚之無益於幾也。言役心無益復憂戚亦不能近道也○俞樾曰幾者事之微也無益於幾卽無益於事憂戚之而仍於事無益則爲君子所不取矣楊注謂憂戚亦不能近道是訓幾爲近又增出道字非其旨也則廣焉能弃之矣。不以自妨也。不少頃干之胷中。廣讀爲曠曠遠也不以自妨謂不以無益害有益也○王念孫曰按能讀爲而楊注廣讀爲曠曠遠也曠焉而弃之謂遠弃之也古多以能爲而說見釋詞不慕往。不閔來。無邑憐之心。不慕往謂不悅慕無益之事而往從之也不閔來謂不憂閔無益之事而來正之也或曰往古昔也來將來也不慕往古不閔將來言惟義所在無所繫滯也邑憐未詳或曰邑與悒同悒快也憐讀爲吝惜也言棄無益之事更無悒快吝惜之心此皆明不爲異端所蔽也當時則動。物至而應。事起而辨。治亂可否昭然明矣。

周而成，泄而敗，明君無之有也。以周密爲成，以漏泄爲敗，明君無此事也。明君日月之照臨，安用周密也。宣而成，隱而敗，闇君無之有也。以宣露爲成，以隱蔽爲敗，闇君亦無此事也。闇君務在隱蔽而不知昭明之功也。○先謙案：注中四爲字皆當作而。故君人者，周則讒言至矣，直言反矣；小人邇而君子遠矣。詩云：「墨以爲明，狐狸而蒼。」此言上幽而下險也。逸詩。墨謂蔽塞也。狐狸而蒼，言狐狸之色居然有異，若以蔽塞爲明，則臣下誑君，言其色蒼然無別，猶指鹿爲馬者也。幽，暗也。險，傾側也。○盧文弨曰：正文墨以爲明，元刻明作闇。狐狸而蒼，宋本而作其，王伯厚詩攷引作而，今從之。又注傾側也，元刻作詐也。郝懿行曰：墨者幽闇之意，詩言以闇爲明，以黃爲蒼，所謂元黃改色，馬鹿易形也。二語規辭蓋文苑傳趙高欲爲亂，以青爲黑，以黑爲黃，民言從之。語規辭注禮此正上幽下險之事。君人者，宣則直言至矣，而讒言反矣；君子邇而小人遠矣。反，還也。讒言復歸而不敢出矣。或曰：反，倍也。言與讒人相倍反也。○先謙案：讒言上而字衍，或說非。詩曰：「明明在下，赫赫在上。」此言上明而下化也。

詩大雅大明之篇言文王之德明
明在下故赫赫然著見於天也

荀子卷第十五

荀子卷第十六

唐登仕郎守大理評事楊　倞　注

臣　王先謙集解

正名篇第二十二

是時公孫龍惠施之徒亂名改作以是爲非故作正名篇尹文子曰形以定名名以定事事以驗名察其所以然則形名之與事物無所隱其理矣名有三科一曰命物之名方圓白黑是也二曰毀譽之名善惡貴賤是也三曰况謂之名賢愚愛憎是也○盧文弨曰事以驗名案本書作檢名

後王之成名。後之王者有素定成就之名謂舊名可法效者也刑名從商。爵名從周。文名從禮。商之刑法未聞康誥曰殷罰有倫是亦言殷刑之允當也爵名從周謂五等諸侯及三百六十官也文名謂節文威儀禮卽周之儀禮也○郝懿行曰文名謂節文威儀禮卽周之儀禮其說是也古無儀禮之名直謂之禮或謂之禮經散名。之加於萬物者。則從諸夏之成俗曲期。成俗舊俗方言也曲期謂委曲期會物之名者也○郝懿行曰曲期謂曲折期會之地猶言委巷也此與遠方異俗相儷楊注斷曲期上屬似未安先謙案郝云曲期二字下屬是也而解爲委巷非也下文云命不喻然後期期不喻然後說注期會也物之稍難名命之不喻者則以形狀大小會之若是事多會亦不喻者則說其所以然是曲期者乃委曲以會之萬物之散名從諸夏之成俗以委曲期會於遠方異俗之鄉而因之以爲通所謂名從中國是也**遠方異俗之鄉。則因之而爲通。**遠方異俗名之乖異者則因其所名遂以爲通而不改作也**散名之在人者。**舉名之分散在人者**生之所以然者。謂之性。**人生善惡故有必然之理是所受於天之性也**性之和所生。精合感應。不事而自然。謂之性。**和陰陽沖和氣也事任使也言人之性和氣所生精合感應不使而自然言其天性如此也精合謂若耳目之精靈與見聞之物合也感應謂外物感心而來應也。先謙案性之和所生當作生之和所生此生字與上生之同亦謂人生也兩謂之性相儷生之所以然者謂之性生之不事而自然者謂之性文義甚明若云性之不事而自然者謂之性則不詞矣此傳寫者緣下文性之而誤注人之性性當爲生亦後人以意改之**性之好惡喜怒哀樂。謂之情。**人性感物之後分爲此六者謂之情**情然而心爲之擇。謂之慮。**情雖無極心擇可否而行謂之慮也**心慮而能爲之動。謂之僞。**僞矯也心有選擇能動而行之則爲矯拂其本性也

○郝懿行曰荀書多以僞爲爲楊注訓僞爲矯不知古字通耳下云正利而爲謂之事正義而爲謂之行與此能爲之爲俱可作僞**慮積焉。能習焉。而後成。謂之僞。**心雖能動亦在積久習學然後能矯其本性也○盧文弨曰此僞字元刻作爲非也觀荀此篇及禮論等篇僞即今爲字故曰桀紂性也堯舜僞也謂堯舜不能無待於人爲耳後儒但知有眞僞字昧古六書之法而訾之者眾矣下兩而爲承上文亦必本是而譌**正利而爲謂之事。**爲正道之事利則謂之事業謂商農工賈者也**正義而爲謂之行。**荀非正義則謂之姦邪行下孟反○兪樾曰廣韻正正當也正利而爲正義而爲猶文四年左傳曰當官而行也楊注以正道釋之非是**所以知之在人者謂之知。知有所合謂之智。**知之在人者謂在人之心有所知者知有所合謂所知能合於物也○盧文弨曰謂之智亦當同上作謂之知而皆讀爲智耳下能字亦可不分兩音先謙案在人者明藏於心有合者遇物而形下兩謂之能同**智所以能之在人者謂之能。**智有所能在人之心者謂之能能才能也○盧文弨曰句首智字衍注當云在人有所能謂之能此似有舛誤**能有所合謂之能。**能當爲耐古字通也耐謂堪任其事耐乃來乃代二反○郝懿行曰案楊注能耐古通此語非是楊既知爲古字通矣何必上爲能下爲耐強生分別即如上文二知二智亦是強生分別古本必皆作知如僞爲之例也若依楊注則上文謂之性此兩性字不知當何分別戴記禮運樂記二篇並用耐字鄭康成注耐古能字也此葢楊注所本然鄭此說未見所出旣云古字時有存者又云亦有今誤讀禮運然則鄭意亦不以爲定論也且以荀書訂之仲尼篇云能耐任之又云能而不耐任楊注耐忍也此則一句之中耐能兼用其不以爲一字明矣又攷說文能熊屬也能獸堅中故稱賢能而彊壯偁能傑也又云耐或耏字不言爲古能字然則經典用能不用耐當依許叔重書康成之說與許不同疑未可據先謙案二僞二知二能並有虛實動靜之分知皆讀智能皆如字不分兩讀楊說非也

性傷謂之病○傷於天性不得其所節遇謂之命○節時也當時所遇謂之命命者如天所命然○先謙案節猶適也說詳天論篇是散名之在人者也○是後王之成名也○略舉此上事是散名之在人者而後王可因襲成就素定之名也而或者乃爲堅白之說以是爲非斯亂名之尤也故王者之制名○名定而實辨○道行而志通○則慎率民而一焉○道謂制名之道志通言可曉也禮記曰黃帝正名百物以明民慎率民而一焉言不敢以異端改作也故析辭擅作名以亂正名○使民疑惑○人多辨訟○則謂之大姦○其罪猶爲符節度量之罪也○新序

曰子產洪鄧析教民之難約大獄袍衣小獄襦袴民之獻袍衣襦袴者不可勝數以非爲是以是爲非鄭國大亂民口讙譁子產患之於是討鄧析而僇之民乃服是非乃定是其類也○盧文弨曰今本新序缺此文王念孫曰析辭擅作下本無名字有名字則成累句矣此名字涉下正名而衍下文離正道而擅作作下無名字卽其證先謙案爲與僞同 故其民莫敢託爲奇辭以亂正名○故其民慤慤則易使○易使則公○顧千里曰公疑當作功荀子屢言功可以爲證下文則其迹長矣迹長功成治之極也承此功言之不作公明甚宋本與今本同蓋皆誤 其民莫敢託爲奇辭以亂正名○故壹於道法○而謹於循令矣○如是則其迹長矣○迹王者所立之迹也下不敢亂其名畏服於上故迹長也長丁丈反 迹長功成○治之極也○是謹於守名○約之功也○謹嚴也約要約 今聖王沒○名守慢○奇辭起○名實亂○是非之形不明○則雖守法之吏○誦數之儒○亦皆亂也○奇辭亂實故法吏迷其所守偏儒疑其所習○先謙案誦數猶誦說說見勸學篇 若有王者起○必將有循於舊名○有作於新名○名之善者循之不善者作之故孔子曰必也正名乎○先謙案舊名上所云成

名也新名上所云託奇辭以亂正名也既循舊名必變新名以反其舊作者變也禮記哀公問鄭注作猶變也楊注未晰然則所爲有名。與所緣以同異。與制名之樞要。不可不察也。緣因也樞要大要總名也物無名則不可分辨故因而有名也名不可一貴故因耳目鼻口而制同異又不可常別雖萬物萬殊有時欲舉其大綱故制爲名之樞要謂若謂之禽知其二足而羽謂之獸知其四足而毛既爲治在正名則此三者不可不察而知其意也。○謝本從盧校作有同異王念孫曰元刻有作以棶曦案作以者是也下文云然則何緣而以同異又云此所緣而以同異也三以字前後相應宋本作有者涉上句有名而誤先謙案王說是今改從元刻異形離心。萬物之形各異則分離人之心言人心知其不同也此已下覆明有名之意交、喻、異物。名實、玄紐。玄深隱也紐結也若不爲分別立名使物物而交相譬喻之則名實深隱紛結難知也。○郝懿行曰玄卽眩字紐系也結也言名實眩亂連系交結而難曉也王念孫曰名實互紐卽上文所謂名實亂也今本互字上下皆誤加點楊所見本已然故誤讀爲胡涓切而所說皆非先謙案楊注之非由失其讀異形離心交喻句異物名實玄紐句離心交喻謂人心不同使之共喻下文所云名聞而實喻也異形者離心交喻異物者名實眩紐此所以有名也貴賤不明。同異不別。如是。則志必有不喻之患。而事必有困廢之禍。故知者爲之分別。制名以指實。無名則物雜亂故智者爲之分界制名所以指明實事也上以明貴賤。下以辨同異。貴賤明。同異別。如是。則志無不喻之患。事無困廢之禍。此所爲有名也。有名之意在此然則何緣而以同異。設問覆明同異之意也曰緣天官。天官耳目鼻口心體也謂之官言各有所司主也緣天官言天官謂之同則同謂之異則異也凡同類同情者。其天官之意物也同。故比方之疑似而通。是所以共其約名以相期也。同類同情謂若天下之馬雖白黑大小不同天官意想其同類所以共其省約之名以相期會而命之名也○盧文弨曰注末名也上宋本有各爲制三字衍王念孫曰約非省約之謂約名猶言名約上文云是謹於守名約之功也楊彼注云約要約是也下文云名無固宜約之以命約定俗成謂之宜名無固實約之以命今本命下有實字辯見下約定俗成謂之實名又其一證也形體色理以目異。形體形狀也色五色也理文理也言萬物形體色理以目別異之而制名○王引之曰色理膚理也榮辱性惡二篇竝云骨體膚理彼言骨體膚理此言形體色理形體猶骨體也色理猶膚理也楊云色五色也失之聲音清濁調竽奇聲以耳異。清濁宮徵之屬調竽謂調和笙竽之聲也竽笙類所以導眾樂者也不言革木之屬而言竽者或曰竽八音之首故黃帝使洽倫取竹作管是竹爲聲音之始莊子天籟地籟亦其義也奇奇異也奇聲萬物眾聲之異者也○盧文弨曰調竽二字上下必有脫誤不必從爲之辭俞樾曰笙竽之聲而獨言竽義不可通楊又引或說謂竽八音之首斯曲說也調竽疑當爲調笑字之誤也孟子告子篇曰則已談笑而道之調笑與談笑文異而誼同玉篇廣韻並曰談戲調也蓋談與調一聲之轉耳笑竽形似因而致誤先謙案調竽當爲調節竽節字皆從竹故節誤爲竽禮記仲尼燕居篇樂也者節也孔疏節制也檀弓篇品節斯蔬節制斷也是節爲制也調者說文和也聲音之道調以和合之節以制斷之故曰調節與清濁同爲對文奇聲與下奇味奇臭對文楊俞說皆非甘苦鹹淡辛酸奇味以口異。奇味眾味之異者也香臭芬鬱腥臊洒酸奇臭以鼻異。芬花草之香氣也鬱腐臭也禮記曰鳥皫色而沙鳴鬱洒未詳酸暑浥之酸氣也奇臭眾臭之異者氣之應鼻者爲臭故香亦謂之臭禮記曰皆佩容臭或曰洒當爲漏篆文稍相似因誤耳禮記曰馬黑脊而般臂漏鄭音螻螻蛄臭者也○盧文弨曰洒從水西聲古音與辛相同洒酸猶辛酸辣氣之觸鼻者王念孫曰辛酸皆味也非臭也宋玉高唐賦孤子寡婦寒心酸鼻阮籍詠懷詩感慨懷辛酸怨毒常苦多皆非辣氣觸鼻之謂西古讀若先先字古在諄部辛字古在真部不得言西辛古音相同盧說非也楊以酒爲漏之誤是也余謂酸乃庮字之誤庮從酉聲與酸字左畔相同又涉上文辛酸而誤也周官內饔及內則並云牛夜鳴則庮先鄭司農云庮朽木臭也說文庮久屋朽木周禮牛夜鳴則庮臭如朽木曰內則注曰庮惡臭也春秋傳曰一薰一庮僖四年傳今左傳作蕕杜注蕕臭草鬱腥臊漏庮酒並見周官禮記則酒酸必漏庮酒之誤也酸亦味也非臭

疾養滄熱滑鈹輕重以形體異。或疾痛也養與癢同滄寒也滑與汩同鈹與披同皆壞亂之名也楊以爲暑浥之酸氣亦失之或曰滑如字鈹當爲鈒傳寫誤耳與澀同輕重謂分銖與鈞石也此皆在人形體別異之而立名也滄初亮反又楚陵反

說故喜怒哀樂愛惡欲以心異。說讀爲脫誤也脫故猶律文之故誤也○先謙案說者心誠悅之故者作而致其情也與性惡篇習僞故之故同義二字對文楊注非

心有徵知。徵召也言心能召萬物而知之徵知則緣耳而知聲可也緣目而知形可也。緣因也以心能召萬物故可以因耳而知聲因目而知形爲之立名心雖有知不因耳目亦不可也

然而徵知必將待天官之當簿其類然後可也。天官耳目也當主也丁浪反簿簿書也當簿謂如各主當其簿書不雜亂也類謂可聞之物耳之類可見之物目之類言心雖能召所知必將任使耳目令各名

主掌其類然後可也言心亦不能自主之也。俞樾曰楊注曰天官耳目也疑此文及注竝有奪誤上文云然則何緣而以同異曰緣天官注曰天官耳目鼻口心體也是天官本兼此六者而言此何以獨言耳目乎疑天官乃五官之誤上云心有徵知此當云然而徵知必將待五官之當簿其類注當云五官耳目鼻口體也所以不數心者徵知卽心也下文云五官簿之而不知心徵之而無說卽承此文而言可知天官爲五官之譌因五官譌爲天官而注又有闕文遂不可讀

五官簿之而不知，心徵之而無說，則人莫不然謂之不知。此所緣而以同異也。五官耳目鼻口心也五官能主之而不能知心能召而知之若又無說則人皆謂之不知也以其如此故聖人分別因立同異之名使人曉之也。王念孫曰莫不然謂之不知然字涉上下文而衍五官者耳目鼻口與形體也覞上言五官能簿之而不能知心能徵之而又無說則人皆謂之不智也楊注亦當作五官耳目鼻口體也今本體作心乃後人不知其義而妄改之上注云天官耳目鼻口心體也足正此注之誤洟論篇耳目鼻口形能爲五官能謂態字此篇以耳目鼻口形體爲五官形體卽形態郭嵩燾曰王說非也簿猶記錄也心徵於耳目而後有知所聞所見心徵而知之由耳目之記籍其名也與耳目相接而終不知其名心亦能徵之耳目而莫能言其名則終不知而已莫不然謂之不知然亦語詞不必爲衍文

然後隨而命之。既分同異之後然後

隨所名而命之此已下覆明制名樞要之意也同則同之異則異之同類則同名異類則異名單足以喻則單單不足以喻則兼單物之單名也兼復名也喻曉也謂若止喻其物則謂之馬喻其毛色則謂之白馬黃馬之比也○盧文弨曰注復名宋本作複名案復亦與複通用單與兼無所相避則共雖共不爲害矣謂單名復名有不可相避者則雖共同其名謂若單名謂之馬雖萬馬同名復名謂之白馬亦然雖共不害於分別也知異實者之異名也故使異實者莫不異名也不可亂也知謂人心知之異實者異名則不亂也謂若牛與馬爲異實也猶使異實者莫不同名也恐異實異名卒不可偏舉故猶使異實者有時而同一名也或曰異實當爲同實言使異實者異名其不可相亂猶如使同實者莫不同名也○王念孫曰或說是也上文同則同之異則異之是其證前說非故萬物雖衆有時而欲偏舉之故謂之物物也者大共名也推而共之共則有共至於無共然後止推此共名之理則有共至於無共言自同至於異也起於總謂之物散爲萬名是異名者本生於別同名者也○王念孫曰共則有共之有讀爲又謂共而又共至於無共然後止也楊說失之有時而

孫鑛曰意妙而詞未工

欲偏舉之。故謂之鳥獸。鳥獸也者，大別名也。推而別之，別則有別，至於無別然後止。言自異至於同也謂總其萬名復謂之物是同名者生於欲都舉異名也言此者所以別異名同名之意。王念孫曰案此偏字當作別與上條不同上條以同爲主故曰偏舉之此條以異爲主故曰別舉之外偕作鳥獸不同類而鳥獸之中又各不同類推而至於一類之中又有不同若雉有五雉扈有九扈牛馬毛色不同其名亦異之類故曰鳥獸也者大別名也推而別之別則有別有讀爲又見上條至於無別然後止也今本作徧舉則義不可通蓋涉上條徧舉而誤楊說皆失之俞樾曰此徧字乃偏字之誤上云徧舉之乃普徧之義故曰大共名也此云偏舉之乃一偏之義故曰大別名也偏與徧形似因而致誤先謙案俞說是

名無固宜，約之以命，約定俗成謂之宜，異於約則謂之不宜。名無固宜言名本無定也約之以命謂立其約而命之若約爲天則人皆謂之天也。先謙案注固宜各本誤故宜今正名無固實，約之以命實，約定俗成，謂之實名。實名謂以名實各使成言語文辭謂若天地日月之比也。王念孫曰約之以命實實字涉上下文而衍上文名無固宜約之以命楊注云約之以命謂立其約而命之則此言約之以命義亦與上同若命下有實字則義不可通且楊必當有注矣名有固善，徑易

以上三　以下破　名　實以　實以　名　名

而不拂謂之善名（徑疾平易而不違拂謂易曉之名也卽謂呼其名遂曉其意不待訓解者拂音佛）物有同狀而異所者（謂若兩馬同狀各在一處之類也）有異狀而同所者（謂若老幼異狀同是一身也蠶蛾之類亦是也）可別也狀同而為異所者雖可合謂之二實（卽謂兩馬之類名雖可合同謂之馬其實二也）狀變而實無別而為異者謂之化有化而無別謂之一實（狀雖變而實不別為異所則謂之化化者改舊形之名若田鼠化為鴽之類雖有化而無別異故謂之一實言其實一也）此事之所以稽實定數也（稽考其實而定一二之數也）此制名之樞要也（此皆明制名之大意是其樞要也）後王之成名不可不察也（此三者制名之實後王可因其成名而名之故不可不察也）

見侮不辱聖人不愛己殺盜非殺人也此惑於用名以亂名者也（見侮不辱宋子之言也聖人不愛己未聞其說似莊子之意殺盜非殺人亦見莊子宋子言見侮不辱則使人不鬭或言聖人不愛己而愛人莊子又云殺盜賊不為殺人言此三者徒取其名不究其實是惑於用名以亂正名也）驗之所

以爲有名而觀其孰行則能禁之矣驗其所爲有名本由不險之患困廢之禍因觀見侮不辱之說精孰可行與否則能禁也言必不可行也○王引之曰驗之所下以字及下文驗之所緣下無字皆後人所增據注云驗其所爲有名驗其所緣同異則上無以字下無無字明甚上文云所爲有名譌聘觀謕與所緣以同異不可不察也故此承上文而言之又案孰者何也讖誢觀其孰行者觀其何所行也觀其孰調者觀其何所調也楊讀孰爲熟而訓爲精熟則義不可通山淵平情欲寡芻豢不加甘大鍾不加樂此惑於用實以亂名者也山淵平即莊子云山與澤平也情欲寡即宋子云人之情欲寡也芻豢不加甘大鍾不加樂墨子之說也古人以山爲高以泉爲下原其實亦無定但在當時所命耳後世遂從而不改亂名之人既以高下是古人之一言未必物之實也則我以山泉爲平奚爲不可哉古人言情欲多我以爲寡芻豢甘大鍾樂我盡以爲不然亦可也此惑於用實本無定以亂古人之舊名也驗之所緣無以同異而觀其孰調則能禁之矣驗其所緣同異本由物一貫則不可分別故定其名而別之今山淵平之說以高爲下以下爲高若觀其精孰得調理與否則能禁惑於實而亂名者也○郭嵩燾曰此三惑仍承上言之用名以亂名則驗其所以爲名而觀其行用實以亂名則驗其所緣以爲同

異而調使平用名以亂實則驗其制名之原而觀其所以受苟用此三者以明諸家立言之旨所以爲正名也此文驗之所緣無以同異與前文不合明無字衍文

非而謁楹有牛馬非馬也此惑於用名以亂實者也非而謁楹有牛未詳所出馬非馬是公孫龍白馬之說也白馬論曰言白所以命色也馬所以命形也色非形形非色故曰白馬非馬也是惑於形色之名而亂白馬之實也驗之名約以其所受悖其所辭則能禁之矣名約卽名之樞要也以用也悖違也所受心之所是所辭心之所非驗其名之大要本以稽實定數今馬非馬之說則不然若用其心之所受者違其所辭者則能禁之也

凡邪說辟言之離正道而擅作者無不類於三惑者矣辟讀爲僻故明君知其分而不與辨也明君守聖人之名分不必亂名辨說是非也夫民易一以道而不可與共故故事也言聖人謹守名器以道一民不與之共事共則民以它事亂之故老子曰國之利器不可以示人也○郝懿行曰故謂所以然也夫民愚而難曉故但可偕之大道而不可與共明其所以然所謂民可使由之不可使知之故明君臨之以埶道之以道道達之以正道申之以命章之以論禁之以刑故其民之

化道也如神。辨埶惡用矣哉。申重也章明也論謂先聖格言但用此道馭之不必更用辨埶也辨埶謂說其所以然也。盧文弨曰以注末釋辨說觀之則正文辨埶乃辨說之譌注埶字亦當作說下文屢云辨說則此之爲譌顯然蓋因上有臨之以埶語而誤涉耳先謙案據盧說注皆作辨埶今繙謝本者竝作辨說誤据虞王本改正今聖王没。天下亂。姦言起。君子無埶以臨之。無刑以禁之。故辨說也。荀卿自述正名及辨說之意也實不喻。然後命。命不喻。然後期。期不喻。然後說。說不喻。然後辨。命謂以名命之也期會也言物之稍難名命之不喻者則以形狀大小會之使人易曉也謂若白馬但言馬則未喻故更以白會之若是事多會亦不喻者則說其所以然若說亦不喻者則反覆辨明之也故期命辨說也者。用之大文也。而王業之始也。無期命辨說則萬事不行故爲用之大文飾王業之始在於正名故曰王業之始也名聞而實喻。名之用也。名之用本在於易知也累而成文。名之麗也。累名而成文辭所以爲名之華麗詩書之言皆是也或曰麗與儷同配偶也。盧文弨曰注麗與儷同舊本脫與儷二字今補用麗俱得。謂之知名。淺與深俱不失其所則爲知名名也者所以期累實也名者期於累數其實以成言語或曰累實當爲異實言名者所以期於使實各異也辭也者兼異實之名以論一意也。辭者說事之言辭兼異實之名謂兼數異實之名以成言辭猶若元年春王正月公即位兼說亡實之名以論公即位之一意也○王念孫曰論當爲諭字之誤也淮南齊俗篇不足以諭之今本諭誤作論諭明也言兼說異實之名以明之也字或作喻下文曰辨說也者不異實名以喻動靜之道也是其證上下文言喻者甚多此不應獨作論也楊說以春秋云論公即位之一意則所見本已誤辨說也者不異實名以喻動靜之道也。動靜是非也言辨說者不唯兼異常實之名所以喻是非之理辭者論一意辨者明兩端也期命也者辨說之用也。期謂委曲爲名以會物也期與命所以爲辨說之用辨說也者心之象道也。辨說所以爲心想象之道故心有所明則辨說也心也者道之工宰也。工能成物宰能主物心之於道亦然也○陳奐曰工宰者工官也官宰猶言主宰廣雅官主君也解蔽篇曰心者形之君也而神明之主也出令而無所受令是其義舊注失之道也者治之經理也。經常也理條貫也言道爲理國之常法條貫也心合於道說合於心辭合於說。言經爲說成文爲辭謂心能知道說能合心辭能成言也正名而期質請而喻。

辨異而不過。推類而不悖。聽則合文。辨則盡故。以正道而辨姦。猶引繩以持曲直。是故邪說不能亂。百家無所竄。正名而期謂正其名以會物使人不惑也質物之形質質請而喻謂若形質自請其名然因而喻知其實也辨異而不過謂足以別異物則己不過說也推類而不悖謂推同類之物使共其名不使乖悖也聽則合文辨則盡故謂聽它人之說則取其合文理者自辨說則盡其事實也正道謂正名之道持制也竄匿也百家無所隱竄言皆知其姦詐也○王念孫曰楊說質請甚迂質本也繫辭傳原始要終以為質也曲禮禮之質也鄭虞注竝曰質本也請讀為情情實也言本其實而曉喻之也上文云名聞而實喻是其證也正名而期質情而喻情卽是實實與名正相對也古者情請同聲而通用成相篇明其請楊注請當為情禮論篇情文俱盡史記禮書情作請徐廣曰古情字或假借作請諸子中多有此比列子說符篇發於此而應於外者唯請張湛曰請當作情又墨子尚同明鬼非命諸篇皆以請為情

有兼聽之明。而無奮矜之容。有兼覆之厚。而無伐德之色。說行則天下正。說不行則白道而冥窮。是聖人之辨說也。是時百家曲說皆競自矜伐故述聖人辨說雖兼聽兼覆而無奮矜伐德之色也白道明道也冥幽隱也冥窮謂退而窮處也。○俞樾曰楊說冥窮之義甚為迂曲窮當讀為躬白道而冥躬者明白其道而幽隱其身也古窮與躬通用論語鄉黨篇

鞠躬如也聘禮鄭注作鞠窮是其證詩曰顒顒卬卬。如珪如璋。令聞令望。豈弟君子。四方爲綱。此之謂也。詩大雅卷阿之篇顒顒體貌敬順也卬卬志氣高朗也辭讓之節得矣。長少之理順矣。忌諱不稱。祆辭不出。以仁心說。以學心聽。以公心辨。以仁心說謂務於開導不騁辭辨也以學心聽謂悚敬而聽它人之說不爭辨也以公心辨謂以至公辨它人之說是非也不動乎衆人之非譽。不以衆人是非而爲之動但自正其辭說也不治觀者之耳目。其所辨說不求夸眩於衆人。王念孫曰治字義不可通治當爲冶字之誤也不冶觀者之耳目謂不爲祆辭以惑衆人之耳目也嫌見冶與蠱古字通集韻上聲三十五馬蠱以者切媚也文選南都賦侍者蠱媚五臣本蠱音冶劉良曰蠱媚美容儀也舞賦貌嫽妙以妖蠱五臣作妖冶後漢書張衡傳咸姣麗以蠱媚注曰蠱音野謂妖麗也是冶卽蠱惑之蠱也不冶觀者之耳目不賂貴者之權勢二句一意相承據楊注云其所辨說不求夸眩於衆人則所見本當是冶字若是治字則不得言夸眩於衆矣以是明之不賂貴者之權埶。不爲貨賂而移貴者之權埶也不利傳辟者之辭。利謂說愛之也辟讀爲僻故能處道而不貳。吐而不奪利而不流。貴公正而賤鄙爭。是士君子之辨說也。吐而不奪謂吐論而人不能奪利或爲和○兪樾曰楊說非也吐當爲咄形似而誤從土從出之字隸書每相亂若𢾺從出而今譌爲敖賣從出而今譌爲賣是也咄者詘之叚字從口從言之字古或相通若詠之爲咏諎之爲唶吟之爲訡嘖之爲讀是也詘而不奪利而不流二句相對言雖困詘而不可劫奪雖通利而不至流蕩也上文於聖人之辨說曰說行則天下正說不行則白道而冥窮此於士君子之辨說曰詘而不奪利而不流詘謂說不行利謂說行其文正相配也詩曰。長夜漫兮。永思騫兮。大古之不慢兮。禮義之不愆兮。何恤人之言兮。此之謂也。逸詩也漫謂漫漫長夜貌騫咎也引此以明辨說得其正何憂人之言也

君子之言。涉然而精。俛然而類。差差然而齊。彼正其名。當其辭。以務白其志義者也。涉然深入之貌俛然俯就貌俛然而類謂俯近於人皆有統類不虛誕也差差不齊貌謂論列是非似若不齊然終歸於齊一也當丁浪反彼名辭也者。志義之使也。足以相通則舍之矣。苟之姦也。通謂得其理使所吏反故名足以指實。辭足以見

極則舍之矣極中也本也見賢遍反外是者謂之訞是君子之所棄而愚者拾以爲己寶訞難也過於志義相通之外則是務爲難說耳君子不用也故愚者之言芴然而粗嘖然而不類誻誻然而沸芴與忽同忽然無根本貌粗疎略也嘖爭言也助革反或曰與賾同深也誻誻多言也謂愚者言淺則疎略深則無統類又誻誻然沸騰也彼誘其名眩其辭而無深於其志義者也誘誑也但欺誑其名而不正眩惑其辭而不實又不深明於志義相通之理也故窮藉而無極甚勞而無功貪而無名藉踐履也才夜反謂踐履於無極之地貪而無名謂貪於立名而實無名也故知者之言也知讀爲智慮之易知也行之易安也持之易立也成則必得其所好而不遇其所惡焉而愚者反是詩曰爲鬼爲蜮則不可得有靦面目視人罔極作此好歌以極反側此之謂也詩小雅何人斯之篇毛云蜮短狐也靦姡也鄭云使女爲鬼爲蜮也則女誠不可得見也姡然有面目女乃人也人相視無有極時終必與女相見作此歌求女之情女之情展轉極於是也

此段言欲的問題

凡語治而待去欲者，無以道欲而困於有欲者也。凡言治待使人盡去欲然後爲治，則是無道欲之術，而反爲有欲者所困也。

凡語治而待寡欲者，無以節欲而困於多欲者也。若待人之寡欲然後治之，則是無節欲之術，而反爲多欲者所困。故能導欲則欲自去矣，能節欲則欲自寡矣。

有欲無欲，異類也，生死也，非治亂也。二者異類，如生死之殊，非治亂所繫。在於導欲則治，不導欲則亂也。○王念孫曰：生死也三字與上下文義不相屬，楊曲爲之說，非也。生死也當作性之具也，避雖晬陑字敎酭詿死。下文性之具也，卽此句之衍文。有欲無欲，是生而然者也，故曰性之具也。性之具也，情之數也，二句相對爲文；下文雖爲守門，欲不可去，雖爲天子，欲不可盡，四句亦相對爲文。若闌入性之具也一句，則隔斷上下語氣。楊曲爲之說，亦非也。

欲之多寡，異類也，情之數也，非治亂也。情之數，言人情必然之數也。治亂所繫在節欲則治，不節欲則亂，不在欲之多寡也。

欲不待可得，而求者從所可。凡人之情欲，雖未可得，以有欲之意求之，則從其所可得者也。○盧文弨曰：宋本注多賸字，今刪正。俞樾曰：待字衍，當作欲不可得而求者從所可，楊注不釋待字，故知爲衍文。郭嵩燾曰：待字不可少，人生而有欲，不待其可得而後欲之，此根於性者也。若無待字，則文不成義，俞說非。

下同欲不待可得，所受乎天也；求者從所可，受乎心也。天性有欲，心爲之節制。俞樾曰：待字亦衍文也。受乎心也上當有所字，所受乎心與所受乎天正相對。下文亦以所受乎天、所受乎心並言，則此文有所字明矣，當據補。所受乎天之一欲，制於所受乎心之多，固難類所受乎天也。此一節未詳，或恐脫誤耳。或曰：當爲所受乎天之一欲，制於所受乎心之計，其餘皆衍字也。一欲，大凡人之情欲也。言所受乎天之大欲，皆制節於所受心之計度；心之計度，亦受於天，故曰所受。俞樾曰：或說甚晦，義不可通。此文當云所受乎天之一，所受乎心之多，固難類也。所受乎天、所受乎心，即承上文而言。一與多正相對。所受乎天之一，言天之與人有定也；所受乎心之多，言人之心無窮也。固難類也，猶言固不可同耳。郭嵩燾曰：生之有欲，一而已矣。制於所受乎心之多者，以有欲之性聽命於心，而欲遂多紛馳，而日失其故，瀉其眞，則與所受於天之一欲又不可以類求也。文義顯然，楊、俞說皆非。人之所欲生甚矣，人之所惡死甚矣，然而人有從生成死者，非不欲生而欲死也，不可以生而可以死也。此明心制欲之義。故欲過之而動不及，心止之也。動謂作爲也。言欲過多而所作爲不及，其欲由心制止之也。先謙案：此文卽以上生死明之所欲有過於生而動不及於求生者心之中理止之也故欲雖多不傷於治所欲不及於死而動過之自取死者如鬭很亡身之類心之失理使之也故欲雖寡無止於亂此在心不在欲也楊注似未全通

心之所可中理則欲雖多奚傷於治

所可謂心以爲可也言若心止之而中理欲雖多無害於治也

欲不及而動過之心使之也心之所可失理則欲雖寡奚止於亂

心使之失理則欲雖寡亦不能止亂

故治亂在於心之所可亡於情之所欲

明在心不在欲

不求之其所在而求之其所亡雖曰我得之失之矣

所在心也所亡欲也

性者天之就也情者性之質也欲者情之應也以所欲爲可得而求之情之所必不免也

性者成於天之自然情者性之質體欲又情之所應所以人必不免於有欲也○謝本從盧校無所字盧文弨曰以欲爲可得宋本作以所欲以爲可得今從元刻王念孫曰宋錢呂本世德堂本竝作以所欲以爲可得而求之盧從元刻刪所字及下以字案所字不當刪下文曰所欲雖不可盡求者猶近盡是其證先謙案王說是今依宋本存所字

以爲可而道之知所必出也

心以欲爲可得而道達之智慮必出於此也

故

雖爲守門欲不可去（夫人各有心故雖至賤亦不能去欲也）性之具也雖爲天子欲不可盡（具全也若全其性之所欲雖爲天子亦不能盡秦皇漢武之比也）欲雖不可盡可以近盡也（以用也近盡近於盡欲也言天子雖不可盡欲若知道則用可近盡而止之不使故肆之也）欲雖不可去求可節也（雖至賤亦不可去欲若知道則求節欲之道而爲之也）所欲雖不可盡求者猶近盡欲雖不可去所求不得慮者欲節求也（爲賤者之謀慮皆在節其所求之欲也○盧文弨曰注賤者舊本作貴賤訛今改正）道者進則近盡退則節求天下莫之若也（道謂中和之道儒者之所守也進退亦謂貴賤也道者貴則可以知近盡賤則可以知節求天下莫及之也）

凡人莫不從其所可而去其所不可知道之莫之若也而不從道者無之有也（知節欲無過於道則皆從道也）假之有人而欲南無多而惡北無寡豈爲夫南者之不可盡也離南行而北走也哉（有人欲往南而惡往北也欲南無多謂南雖至多猶欲之也惡北無寡謂北雖至寡猶惡之也言此人既欲南而惡北豈爲夫南之不可得盡因肯

搭南而走北乎今人所欲無多。所惡無寡。豈爲夫所欲之不可盡也。離得欲之道而取所惡也哉。今夫人情欲雖至多猶欲之惡雖至寡猶惡之豈爲欲之不可得盡因肯取所惡哉　聖人以道節欲則各安其分矣而宋墨之徒不喻斯理而彊令去欲寡欲此何異使之離南而北走捨欲而取惡必不可得也　故可道而從之。奚以損之而亂。可道合道也損減也言若合道則從之奚以損亂而過此也　不可道而離之。奚以益之而治。不合道則離之奚以益治而過此此明上合道雖爲有欲之說亦可從之不合道雖爲去欲之說亦可離之也故知者論道而已矣。小家珍說之所願皆衰矣。知治亂者論合道與不合道而已矣不在於有欲無欲也能知此者則宋墨之家自珍貴其說願人之去欲寡欲者皆衰矣　凡人之取也。所欲未嘗粹而來也。其去也。所惡未嘗粹而往也。故人無動而、不可以、不與、權俱。粹至也凡人意有所取其欲未嘗全來意有所去其惡未嘗全去皆所不適意也權者稱之權所以知輕重者也能權變適時故以喻道也言人之欲惡常難適意故其所舉動而不可不與道俱不與道俱則惑於欲惡矣故達道者不戚戚於貧賤不汲汲於富貴故能遺夫得喪欲惡不以介懷而欲日節矣。王念孫曰上不字衍此言人之舉動不可不與權俱離斷不與權俱則必爲欲惡所惑故曰人無動而可以不與權俱今本可上有不字者涉注文不可不與道俱而衍衡不正。則重縣於仰。而人以爲輕。輕縣於俛。而人以爲重。此人所以惑於輕重也。衡稱之衡也不正謂偏舉也衡若均舉之則輕重等而平矣若偏舉之則重縣於仰輕縣於俛而猶未平也遂以此定輕重是惑也權不正。則禍託於欲。而人以爲福。福託於惡。而人以爲禍。此亦人所以惑於禍福也。權不正謂不知道而偏見如稱之權不正者也禍託於欲謂無德而祿因以爲福不知禍不旋踵也福託於惡謂若有才未偶因以爲禍不知先號後笑也言不知道則惑於倚伏之理也道者古今之正權也。離道而內自擇。則不知禍福之所託。道能知禍福之正如權之知輕重之正離權則不知輕重離道則不知禍福也易者以一易一。人曰無得亦無喪也。易謂以物相易以一易兩。人曰無喪而有得也。以兩易一。人曰無得而有喪也。計者取所多。謀者從所可。以兩易一。人莫之爲。明其數也。從道而出猶以一易兩也奚喪從道則無所喪儒術是也離道而內自擇是猶以兩易一也奚得離道則無所得宋墨是也其累百年之欲易一時之嫌然且爲之不明其數也累積也嫌惡也此謂不以道求富貴終遇禍也有嘗試深觀其隱而難其察者有讀爲又雖隱而難察以下四事觀之則可知也○王念孫曰隱而難其察其字涉上文而衍據楊注云隱而難察則無其字明矣志輕理而不重物者無之有也理爲道之精微○顧千里曰案不下疑當有外字下文外重物而不內憂者無之有也行離理而不外危者無之有也外危而不內恐者無之有也一氣承接外重物與外危二句爲同例也外重物而不內憂者無之有也行離理而不外危者無之有也外危而不內恐者無之有也心憂恐則口銜芻豢而不知其味耳聽鐘鼓而不知其聲目視黼黻而不知其狀輕煖平簟而體不知其安故嚮萬物之美而不能嗛也嚮讀爲享獻也謂受其獻也嗛足也快也史記樂毅曰先王以爲嗛於志嗛口簟反○俞樾曰平乃席名故與簟竝言說文艸部蒻蒲子可以爲平席釋

名釋牀帳曰蒲平以蒲作之其體平也竝可爲證假而得問而嗛之則不能離也假或有人問之暫足以爲足其意終亦不能離於不足也〇王念孫曰得問二字義不可通楊曲爲之說非也得問當爲得閒砧覓字之誤也言憂恐在心則雖享萬物之美而心不慊卽使暫時得閒而慊之而其不慊者仍在也故嚮萬物之美而盛憂兼萬物之利而盛害如此者其求物也養生也粥壽也也皆當爲邪問之辭故欲養其欲而縱其情縱其情則欲終不可養也欲養其性而危其形欲養其樂而攻其心欲養其名而亂其行皆外重物之所致也如此者雖封侯稱君其與夫盜無以異乘軒戴絻其與無足無以異絻與冕同〇盧文弨曰夫盜元刻無夫字乘軒上有雖字無足當謂貧人之本不足者俞樾曰無足謂刖者也乘軒戴絻而行榮之至矣然實與無足者之跉卓而行無以異也無足與乘軒相應盧未得其義夫是之謂以己爲物役矣己爲物之役使心平愉則色不及傭而可以養目所視之物不及傭作之人亦可養目聲不及傭而可以養耳蔬食菜羹而可以養口麤布之衣麤紃

之履而可以養體麤紃之履麤麻屨也○盧文弨曰蔬食當作蔬食屋室廬庾葭槀蓐尙机筵而可以養形廬草屋也庾屋如廬庾者葭蘆也以廬庾爲屋室葭槀爲席蓐皆貧賤人之居也尙机筵未詳或曰尙言尙古猶若稱尙書之尙也尙机筵質樸之机筵也○王念孫曰以廬庾爲屋室而云屋室廬庾則文義不明且與葭槀蓐文非一律初學記器物部引作局室蘆簾槀蓐於義爲長說文局促也局室謂促狹之室蘆簾槀蓐謂以蘆爲簾以槀爲蓐也屋室蓋局室之誤廬庾蓋蘆廉之誤簾廉字通古槀蓐與蘆廉對文則槀上不當有葭字且葭即蘆也又與蘆相複故無萬物之美而可以養樂無埶列之位而可以養名埶列班列也名美名也如是而加天下焉其爲天下多其和樂少矣以是無貪利之心加以天下之權則爲天下必多爲己之私和樂少矣○王念孫曰和當爲私字之誤也管子法禁篇脩上下之交以私親於民今本私誤作和言以是不貪之心治天下則其爲天下必多而爲己之私樂必少也私樂對天下則之樂而言若云和樂少則義不可通楊云爲己之私和樂少則未知和即私之誤也先謙案王說是注中和字乃後人因正文誤私爲和而羼入之楊所見本葢不誤夫是之謂重己役物知道則心平愉心平愉則欲惡有節不能動故能重己而役物自有嘗試己下皆論知道不知道也無

稽之言不見之行不聞之謀君子慎之無稽之言言無考驗者也不見之行不聞之謀謂在幽隱人所不聞見者君子尤當戒慎不可忽也中庸曰戒慎乎其所不覩恐懼乎其所不聞莫見乎隱莫顯乎微故君子慎其獨也說苑作無類之說不戒之行不賛之辭君子慎之此三句不似此篇之意恐誤在此耳○盧文弨曰案此篇由孔子必也正名之指推演之極言人不能無欲必貴乎導欲以合乎道而不貴乎絕欲此荀子之闢小家珍說而與孔孟所言治己治人之指相合後儒專言遏制淨盡者幾何不以薙而潰矣

荀子卷第十六

馮師批評

(1)荀子言性與孟子分從言[illegible]孟善而反言性為惡

(2)荀子主在一性字，性其手段之同，錄見本年來之問題

荀子卷第十七

唐登仕郎守大理評事楊　倞　注

臣　王先謙集解

性惡篇第二十三

當戰國時競爲貪亂不脩仁義而荀卿明於治道知其可化無埶位以臨之故激憤而著此論書曰惟天生民有欲無主乃亂惟聰明時乂亦與此義同也舊第二十六今以是荀卿論議之語故亦升在上○盧文弨曰書作惟天生聰明時乂此無天生二字似誤脫

人之性惡，其善者僞也。僞爲也矯也矯其本性也凡非天性而人作爲之者皆謂之僞故爲字人傍爲亦會意字也○郝懿行曰性自然也僞作爲也僞與爲古字通楊氏不了而訓爲矯全書皆然是其蔽也先謙案郝說是荀書僞皆讀爲下文器生於工人之僞尤其明證今人之性，生而有好利焉，順是，故爭奪生而辭讓亡焉；天生性也順是謂順其性也生而有疾惡焉，順是，故殘賊生而忠信亡焉；疾與嫉同惡烏路反生而有耳目之欲，有好聲色焉，○先謙案下有

字疑衍順是，故淫亂生而禮義文理亡焉。文理謂節文條理也然則從人之性，○先謙案論語八佾篇集解從讀曰縱下同順人之情，必出於爭奪，合於犯分亂理，而歸於暴。○俞樾曰犯分當作犯文此本以文理相對上文曰順是故淫亂生而禮義文理亡焉下文曰合於文理而歸於治竝其證也合於犯文亂理與合於文理正相對成義今作犯分則與下文不合矣當由後人習聞犯分罕聞犯文而誤改之耳故必將有師法之化，禮義之道，道與導同然後出於辭讓，合於文理，而歸於治。用此觀之，然則人之性惡明矣，其善者僞也。

故枸木必將待檃栝烝矯然後直，枸讀爲鉤曲也下皆同檃栝正曲木之木也烝謂烝之使柔矯謂矯之使直也鈍金必將待礱厲然後利，礱厲皆磨也厲與礪同○盧文弨曰注礪舊作勵誤今人之性惡，必將待師法然後正，得禮義然後治。今人無師法，則偏險而不正，○王念孫曰廣雅險衺也成相篇曰險陂傾側大戴記衞將軍文子篇曰如商也其可謂不險矣無禮義，則悖亂而不治。古者聖王以人之性惡，以爲偏險而不正。悖亂而不治。是以爲之起禮義。制法度。以矯飾人之情性而正之。以擾化人之情性而導之也。始皆出於治。合於道者也。矯彊抑也擾馴也今之人。化師法。積文學。道禮義者。爲君子。縱性情。安恣睢。而違禮義者。爲小人。用此觀之。然則人之性惡明矣。其善者僞也。孟子曰。人之學者其性善。孟子言人之有學適所以成其天性之善非矯僞也與告子所論者是也曰。是不然。是不及知人之性。而不察乎人之性僞之分者也。不及知謂智慮淺近不能及於知猶言不到也書曰予沖人不及知也凡性者。天之就也。不可學。不可事。禮義者。聖人之所生也。人之所學而能。所事而成者也。聖人之所生明非天性也事爲也任也周禮太宰職六曰事典以富邦國以任百官鄭云任事也○盧文弨曰鄭注本云任猶傳也玩楊意卻只作事不可學不可事而在人者。謂之性。可學而能可事而成之在人者。謂之僞。是性僞之分也。不可學不可事謂不學而能不事而成也。○顧千里曰：而在人者，而疑當作之；人疑當作天。與可學而能可事而成之在人者謂之僞爲對文也。上文凡性者天之就也不可學不可事，亦其明證。

今人之性，目可以見，耳可以聽。夫可以見之明不離目，可以聽之聰不離耳，

可見之明常不離於目，可聽之聰常不離於耳也。

目明而耳聰，不可學明矣。

如目明耳聰之不假於學，是乃天性也。

孟子曰：今人之性善，將皆失喪其性故也。

孟子言失喪本性故惡也。

曰：若是則過矣。今人之性，生而離其朴，離其資，必失而喪之。

朴，質也。資，材也。言人若生而任其性，則離其質朴而偷薄，離其資材而愚惡，其失喪必也。○郝懿行曰：朴當爲樸。樸者，素也。言人性生而已離其質樸與其資材，其失喪必矣，非本善而後惡也。

用此觀之，然則人之性惡明矣。

○王念孫曰：此下亦當有「其善者僞也」句。「人之性惡，其善者僞也」二句前後凡九見，則此亦當然。

所謂性善者，不離其朴而美之，不離其資而利之也。

不離質朴資材，自得美利，不假飾而善，此則爲天性。

使夫資朴之於美，心意之於善，若夫可以見之明不離目，可以聽之聰不離耳，

使質朴資材自善，如聞見之聰

明常不離於耳目此乃天性也故曰目明而耳聰也故曰如目明耳聰此乃是其性不然則是矯僞使之也今人之性飢而欲飽寒而欲煖勞而欲休此人之情性也今人飢見長而不敢先食者將有所讓也俞樾曰注不釋長字蓋以爲尊長也然下文云勞而不敢求息者將有所代也無爲尊長任勞之文則此句長字亦非謂尊長也長讀爲粻爾雅釋言粻糧也詩崧高篇以峙其粻鄭箋曰粻糧也見粻而不敢先食與下文勞而不敢求息意正相配若作見長則轉與下意不倫矣勞而不敢求息者將有所代也所以代尊長也夫子之讓乎父弟之讓乎兄子之代乎父弟之代乎兄此二行者皆反於性而悖於情也悖違然而孝子之道禮義之文理也故順情性則不辭讓矣辭讓則悖於情性矣用此觀之然則人之性惡明矣其善者僞也

問者曰人之性惡則禮義惡生禮義從何而生惡音烏應之曰凡禮義者是生於聖人之僞非故生於人之性也故猶本也言禮義生於聖人矯僞抑制非本生於

於人性也故陶人埏埴而爲器。陶人瓦工也埏擊也埴黏土也擊黏土而成器埏音羶然則器生於工人之僞非故生於人之性也。言陶器自是生於工人學而爲之非本生於人性自能爲之也或曰工人當爲陶人故猶本也○王念孫曰楊後說以此工人爲陶人之誤是也此文本作故陶人埏埴而爲器然則器生於陶人之僞非故生於陶人之性也故工人斲木而成器然則器生於工人之僞非故生於工人之性也今本陶人之性工人之性皆作人之性此涉上下文人之性而誤下文云瓦埴豈陶人之性器木豈工人之性是其明證矣故工人斲木而成器，然則器生於工人之僞，非故生於人之性也。聖人積思慮，習僞故，以生禮義而起法度，然則禮義法度者，是生於聖人之僞，非故生於人之性也。自是聖人矯人性而爲之如陶人工人然也若夫目好色，耳好聲，口好味，心好利，骨體膚理好愉佚，是皆生於人之情性者也。膚理皮膚文理也佚與逸同人勞苦則皮膚枯槁也感而自然，不待事而後生之者也。受性自爾不待學而知也夫感而不能然，必且待事而後然者，謂之生於偽。王引之曰偽音爲謂之偽三字中不當有生於二字此涉上生於而衍也上文曰可學而能可事而成之在人者謂之偽正名篇曰慮積焉能習焉而後成謂之偽皆其證是性偽之所生其不同之徵也。徵驗故聖人化性而起偽。言聖人能變化本性而興起矯偽也偽起而生禮義。老子曰智惠出有大偽莊子亦云仁相偽也義相虧也皆言非其本性也○謝本從盧校作偽起於性王念孫曰宋錢佃校本云偽起於性而生禮義諸本作偽起而生禮義無於性二字案諸本是也上文云凡禮義者是生於聖人之偽非故生於人之性也則不得言偽起於性而生禮義明矣宋本有於性二字者不曉荀子之意而妄加之也禮義生於聖人之偽故曰偽起而生禮義下文云能化性能起偽偽起而生禮義是其明證矣先謙案王說是今從諸本刪於性二字禮義生而制法度。然則禮義法度者。是聖人之所生也。故聖人之所以同於衆其不異於衆者性也。○俞樾曰同於衆即不異於衆也於文複矣據下文云所以異而過衆者偽也疑此文亦當作所以同於衆而不過於衆者性也而譌作其過譌作異而詞意俱不可通矣所以異而過衆者。偽也。聖人過衆在能起偽夫好利而欲得者。此人之情性也。假之人有弟兄資財而分者。且順情性、好利而欲得。若是則兄弟相拂奪矣。拂違戾也或曰拂字從木旁弗擊也方言云自關而西謂之柫今之農器連枷也且發辭也○盧文弨曰拂奪宋本作怫奪注同俞樾曰楊注違戾之訓既得之矣讀拂爲怫義轉迂曲說文拂過擊也拂自可訓擊何必改爲怫乎拂者農器也施之於此非所安矣又案說文色部艴艴怒色也此拂字疑艴之叚音言兄弟必艴然爭奪也先謙案據下文言讓乎國人則非兄弟分財之謂明弟兄二字衍文也有資財而分順情性則兄弟相奪化禮義則讓乎國人文義正相對待若兄弟分財而讓及國人非情理所有矣弟兄二字乃淺人緣下文兄弟相拂奪妄加之且化禮義之文理、若是則讓乎國人矣。故順情性則弟兄爭矣。化禮義則讓乎國人矣。凡人之欲爲善者、爲性惡也。爲其性惡所以欲爲善也夫薄願厚、惡願美、狹願廣、貧願富、賤願貴。苟無之中者、必求於外。故富而不願財、貴而不願埶。苟有之中者、必不及於外。既有富貴於中故不及財埶於外也用此觀之、人之欲爲善者、爲性惡也。無於中故求於外亦猶貧願富之比今人之性、固無禮義、故彊學而求有之也。性不知禮義，故思慮而求知之也。然則生而已，則人無禮義，不知禮義。生而已，謂不矯僞者。○盧文弨曰：生而已，元刻作性而已，下同。人無禮義則亂，不知禮義則悖。然則生而已，則悖亂在己。用此觀之，人之性惡明矣，其善者僞也。不矯而爲之，則悖亂在己，以此知其性惡也。

孟子曰：人之性善。曰：是不然。凡古今天下之所謂善者，正理平治也；所謂惡者，偏險悖亂也。是善惡之分也已。善惡之分在此二者。分，扶問反。今誠以人之性固正理平治邪，則有惡用聖王，惡用禮義矣哉？有讀爲又。惡音烏。雖有聖王禮義，將曷加於正理平治也哉？今不然，人之性惡。今以性善爲不然者，謂人之性惡也。故古者聖人以人之性惡，以爲偏險而不正，悖亂而不治，故爲之立君上之埶以臨之，明禮義以化之，起法正以治之，重刑罰以禁之，使天下皆出於治，合於善也。

是聖王之治。而禮義之化也。今當試去君上之埶。先謙案：當是嘗之借字，當試猶嘗試，說見君子篇。無禮義之化。去法正之治。無刑罰之禁。倚而觀天下民人之相與也。倚任也。或曰：倚偏倚，猶傍觀也。○王念孫曰：楊說非也。倚者，立也。言立而觀之。說卦傳參天兩地而倚數，虞翻曰：倚，立也。廣雅同。楚辭九辯澹容與而獨倚兮，謂獨立也。招隱士白鹿麏麚兮或騰或倚，謂或騰或立也。列子黃帝篇曰：有七尺之骸，手足之異，戴髮含齒，倚而趣者，謂之人，謂立而趣也。淮南氾論篇曰：立之於本朝之上，倚之於三公之位。若是。則夫彊者害弱而奪之。衆者暴寡而譁之。衆者陵暴於寡而諠譁之，不使得發言也。○俞樾曰：如楊注，譁與奪義不倫。禮記曲禮篇爲國君華之，鄭注曰：華，中裂之。此文譁字當讀爲華，而從中裂之訓。陵暴於寡而分裂之，與害弱而奪之者無異也。天下之悖亂而相亡、不待頃矣。頃，少頃也。本或爲須，須臾也。用此觀之。然則人之性惡明矣。其善者僞也。故善言古者、必有節於今。善言天者、必有徵於人。節，準。徵，驗。○郝懿行曰：節者，信也。言論古必以今事爲符信。四語董子書備之。王引之曰：諸書無訓節爲準者，節亦驗也。禮記注云：節猶驗也。下文曰：凡論者貴其有辨合有符驗符驗卽符節哀六年公羊傳注節信也齊策注驗信也或言符節或言符驗或言符信一也漢書董仲舒傳作善言古者必有驗於今是節卽驗也 凡論者貴其有辨合有符驗辨別也周禮小宰聽稱責以傳別鄭司農云別之爲兩兩家各執其一符以竹爲之亦相合之物言論議如別之合如符之驗然可施行也 故坐而言之起而可設張而可施行今孟子曰人之性善無辨合符驗坐而言之起而不可設張而不可施行豈不過甚矣哉故性善則去聖王息禮義矣性善則不假聖王禮義也性惡則與聖王貴禮義矣○謝本從盧校與作興王念孫曰呂錢本與皆作與案齊語桓公知天下諸侯多與己也韋注曰與從也與聖王從聖王也與與去正相反則作與者是從元刻作興非先謙案王說是今改正 故檃栝之生爲枸木也繩墨之起爲不直也立君上明禮義爲性惡也用此觀之然則人之性惡明矣其善者僞也直木不待檃栝而直者其性直也枸木必將待檃栝烝矯然後直者以其性不直也今人之性惡必將待聖王之治禮義之化

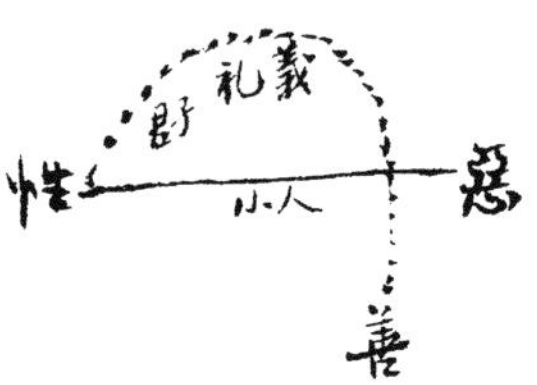

然後皆出於治合於善也。用此觀之，然則人之性惡明矣，其善者偽也。

問者曰：禮義積偽者，是人之性，故聖人能生之也。（言禮義雖是積偽所爲，亦皆人之天性自有，聖人能生之，衆人但不能生耳。先謙案：禮義積偽者，積作爲而起禮義也，楊注非。）○應之曰：是不然。夫陶人埏埴而生瓦，然則瓦埴豈陶人之性也哉？（豈陶人亦性而能瓦埴哉，亦積偽然後成也。）工人斲木而生器，然則器木豈工人之性也哉？夫聖人之於禮義也，辟則陶埏而生之也。（辟讀爲譬。）然則禮義積偽者，豈人之本性也哉？凡人之性者，堯舜之與桀跖，其性一也；君子之與小人，其性一也。（言皆惡也。）今將以禮義積偽爲人之性邪？然則有曷貴堯禹，曷貴君子矣哉？（所以貴堯禹者，以其能化性異於衆也。有讀爲又。）凡所貴堯禹君子者，能化性，能起偽，偽起而生禮義。然則聖人之於禮義積僞也。亦猶陶埏而生之也。聖人化性於禮義猶陶人埏埴而生瓦。王念孫曰呂錢本亦下皆有猶字案上文云夫聖人之於禮義也辟亦陶埏而生之也則此句內當有猶字故楊注亦云聖人化性於禮義猶陶人埏埴而生瓦先謙案謝本從盧校無猶字今依王說從呂錢本增用此觀之。然則禮義積僞者。豈人之性也哉。既類陶埏而生明非本性也所賤於桀跖小人者。從其性順其情。安恣睢。以出乎貪利爭奪。故人之性惡明矣。其善者僞也。桀跖小人是人之本性也天非私曾騫孝已而外眾人也。曾騫曾參閔子騫也孝已殷高宗之太子皆有至孝之行也然而曾騫孝已。獨厚於孝之實而全於孝之名者何也。以綦於禮義故也。三人能矯其性極爲禮義故也天非私齊魯之民而外秦人也。然而於父子之義。夫婦之別。不如齊魯之孝具敬父者何也。孝具能具孝道敬父當爲敬文傳寫誤耳敬而有文謂夫婦有別也。王念孫曰敬文見勸學禮論二篇於父子之義夫婦之別上當有秦人二字而今本脫之孝具二字不詞且與敬文不對具當爲共字之誤也孝共即孝恭鄕聽辭恭

孫鏘曰性惡之惡可以
為訓故繼此論而救之
孫鏘曰以先然對惡
而字反覆時折
屬於固有爲性
屬於外生爲禮理
性→理 對象 →參理

正與敬文對揚云孝具能具孝道此皇文生義而非其本旨以秦人之從情性安恣睢慢於禮義故也豈其性異矣哉綦禮義則爲曾閔慢禮義則爲秦人明性同於惡唯在所化耳若以爲性善則曾閔不當與衆人殊晉魯不當與秦人異也塗之人可以爲禹曷謂也塗道路也舊有此語今引以自難言若性惡何故塗之人皆可以爲禹也曰凡禹之所以爲禹者以其爲仁義法正也然則仁義法正有可知可能之理人皆有之然而塗之人也皆有可以知仁義法正之質皆有可以能仁義法正之具然則其可以爲禹明矣今以仁義法正爲固無可知可能之理邪然則唯禹不知仁義法正不能仁義法正也唯讀爲雖將使塗之人固無可以知仁義法正之質而固無可以能仁義法正之具邪然則塗之人也且內不可以知父子之義外不可以知君臣之正不然以塗之人無可知可能之論爲不然也○

俞樾曰不然二字當在今字之下今不然三字爲句上文云今不然人之性惡是其例也今塗之人者皆內可以知父子之義外可以知君臣之正然則其可以知之質可以能之具其在塗之人明矣今使塗之人者以其可以知之質可以能之具本夫仁義之可知之理可能之具然則其可以爲禹明矣今使塗之人伏術爲學專心一志思索孰察加日縣久積善而不息則通於神明參於天地矣伏術伏膺於術孰察精孰而察加日累日也縣久縣繫以久長○郝懿行曰伏與服古字通服者事也古書服事亦作伏事服膺亦作伏膺王念孫曰術者道也見大傳注樂記注論語晉語注服術猶言事道故聖人者人之所積而致矣雖性惡若積習則可爲聖人書曰惟狂克念作聖曰聖可積而致然而皆不可積何也曰可以而不可使也可以爲而不可使爲以其性惡故小人可以爲君子而不肯爲君子君子可以爲小人而不肯爲小人小人君子者未嘗不可以相爲也然而不

黄道周曰意緒錄換不窮

性惡一篇是荀子大謬故删之

相爲者可以而不可使也故塗之人可以爲禹則然塗之人能爲禹未必然也○盧文弨曰故塗之人可以爲禹下元刻有未必然也塗之人可以爲禹十一字宋本無雖不能爲禹無害可以爲禹足可以徧行天下然而未嘗有能徧行天下者也夫工匠農賈未嘗不可以相爲事也事業然而未嘗能相爲事也用此觀之然則可以爲未必能也雖不能無害可以爲然則能不能之與可不可其不同遠矣其不可以相爲明矣工賈可以相爲而不能相爲是可與能不同也可與能既不同則終不可以相爲也此明禹亦性惡以能積僞爲聖人非禹性本善也聖人異於眾者在化性也堯問於舜曰人情何如舜對曰人情甚不美又何問焉妻子具而孝衰於親嗜欲得而信衰於友爵祿盈而忠衰於君人之情乎人之情乎甚不美又何問焉唯賢者爲不然引此亦以明性之惡韓侍郎作性原曰性也者與生俱生也情也者接於物而生也性之品有三而其所以爲性五

情之品有三而其所以爲情七曰何也曰性之品有上中下三上焉者善而已矣中焉者可道而上下也下焉者惡焉而已矣其所以爲性者五曰仁曰禮曰信曰義曰智上焉者之於五也主於一而行於四中焉者之於五也一不少有焉則少反焉其於四也混下焉者之於五也反於一而悖於四性之於情視其品情之品有上中下三其所以爲情者七曰喜曰怒曰哀曰懼曰愛曰惡曰欲上焉者之於七也動而處其中中焉者之於七也有所甚有所亡然而求合其中者也下焉者之於七也亡與甚直情而行者也情之於性視其品孟子之言性曰人之性善荀子之言性曰人之性惡揚子之言性曰人之性善惡混夫始善而進惡與始惡而進善與始也混而今也善惡皆舉其中而遺其上下者也得其一而失其二者也叔魚之生也其母視之知其必以賄死楊食我之生也叔向之母聞其號也知必滅其宗越椒之生也子文以爲大慼知若敖氏之鬼不食也人之性果善乎后稷之生也其母無災其始匍匐也則岐岐然嶷嶷然文王之在母也母不憂既生也傅不勤既學也師不煩人之性果惡乎堯之朱舜之均文王之管蔡習非不善也而卒爲姦瞽叟之舜鯀之禹習非不惡也而卒爲聖人之性善惡果混乎故曰三子之言性也舉其中而遺其上下者也得其一而失其二者也曰然則性之上下者其終不可移乎曰上之性就學而愈明下之性畏威而寡罪是故上者可學而下者可制也其品則孔子謂不移也曰今之言性者異於此何也曰今之言者雜老

荀子書首先剖其心術之誤次斥其持論之僻

佛而言也雜老佛而言之也者奚言而不異有聖人之知者有士君子之知者有小人之知者有役夫之知者多言則文而類終日議其所以言之千舉萬變其統類一也是聖人之知也文謂言不鄙陋也類謂其統類不乖謬也雖終日議其所以然其言千舉萬變終始條貫如一是聖人之知也少言則徑而省論而法若佚之以繩是士君子之知也徑易也省謂辭寡論而法謂論議皆有法不放縱也論或爲倫佚猶引也佚以繩言其直也聖人經營事廣故曰多言君子止恭其所守故曰少言也○郝懿行曰徑者直也論猶倫也古論倫字亦通佚者隱也言若闇合於繩墨不邪曲也楊注非○兪樾曰楊注佚猶引也然佚無引義恐不可從佚當讀爲秩秩之言次也序也僖三十一年公羊傳天子秩而祭之何休注曰秩者隨其大小尊卑高下所宜故字亦通作程尙書堯典平秩東作平秩南譌平秩西成史記五帝本紀秩皆作程段玉裁以說文載䞓字皆讀若詩秩秩大猷爲證是程與秩聲義俱相近秩之以繩猶程之以繩也致仕篇曰程者物之準也是其義也其言也謟其行也悖其舉事多悔是小人之知也言謟行悖謂言行相違也○盧文弨曰宋本謟作諂悔作侮今從元刻兪樾曰多侮義不可通盧從元刻作悔

錢櫝曰用字險僻

是也詩生民篇庶無罪悔鄭箋曰無有罪過是過謂之悔也襄
二十九年公羊傳尙速有悔於予身何休解詁曰悔咎是咎謂
之悔也多悔猶云多過多咎耳其本字當作痗悔乃
叚借字詩十月之交篇亦孔之痗釋文曰痗本作悔**齊給便敏**
而無類雜能旁魄而無用齊疾也給謂應之速如供給者也便
謂輕巧敏速也無類首尾乖戾雜能
多異術也旁魄廣博也無用不應於用便匹延反魄音薄○盧
文弨曰無用宋本元刻俱作毋用注同郝懿行曰類者善也旁
魄卽旁薄
皆謂大也**析速粹孰而不急**析謂析辭若堅白之論者也速謂
發辭捷速粹孰所著論甚精孰也
不急言不急於用也○謝本從盧校析作折注同郝懿行曰折
速者言轉折疾速也粹與萃同聚也萃孰言論薈萃而練孰也
此皆以言語爭勝故下遂云不恤是非不論曲直以期勝人爲
意是役夫之知也王念孫曰呂錢本皆作析速案楊注云析謂
析辭今本注文亦譌作折案析辭見解蔽正名二篇若堅白之論者也則本作析明矣
盧從元刻作折非先謙案王說是今從呂錢本併注文改正郝
說非**不恤是非不論曲直以期勝人爲意是役夫之知也**期於必
勝人惠
施之論也徒自勞苦爭勝而
不知禮義故曰役夫之知也**有上勇者有中勇者有下勇者天**
下有中敢直其身中謂中道敢果決也直其身
謂中立而不倚無囘邪也**先王有道敢行**

荀子卷第十七　十

無舉仁字不知其何指

其意。言不疑也 上不循於亂世之君，下不俗於亂世之民。循順從也 俗謂從其俗也。俞樾曰楊注以從其俗爲俗義不可通俗乃鉛字之誤荀子書屢用鉛字榮辱篇曰鉛之重之又曰反鉛察之而俞可好也禮論篇曰則必反鉛過故鄉注並曰鉛與沿同循也是鉛循同誼上不循於亂世之君下不鉛於亂世之民兩句一律鉛俗字形相侶傳寫者因而致誤耳先謙案王念孫云不俗不習也說見榮辱篇王不改字義較長俞說亦通 仁之所在無貧窮，仁之所亡無富貴。唯仁所在謂富貴禮記曰不祈多積多文以爲富也。盧文弨曰案此言仁之所在雖貧窮甘之仁之所亡雖富貴去之注非王念孫曰此注中說也見丙申校本 天下知之，則欲與天下同苦樂之，得權位則與天下之人同休戚苦或爲共也。王念孫曰作共者是也此本作欲與天下共樂之上言仁之所在無貧窮仁之所亡無富貴則此言與天下共樂之者謂共樂此仁也樂上不當有苦字今本作同苦樂之者共樂誤爲苦樂後人又於苦樂上加同字耳楊云與天下同休戚此望文生義而爲之說耳太平御覽人事部七十六引作欲與天下共樂之無同字則宋初本尚有不誤者 天下不知之，則傀然獨立天地之間而不畏，是上勇也。傀傀偉大貌也公回反或曰傀與塊同獨居之貌也。王念孫曰後說是也君道篇云塊

姜寶曰凡三引譬言理可數通

然獨坐禮恭而意儉大齊信焉而輕貨財大重也齊信謂整齊於信也○王念孫曰爾雅齊中也言大中信而輕貨財也顧命底至齊信傳以齊信爲中信是其證齊信與貨財對文非十二子篇大儉約而優差等與此文同一例則齊信非整齊於信之謂賢者敢推而尚之不肖者敢援而廢之是中勇也尚上也援牽引也輕身而重貨恬禍而廣解恬安也謂安於禍難也而廣自解說言以辭勝人也解佳買反苟免不恤是非然不然之情以期勝人爲意是下勇也○盧文弨曰苟免上當脫三字以上二句例之自明王念孫曰此亦汪氏中說也汪又云苟免或是注文混入先謙案不然然字衍說見儒效篇繁弱鉅黍古之良弓也繁弱封父之弓左傳曰封父之繁弱鉅與拒同黍當爲來史記蘇秦說韓王曰谿子少府時力距來司馬貞云言弓弩埶勁足以拒於來敵也○郝懿行曰性惡篇末自繁弱鉅黍以下皆言身有美質亦須師友漸靡而成然則性質本一惡必資師友切劘而善其意自明矣然亦可知性善性惡皆執一偏而言若就渾全而論自當善惡竝存所以孔子語性惟言相近可知善惡存焉爾又言相遠可知善惡分焉爾故曰羣言淆亂衷諸聖也王念孫曰案作鉅黍者是說見史記蘇秦傳然而不得排檠則不能自正排檠輔正

弓弩之器檄巨京反桓公之葱。大公之闕。文王之錄。莊君之曶。闔閭之干將。莫邪。鉅闕。辟閭。此皆古之良劍也。葱闕錄曶齊桓公齊太公周文王楚莊王之劍名皆未詳所出葱青色也錄與綠同二劍以色爲名曹植七啟說劍云雕以翠綠亦其類也曶劍光采恍忽難視以形爲名也闕未詳或曰闕缺也劍至利則喜缺因以爲名鉅闕亦是也干將莫邪巨闕皆吳王闔閭劍名辟閭未詳新序閭丘卬謂齊宣王曰辟閭巨闕天下之良劍也或曰辟閭卽湛盧也閭盧聲相近盧黑色也湛盧言湛然如水而黑也又張景陽七發說劍曰舒辟不常李善云辟卷也言神劍柔可卷而懷之舒則可用辟閭或此義歟○盧文弨曰曶舊本作胥譌今改正注同然而不加砥厲。則不能利。不得人力。則不能斷。驊騮。騹驥。纖離。綠耳。此皆古之良馬也。皆周穆王八駿名騹讀爲騏謂青驪文如博綦列子作赤驥與此不同纖離卽列子盜驪也○王念孫曰騏驥之爲騹驥猶耄期之爲耄勤也凡之部之字或與詩部相轉說見士篇僖忌下致楊云騹讀爲騏是也而云謂青驪文如博綦則非然而前必有銜轡之制。後有鞭策之威。○王念孫曰前必有本作必前有前有後有皆承必字而言若作前必有則與下句不貫矣羣書治要及初學記人部中太平御覽人事部四十五竝引作必前有加

孫鑛曰習相遠意
顧充曰此論絶正較性惡之說卻別立一見解

孫鑛曰起處得雅淡是別一機局

之以造父之馭然後一日而致千里也夫人雖有性質美而心辯知必將求賢師而事之擇良友而友之得賢師而事之則所聞者堯舜禹湯之道也得良友而友之則所見者忠信敬讓之行也身日進於仁義而不自知也者靡使然也靡謂相順從也或曰靡磨切也今與不善人處則所聞者欺誣詐偽也所見者汙漫淫邪貪利之行也汙穢行也漫誕漫欺誕也莊子北人無擇曰舜以其辱行漫我也身且加於刑戮而不自知者靡使然也傳曰不知其子視其友不知其君視其左右靡而已矣靡而已矣

君子篇第二十四凡篇名多用初發之語名之此篇皆論人君之事卽君子當爲天子恐傳寫誤也舊弟三十一今升在上

天子無妻告人無匹也告言也妻者齊也天子尊無與二故無匹也四海之內無客

禮告無適也。適讀爲敵禮記曰天子無客禮莫敢爲主焉君適其臣升自阼階不敢有其室也足能行，待相者然後進，口能言，待官人然後詔，官人掌喉舌之官也不視而見，不聽而聰，不言而信，不慮而知，不動而功，告至備也。盡委於羣下故能至備也天子也者，埶至重，形至佚，心至愈，愈讀爲愉志無所詘，形無所勞，尊無上矣。詩曰：「普天之下，莫非王土，率土之濱，莫非王臣。」此之謂也。詩小雅北山之篇率循也濱涯也聖王在上，分義行乎下，則士大夫無流淫之行，○先謙案羣書治要流作沈二字通用說見勸學篇百吏官人無怠慢之事，衆庶百姓無姦怪之俗，無盜賊之罪，莫取犯大上之禁。大讀爲太太上至尊之號○俞樾曰楊說非也此當作莫敢犯上之大禁傳寫倒之耳下文云皆知夫犯上之禁不可以爲安也不言犯太上之禁可知此文之誤矣先謙案羣書治要正作莫敢犯上之禁無大字天下曉然皆知夫盜竊之人不可以爲富也，皆知夫賊害之人不可以爲壽也。○王念孫曰盜竊之賊害之下皆本無人字後人加兩人字而以盜竊之人賊害之人與犯上之禁對文謬矣盜竊不可以爲富賊害不可以爲壽皆指其事而言非指其人而言不得加入兩人字也羣書治要無人字先謙案壽謂年命短長人自賊害者非其壽命本如此也

皆知夫犯上之禁不可以爲安也。由其道。則人得其所好焉。不由其道。則必遇其所惡焉。道謂政令是故刑罰綦省。而威行如流。世曉然皆知夫爲姦。則雖隱竄逃亡之由。不足以免也。故莫不服罪而請。自請刑戮。○謝本從盧校世上有治字盧文弨曰治世元刻無治字由猶通故莫不宋本無故字王念孫曰無治字者是也世曉然猶上文言天下曉然則世上不當有治字自聖王在上以下至此皆治世之事則無庸更言治世治字卽上流字之誤而衍者宋錢佃校本亦云諸本無治字俞樾曰請當讀爲情成相篇明其請注曰請當爲情禮論篇情文俱盡史記禮書情作請徐廣曰古情字或叚借作請是其證也情實也莫不服罪而情猶莫不服罪而實也言服罪而不敢虛誕也論語所謂則民莫敢不用情也楊注以本字釋之誤矣成相篇曰下不欺上皆以情言明若日卽此情字之義先謙案王說無治字是也今從諸本刪正

書曰。凡人自得罪。此之謂也。言人人自得其罪不敢隱也與今康誥義不同或斷

張榜日有感之言

章取義與故刑當罪則威不當罪則侮爵當賢則貴不當賢則賤不當則爲下所侮賤古者刑不過罪爵不踰德故殺其父而臣其子殺其兄而臣其弟言當罪而用賢歸於至公也謂若殛鮌與禹殺管叔封康叔之比也刑罰不怒罪爵賞不踰德○郝懿行曰怒葢盈溢之意與踰義近楊氏無注或以恚怒爲說則非王念孫曰怒踰皆過也淮南主術篇注踰猶過也方言曰凡人語而過東齊謂之弩又曰弩猶怒也是怒卽過也上言刑不過罪此言刑罰不怒罪其義一而已矣分然各以其誠通善惡分然其忠誠皆得通達無屈滯○先謙案分然又說見儒效篇是以爲善者勸爲不善者沮刑罰綦省而威行如流政令致明而化易如神○俞樾曰易當讀爲施詩皇矣篇施于孫子鄭箋曰施猶易也故施易二字古通用何人斯篇我心易也釋文曰易韓詩作施是其證也化易如神者化施如神也正與上句威行如流一律傳曰一人有慶兆民賴之此之謂也尚書甫刑之辭亂世則不然刑罰怒罪爵賞踰德以族論罪以世舉賢泰誓所謂罪人以族官人以世公羊亦云尹氏卒曷爲貶譏世卿也故一人有罪而三族皆夷德

雖如舜。不免刑均。是以族論罪也。三族父母妻族也夷滅也均同也謂同被其刑也○盧文弨曰案士昏禮記惟是三族之不虞鄭注三族謂父昆弟己昆弟子昆弟也又注周禮小宗伯禮記仲尼燕居皆云三族父子孫先祖當賢。後子孫必顯。行雖如桀紂。列從必尊。此以世舉賢也。當賢謂身當賢人之號也列從謂行列相從當或爲嘗也○王念孫曰元刻無後字羣書治要同案先祖當賢即先祖嘗賢作當者借字耳正名篇曰嘗試深觀其隱而難察者性惡篇曰當試去君上之勢當試即嘗試也楊謂身當賢人之號失之古多以當爲嘗說見墨子天志下篇注以族論罪。以世舉賢。雖欲無亂得乎哉。詩曰。百川沸騰。山冢崒崩。高岸爲谷。深谷爲陵。哀今之人。胡憯莫懲。此之謂也。詩小雅十月之交之篇毛云沸出也騰乘也山頂曰冢崒者崔嵬高岸爲谷深谷爲陵言易位也鄭云憯曾也懲止也變異如此禍亂方至哀哉今在位之人何曾無以道德止之論法聖王。則知所貴矣。論議法效聖王以義制事。則知所利矣。以義制事則利傳論知所貴。則知所養矣。事知所利。則動知所出矣。養謂自奉養所出謂所從也○陳奐曰案養取也知所養知所取法

顧鼎臣曰捷於取埶

也周頌毛傳云養取也是養有取義注養謂自奉養失之兪樾曰四句相對成文下句不應多動字注亦不及動字之誼則動字衍文也二者。是非之本。得失之原也。故成王之於周公也。無所往而不聽。知所貴也。桓公之於管仲也。國事無所往而不用。知所利也。吳有伍子胥而不能用。國至於亡。倍道失賢也。故尊聖者王。貴賢者霸。敬賢者存。慢賢者亡。古今一也。故尙賢使能。等貴賤。分親疏。序長幼。此先王之道也。故尙賢使能。則主尊下安。貴賤有等。則令行而不流。流邪移也各知其分故無違令。王念孫曰流讀爲留各安其分則上令而下從故令行而不留也君道篇曰兼聽齊明而百事不留是也羣書治要正作令行而不留作流者借字耳繫辭傳旁行而不流釋文流京作留荀子王制篇無有滯留韓詩外傳作無有流滯楊以流爲邪移失之親疏有分。則施行而不悖。施謂恩惠親疏有分則恩惠各親其親故不乖悖 施式鼓反分扶問反長幼有序。則事業捷成。而有所休。捷速也長幼各任其力故事業速成而亦有所休息之時也。郝懿行曰捷者接也夫少長有禮晉人知其可用洙泗無鬭魯俗娊其尤美故

知長幼循其序而後事業有所歸捷與接同言相接續而成故人得休息也捷不訓速楊注恐非故仁者。仁此

者也。仁謂愛說也此謂尙賢使能等貴賤分親疏序長幼五者也愛說此五者則爲仁也義者。分此者也。

分別此五者使合宜則爲義也節者。死生此者也。能爲此五者死生則爲名節也忠者。惇愼此

者也。愼讀如順人臣能厚順此五者則爲忠也○郝懿行曰愼者誠也言能惇厚誠信於此五者謂之忠也誠見不苟篇兪樾

曰厚與順誼不倫楊說非是敦愼當作敦慕儒效篇曰敦慕焉君子也王氏引之云敦慕皆勉也爾雅曰敦勉也又曰慔慔勉

也釋文慔亦作慕是敦慕並爲勉此文疑本作忠者敦慔此者也敦慔與敦慕文異而義同言人臣能勉此則爲忠也說文心

部慔勉也是慔其本字慕其叚字此用本字作慔因譌爲愼矣先謙案羣書治要惇愼下有於字兼此而能之

備矣。兼此仁義忠節而能之則爲德備也備而不矜。一自善也。謂之聖。一皆也德備而不矜

伐於人皆所以自善則謂之聖人夫衆人之心有一善則揚揚如也聖人包容萬物與天地同功何所矜伐爲也○郝懿行曰

上言兼此仁義忠節而能之備矣德備而不矜伐於人一一自然盡善非聖人不能也先謙案楊注未順郝說增文成義旣言

備又言一一盡善於文爲複矣自猶己也德備而不以己之一善自矜非聖人不能也不矜矣。夫故天下

不與爭能而致善用其功（不矜而推衆力故天下不敢爭能而極善用於衆功矜則有敵故不尊也）有而不有也夫故為天下貴矣（有能而不自有）詩曰淑人君子其儀不忒其儀不忒正是四國此之謂也（詩曹風尸鳩之篇言善人君子其儀不忒故能正四方之國以喻正身待物則四國皆化恃才矜能則所得者小也）

荀子卷弟十七

荀子集解

五

唐登仕郎守大理評事楊倞注

臣王先謙集解

成相篇第二十五

以初發語名篇雜論君臣治亂之事以自見其意故下云託於成相以喻意漢書藝文志謂之成相雜辭蓋亦賦之流也或曰成功在相故作成相三章舊第八今以是荀卿雜語故降在下○盧文弨曰成相之義非謂成功在相也篇內但以國君之愚闇爲戒耳禮記治亂以相相乃樂器所謂舂牘又古者瞽必有相審此篇音節即後世彈詞之祖篇首即稱如瞽無相何倀倀義已明矣首句請成相言請奏此曲也漢藝文志成相雜辭十一篇惜不傳大約託於瞽矇諷誦之詞亦古詩之流也逸周書周祝解亦此體王引之曰楊盧二說皆非也楊謂漢書藝文志謂之成相雜辭案志所載成相雜辭在漢人雜賦之末非謂荀子之成相篇也楊又云成功在相稍爲近之然亦非荀子所謂成相也盧以相爲樂器之舂牘斯爲謬矣以相爲樂器則成相二字義不可通且樂器多矣何獨舉舂牘言之乎若篇首稱如瞽無相乃指相瞽之人而言非樂器亦非樂曲也竊謂相者治也[illegible]成相者成此治也請成相者請言成治之方也自

世之殃以下、乃先言今之不治、然後言成治之方也。墊下諫文敎請基舖皆與請言成成相治殿之勸也下文云、凡成相辨法方、又云請成相道聖王、禮之與遂美治又云請成相言治方、是成相卽成治也。叉鉽後數言謂𥄉不後言託於成相、以喻意者、成相爲此篇之總名、謂託此一篇之詞以喻意、非謂託於矇瞽諷誦之詞也。俞樾曰、盧說是也、惟引治亂以相及瞽必有相以釋相字、則皆失之。樂器多矣、何獨舉舂牘爲言、旣以爲樂器、又以爲瞽必有相義、又兩歧矣。此相字卽舂不相之相。禮記曲禮篇、鄰有喪舂不相。鄭注曰、相謂送杵聲。蓋古人於勞役之事、必爲歌謳以相勸勉、亦舉大木者呼邪許之比。其樂曲卽謂之相。請成相者、請成此曲也。漢志有成相雜辭、足徵古有此體。王氏必以盧說爲謬、何也。先謙案、俞說近是。王以成相爲成治、於漢書之成相雜辭及本篇云託於成相以喻意義未洽。郝氏讀相爲平聲、尤非。

請成相、請言成相之辭世之殃、愚闇愚闇墮賢良。世之殃由於愚闇、此愚闇以重墮賢良也。墮、許規反。○盧文弨曰、案愚闇重言之者、卽下文愚以重愚闇以重闇之意。注似尙有脫誤。又墮字卽陊字之俗。說文、於陊下作許規切、下有墒注爲篆文。又載陊字注、今俗作墮、徒果切、則此字當從徒果切。廣韻亦然。且繹尙書元首叢脞之韻、可見。王念孫曰、大戴記曾子制言篇、是以惑闇惑闇、終其世而已矣、亦重言惑闇。人主無賢、如瞽無相、何倀

姚姬傳云反其施ㄋ依古音作徒何反正完與施與私爲韵刈正如今人讀矣故古韵中原有叶音

偯。偯偯無所往貌相息亮反偯丑羊反請布基。慎聖人。慎讀爲順請說陳布基業在乎順聖人也。郝懿行曰基者設也慎者誠也言請布陳設施必在誠用聖人也詩云考慎其相慎訓誠相訓質也誠與成古字通是即成相名篇篇中相字俱讀平聲釋言云基設也篇內皆同往云基業失之顧千里曰人字疑亦有誤不入韻本篇人字下文兩見一平傾人天韻一精榮成人韻此上韻基下韻治災互爲歧異非原文耳俞樾曰人字不入韻疑當作慎聽之聖與聽音近而譌尚書無逸篇此厥不聽漢石經作不聖秦泰山碑皇帝躬聽史記作躬聖竝其證也聽譌作聖則聖之二字不成義後人因改爲聖人矣請布基慎聽之欲人慎聽其言下文云請牧基賢者思欲賢者思其言義正同也慎聽之三字本禮記仲尼燕居篇愚而自專事不治。主忌苟勝，羣臣莫諫必逢災。主既猜忌又苟欲勝人也論臣過，反其施，言論人臣之過在乎不行施惠施式豉反。先謙案言論人臣之過當反其所施行即下所云拒諫飾非愚而上同也楊以施爲施惠非尊主安國，尚賢義。○郝懿行曰施古讀如莎義古讀如俄此皆古韻餘可類推俞樾曰義讀爲儀儀亦賢也尚書大誥篇民獻有十夫枚傳訓獻爲賢大傳作民儀有十夫廣雅釋言曰儀賢也尚賢儀言崇尚賢者也作義者古字通用拒、諫、飾、非。愚、而上、同。國、必禍。所以尊主安國在崇尚賢義若拒諫

飾非以愚闇之性苟合於上則必禍也

曷謂罷國多私。假設問荅以明其義罷讀曰疲謂弱不任事者也所以弱者由於多私國語曰罷士無伍韋昭曰罷病也無行曰病

比周還主黨與施。還繞○王念孫曰還讀爲營比周營主謂朋黨比周以營惑其主也施張也楊訓還爲繞失之說見君道篇不還秩下

遠賢近讒忠臣蔽塞主埶移。

曷謂賢。明君臣。明君臣之道則爲賢

上能尊主愛下民。○王念孫曰愛下民當作下愛民與上能尊主對文不苟臣道二篇並云上則能尊君下則能愛民是其證

主誠聽之天下爲一海內賓。主之孼。讒人達。賢能遁逃國乃蹷。孼災也蹷顛覆也

愚以重愚闇以重闇成爲桀。久而愚闇愈甚遂至於桀也

世之災。妬賢能。飛廉知政任惡來。惡來飛廉之子秦之先也史記曰惡來有力飛廉善走父子俱以材力事紂也

卑其志意。大其園囿。高其臺。卑其志意言無遠慮不慕往古○盧文弨曰臺下宋本有榭字元刻無以韻讀之元刻是也今從之郝懿行曰能讀如泥來讀如黎臺讀如題皆古韻

武王怒。師牧野。紂卒易鄉。啟乃下。易鄉囘面也謂前徒倒戈攻于後啟微子名下降也鄉讀爲向

武王善之。封之於宋。立其祖。

姚姬傳云足證秦穆不在五伯之列

姚姬傳云謝云春申句必非指黃歇某按謝說非也楊子法言稱薛公荀子戚相稱春申其旨正同此垚

立其祖使祭祀不絕也左傳曰宋祖帝乙。俞樾曰楊注未得祖字之義說文示部祖始廟也葢祖之本義爲廟故尚書甘誓日用命賞于祖弗用命戮于社考工記匠人曰左祖右社竝以祖社對文猶言廟社也鄭康成注考工記曰祖宗廟得其義矣封之於宋立其祖言封之於宋而立其宗廟也今人但知有爾雅祖王父也之訓而說文祖始廟也之訓遂爲所奪古誼之湮久矣

世之衰讒人歸比干見刳箕子累累讀爲縲書曰釋箕子之囚武王誅之呂尚招麾殷民懷招麾指揮也

世之禍惡賢士子胥見殺百里徙子胥吳大夫伍員字也爲夫差所殺百里奚虞公之臣從遷也謀不見用虞滅係虜遷徙於秦穆公任之強配五伯六卿施穆公秦穆公任好也伯讀曰霸六卿天子之制春秋時大國亦僭置六卿六卿施言施六卿也

世之愚惡大儒逆斥不通孔子拘逆拒斥逐大儒不使通也拘謂畏匡戹陳也展禽三絀春申道綴基畢輸展禽魯大夫無駭之後名獲字子禽諡曰惠居於柳下三絀爲士師三見絀也春申楚相黃歇封爲春申君綴止也與輟同畢盡也輸傾委也言春申爲李園所殺其儒術政治道德基業盡傾覆委地也。盧文弨曰此春申句有誤必非指黃歇注非郝懿行曰此荀卿自道荀本受知春申爲蘭陵令葢將借以行道迨春申亡而道亦連綴俱

向篇末云孫卿迫于亂世鰌于嚴刑也

亡基亦輸矣輸者墮也言已布陳設施畢墮壞也王念孫曰楊說輸字之義甚迂輸者墮也言基業盡墮壞也公羊春秋隱六年鄭人來輸平傳曰輸平者何輸平猶墮成也何言乎墮成敗其成也穀梁傳亦曰輸者墮也小雅正月篇載輸爾載鄭箋曰輸墮也盧說本汪氏見丙申校本先謙案注三絀下宋台州本有謂字

請牧基。賢者思。牧治**堯在萬世。如見之。讒人罔極。險陂傾側此之疑。**陂與詖同言當疑此讒人傾險也○王念孫曰疑恐也畏也既濟象傳終日戒有所疑也襍記五十不致毀六十不毀七十飲酒食肉皆爲疑死鄭注疑猶恐也宥坐篇其赴百仞之谷不懼大戴記勸學篇懼作疑此之疑此是畏也言此險陂傾側之讒人甚可畏也皋陶謨曰何畏乎巧言令色孔壬是也楊未喻疑字之義俞樾曰爾雅釋言疑戾也郭注曰戾止也疑者亦止儀禮鄉射禮賓升西階上疑立鄭注曰疑止也是疑有止義其字蓋𠤕之叚借說文七部𠤕定也定故爲止今說文譌作未定而疑之訓止遂不可曉矣讒人罔極險陂傾側此之疑承上文堯在萬世如見之而言此之疑者此之止也言堯明見萬世雖險陂傾側之徒莫不由此而止也楊注言當疑此讒人陂險則與上意不貫矣

基必施。辨賢罷。罷讀曰疲○王念孫曰施張也言必欲張大其基業當先辨賢罷也下文曰道古賢聖基必張上文曰請布基布與張亦同義

文武之道同伏戲。文武周文王武王伏戲古三皇太昊氏始畫八卦造書契者戲與羲同**由之者治。不由**

者亂何疑爲。郝懿行曰：爲古讀如譌，與施罷戲皆韻。凡成相，辨法方，至治之極復後王。後王當時之王。言欲爲至治，在歸復後王，謂隨時設教，必拘於古法。○先謙案：浙局本注「法」爲大字，依各本改。復慎墨季惠，百家之說誠不詳。慎到、墨翟、惠施。或曰：季即莊子曰「季眞之莫爲」者也。又曰：季子聞而笑之。據此，則是梁惠王、犀首、惠施同時人也。韓侍郎云：或曰季梁也。列子曰：季梁，楊朱之友。言四子及百家好爲異說，故不用心詳明之。詳或爲祥。○王念孫曰：祥、詳古字通。不祥，不善也。楊說失之。治復一，脩之吉，君子執之心如結。言堅固不解也。眾人貳之，讒夫棄之形是詰。眾人則不能復一，讒夫則兼棄之，但詰問治之形狀，言侮嫚也。或曰：形當爲刑，無德化，唯刑戮是詰，言苛暴也。○郝懿行曰：形與刑古字通。詰者，治也。書云：度作刑以詰四方。水至平，端不傾，心術如此象聖人。聖人心平如水。而有埶，直而用抴，必參天。而有埶之上疑脫一字。言既得權埶，則度己以繩接人，用抴功業，必參天也。○郝懿行曰：而有埶，何之上疑脫人字，蓋與聖人人字相涉而誤脫也。此以平、傾、人、天相韻，古讀平如偏也。世無王，窮賢良。無王者與賢良窮困。暴人芻豢，仁人糟糠。○郝懿行曰：二句當爲七字一句。王引之曰：下人字涉上人字而衍，上已言暴人則下人字可蒙上而省此篇之例兩三字句下皆用七字句以是明之禮樂滅息。聖人隱伏。墨術行。治之經。禮與刑。君子以脩百姓寗。明德慎罰。國家既治四海平。治之志。後埶富。爲治之意後權埶與富者則公道行而貨賂息也君子誠之好以待。君子必誠此意好以待用處之敦固。有深藏之能遠思。敦厚也有讀爲又既處之厚固又能深藏遠慮思乃精。志之榮。好而壹之神以成。好而不二則通於神明也精神相反。一而不貳爲聖人。相反謂反覆不離散也。王引之曰反當爲及字之誤也精神相及故一而不貳楊說失之治之道。美不老。老休息也莊子曰佚我以老爲治當日新爲美無休息也君子由之佼以好。佼亦好也音絞下以敎誨子弟。上以事祖考。接下以仁事親以孝也成相竭。辭不蹷。竭盡也論成相之事雖終篇無顚蹷之辭蹷音厥君子道之順以達。道言說也辭既不蹷君子言之必弘順而通達○王念孫曰道行也言君子能行此言則順以達也楊說失之宗其賢良。辨其殃孽。君子尋成相之辭必能宗其賢良以致治辨其殃孽之爲害也○顧千里曰此句以前後例之應十一字今存八字疑尚少三字無

可補也。下文道古賢聖基必張亦應十一字今存七字尚少四字。又下文託於成相以喻意
案此句例之應十一字，亦疑尚少四字。本篇之例，兩三字句一
七字句一十一字句爲一章，每章凡四句，每句有韻。其十一字
句或上八下三，或上四下七，各見本篇。上八下三者，如愚以重
愚闇以重闇成爲桀之屬是也；上四下七者，如主誠聽之天下
爲一海內賓之屬是也。唯下以教誨子弟，上以事祖考，又孰[illegible]
[illegible]郭或公長父之難，厲王流于彘，兩處則上六下五，雖變例，正可
推知其十一字句矣。盧校語定上四下七爲兩句，言五句爲一
章，以前後
例之不合。

請成相，道聖王。道亦言說前章意未盡，故再論之也。○王念孫
曰：道聖王，從聖王也。古謂從爲道說見[illegible]淮南齊俗篇下文道
古賢聖基必張，義與此同，楊說失之。又案：道古賢聖基必張，上
當有一四字句，而今本脫之。此篇之例兩三字句一七字句一四字句又一七字句共五句爲一
章今少一四字句。此指當時之君而言
與上成湯異事，故知有脫文。

堯舜尚賢身辭讓，許由善卷重義輕利行顯明。莊子曰：堯讓天下於許由，許由不受。又讓於子
州支父，子州支父曰：予適有幽憂之病，方且治
之，未暇治天下也。遂不受。舜讓天下於善卷，善卷不受，遂入深山，不知其處也。

堯讓賢，以爲民，爲萬民求明君。

氾利兼愛德施均。所以不私其子。辨治上下，貴賤有等明君臣。堯授能，

舜遇時。尚賢推德天下治。雖有賢聖。適不遇世孰知之。蓋以堯自歎不德。舜不辭。皆歸至公妻以二女任以事。大人哉。舜南面而立萬物備。委任羣下無爲而理舜授禹以天下。舜所以授禹亦以天下之故也○王念孫曰此不言舜以天下授禹而言舜授禹以天下者倒文以合韻耳[illegible]斷非有深意也楊反以過求而失之尚得推賢不失序。得當爲德外不避仇。內不阿親。賢者予。謂殛鯀與禹又不私其子予讀爲與○郝懿行曰予者相推予也予與古今字禹勞心力。堯有德。干戈不用三苗服。○王引之曰力上本無心字後人以左傳言君子勞心小人勞力故以意加心字耳不知禹抑洪水本是勞力於民故淮南氾論篇論衡祭意篇竝言禹勞力天下非小人勞力之謂也且此篇之例凡首二句皆三字加一心字則與全篇之例不符矣舉舜甽畝。任之天下身休息。甽與畎同得后稷。五穀殖。夔爲樂正鳥獸服。謂擊石拊石百獸率舞笙鏞以閒鳥獸蹌蹌也契爲司徒。民知孝弟尊有德。禹有功。抑下鴻。抑遏也下謂治水使歸下也鴻卽洪水也書曰禹降水警予也辟除民害逐共工。今尚書舜流共工于幽州此云禹未詳北決九河，通十二渚，疏三江。案禹貢道弱黑漾沇淮渭洛七水，又有潍淄，其道伊洛瀍澗旣入于河，數則不止於十二，此云十二者，未詳其說也。○郝懿行曰：共工蓋主水土之官，禹抑鴻水，故假言逐去之，非實事也。通十二渚，卽肇十二州也。小州曰渚，故假渚言之，注皆未了。禹傅土，平天下，傳讀爲敷。孔安國云：洪水泛溢，禹分布治九州之土也。躬親爲民行勞苦，行讀如字，謂所行之事也。得益皋陶、橫革、直成爲輔。橫革、直成，未聞。韓侍郎云：此論益、皋陶之功，橫而不順理者革之，直者成之也。○盧文弨曰：困學紀聞曰：呂氏春秋得陶、化益、眞窺、橫革、之交五人佐禹，故功績銘乎金石，著於盤盂。陶卽皋陶也，化益卽伯益也，眞窺卽直成也，幷橫革、之交二人，皆禹輔佐之名。案窺與成音同，與窺形似，呂氏春秋蓋本作窺，傳寫誤爲窺耳。直與眞亦形似。呂氏語見求人篇。王念孫曰：盧說是也。橫革直成爲輔，此句例當用七字，今本脫一字，或在爲上，或在爲下，俱未可知。契玄王，生昭明，詩曰：天命玄鳥，降而生商。又曰：玄王桓撥。皆謂契也。史記曰：契爲堯司徒，封於商，賜姓子氏。契卒，子昭明立也。居于砥石遷于商，砥石，地名，未詳所在。或曰：卽砥柱也。左氏傳曰：閼伯居商丘，相土因之。相土，昭明子也。言契初居砥石，至孫相土乃遷商丘也。十有四世，乃有天乙是成湯。史記曰：契卒，子昭明立。昭明卒，子相土立。相土卒，子昌若立。昌若卒子曹圉立曹圉卒子冥立爲夏司空勤其官死於水殷人郊之冥卒子振立振卒子微立微卒子報丁立報丁卒子報乙立報乙卒子報丙立報丙卒子主壬立主壬卒子主癸立主癸卒子乙立是十四世也

天乙湯。論舉當。身讓卞隨舉牟光。莊子曰湯讓天下於卞隨務光二人不受皆投水死牟與務同也。俞樾曰舉當讀爲與古舉與字通周官師氏職曰王舉則從鄭注曰故書舉爲與史記呂后紀蒼天舉直徐廣曰舉一作與是其證也此文本云身讓卞隨與牟光作舉者叚字耳

道古賢聖基必張。道說古之賢聖基業必張大也

願陳辭。世亂惡善不此治。不知治此世亂惡善之弊。王引之曰願陳辭下脫一三字句

隱諱疾賢良。由姦詐。鮮無災。隱諱過惡疾害賢良長用姦詐少無災也。郝懿行曰諱疾二字誤倒當作隱疾賢良諱由姦詐鮮無災亦四字七字句王念孫曰良當爲長楊注長用姦詐是其證今本長作良者涉注文疾害賢良而誤注言疾害賢良者加一良字以申明其義耳若正文則以隱諱疾賢爲句長由姦詐鮮無災爲句無良字先謙案王說是宋台州本謝本並作由浙局本作用蓋臆改但依注作用爲是蓋由用形相似而誤

患難哉。阪爲先聖。阪與反同反先聖之所爲。盧文弨曰患難哉阪爲先二句句三字聖知不用愚者謀七字句與辭治災哉時韻阪爲先三字未詳楊注不得其句蓋此篇通例兩三字句一七字句一四字

此篇是荀子感恨身世的一首古詩賦與屈子離騷中所述無異王十六葉正曰（指我獨自美）

句又一七字句如此五句爲一章也郝懿行曰盧斷聖知二字屬下爲句是也阪爲先者阪猶反也所行反側頗僻爲先先古音西亦與下韻王念孫曰阪爲先先疑當作之此言爲治者當進聖知而退愚今不用聖知而用愚是反爲之也楊謂阪與反同是也但誤以先聖連讀耳之字本作㞢說文先字從儿㞢[illegible]凢此文之字蓋本從古作㞢寫者誤加儿耳㞢字正與辭治災哉謀時爲韻

知不用愚者謀。前車已覆。後未知更何覺時。前車已覆猶不知戒更何有覺悟之時也。盧文弨曰前車已覆四字句更改也

不覺悟。不知苦。迷惑失指易上下。中不上達。蒙揜耳目塞門戶。不能關四門也。盧文弨曰中元刻作忠古通用。俞樾曰中讀爲忠言忠誠之士不能上達也漢張遷碑中謇於朝魏橫海將軍呂君碑君以中勇竝叚中爲忠國語周語曰考中度衷爲忠葢以中衷忠三字義竝通耳

門戶塞。大迷惑。悖亂昏莫不終極。莫冥冥言闇也不終極無已時也

是非反易。比周欺上惡正直。惡烏路反下同

正直惡。心無度。邪枉辟回失道途。辟讀爲僻

已無郵人。我獨自美。豈獨無故。故事也不可尤責於人自美其身已豈無事已亦有事而不知其過也或曰下無獨字。盧文弨曰無獨字則與全篇句法合

不知戒後必

有恨。恨悔。○盧文弨曰後必有三字爲句有讀曰又所謂貳過也古音戒又悔態爲韻王念孫曰盧說是矣而未盡也恨後遂過四字義不相屬恨與很同（盧雖閱恨也孫矣本作很）後當爲復字之誤也（復後形相近又因上文後必有而誤）復與愎同（韓子十過篇夫知伯之爲人也好利而驁愎趙策愎作復亦通作覆管子五輔篇下愈覆鷙而不聽從是也又通作蝮史記酷吏傳贊京兆無忌馮翊殷周蝮鷙是也）言很愎不從諫以遂其過也莊子漁父篇曰見過不更聞諫愈甚謂之很逸周書謚法篇曰愎很遂過曰刺

後遂過。不肯悔。不肯悔前之非

讒夫多進。反覆言語生詐態。○王念孫曰態讀爲姦慝之慝（下態同）人之言語反覆則詐慝從此生也（襄四年左傳樹之詐慝以取其國家）以態爲慝者古聲不分去入也秦策曰科條既備民多僞態又曰上畏太后之嚴下惑姦臣之態淮南齊俗篇曰禮義飾則生僞態之本漢書李尋傳曰賀良等反道惑眾姦態當窮竟皆借態爲慝非姿態之態也

人之態。不如備。如當爲知言人爲詐態上不知爲備

爭寵嫉賢利惡忌。利在惡忌賢者。○王念孫曰利惡忌三字義不相屬楊曲爲之說非也利當爲相字之誤也相惡忌正承爭寵嫉賢言之

妬功毀賢。下斂黨與上蔽匿。斂聚也下聚黨與則上蔽匿也

上壅蔽。失輔埶。失輔弼之臣則埶不在上

任用讒夫不能制。孰公長父之難。孰公長父皆厲王之嬖臣未詳其姓名墨子曰厲王染於厲公長父榮夷終厲公與孰公不同未知孰是或曰孰公長父

郎詩所云皇父也孰或爲郭○盧文弨曰案古郭號字通郭公長父郎呂氏春秋當染篇之號公長父也作郭字爲是之難二字當屬下爲七字句注墉公宋本從立元刻從糸字書皆無攷墨子所染篇作厲公王念孫曰之者是也言難厲王者是此人也楚語云秦徵荀實難桓景實難郎是難俞樾曰之難厲王流于彘七字爲句義終未安此篇之例雖以兩三字句一七字句一四字句一七字句爲一節然古人之文變動不居如云治之道美不老君子由之佼以好下以教誨子弟上以事祖考此節詞意明白無奪文譌字其弟四句六字其弟七句五字豈能以子弟二字屬下爲七字句乎然則此文以郭公長父之難六字爲句厲王流于彘五字爲句於義較安不必拘泥字數轉致不通也先謙案俞說是

厲王流于彘○彘地名在河東左傳晉大夫有彘子言孰公長父姦邪遂使難作厲王流竄于彘

周幽厲○所以敗○不聽規諫忠是害○嗟我何人○獨不遇時當亂世○言自古忠良多有遇害何獨我哉自慰勉之辭也

欲衷對○言不從○衷誠也欲誠意以對時君恐言不從而遇禍也○郝懿行曰對字失韻疑封字之形譌衷封者言中衣內懷藏封事也王念孫曰此篇之例凡首句必入韻唯此處對字與下文之從凶江不協衷對當爲剖衷言欲剖衷以諫而無如言之不見聽也史記蔡澤傳披腹心示情素即剖衷之謂欲剖衷言不從即上文所謂中不上達也中與衷古字同耳衷字正與從凶江爲韻

今本作欲衷對者剖誤爲對又誤在衷字之下耳楊說失之兪樾曰王氏改欲衷對爲欲剖衷此臆說也對字實不誤但當在衷字上對讀爲遂爾雅釋言對遂也詩皇矣篇以對于天下江漢篇對揚王休蕩篇流言以對毛傳竝曰對遂也又禮記祭義篇對揚以辟之鄭注亦曰對遂也葢對遂音近以聲相訓耳欲對衷者欲遂衷也言欲遂其衷忱而無如言之不從也今本作欲衷對者因淺人不知對之爲遂而疑對衷二字無義因倒其文楊氏卽據以爲說曰欲誠意以對失之矣先謙案兪說是

恐爲子胥身離凶。進諫不聽。剄而獨鹿棄之江。獨鹿與屬鏤同本亦或作屬鏤吳王夫差賜子胥之劍名屬之欲反鏤力朱反國語里革曰鳥獸成水蟲孕水虞於是禁罝罜麗此當是自剄之後盛以罜麗弃之江也賈逵云罜麗小罟也。盧文弨曰案楊云本或作屬鏤則訓劒不可易國語以下必後人采它說附益之罝韋昭云當爲罜此衍罝字而又譌罜作罜宋本亦同又無水虞二字郝懿行曰黃縣蓬萊間人皆以獨鹿爲酒器名此言獨鹿蓋爲革囊盛尸所謂鴟夷者也獨鹿與罜語之罜麗音義相近而與屬鏤義遠若作剄而屬鏤語復不詞王念孫曰後人讀獨鹿爲罜麗者蓋未解而字之義故也其意謂獨鹿果爲劍名則不當言剄而獨鹿故讀爲罜麗謂是既剄之後盛以罜麗而棄之江也今案而猶以也謂剄以獨鹿也古者而與以同義顧命曰眇眇予末小子其能而亂四方言其能以治四方也某氏傳能如父祖治四方非是墨子尙賢篇曰使天下之爲善者可而勸也爲暴者可而沮也言可以勸可以沮也呂氏春秋去私篇曰晉平公問於祁黃羊曰南陽無令其誰可而爲之言誰可以爲之也高注而能也非是辯見呂氏春秋而與以同義故三字可以互用同人象傳曰文明以健中正而應繫辭傳曰蓍之德圓而神卦之德方以知宣十五年左傳曰易子而食析骸以爨皆以二字互用而與以同義故又可以通用繫辭傳上古結繩而治論衡齊世篇引此而作以昭元年左傳虆甲以見子南考工記函人鄭司農注引此以作而

觀往事。以自戒。治亂是非亦可識。託於成相以喻意。識如字亦讀爲志也○顧千里曰案此句例之應十一字亦疑尙少四字

請成相。言治方。言爲治之方術君論有五約以明。君謹守之。下皆平正國乃昌。論爲君之道有五甚簡約明白謂臣下職一也君法明二也刑稱陳三也言有節四也上通利至莫敢恣五也

臣下職。莫游食。游食謂不勤於事素飡游手也務本節用財無極。事業聽上。莫得相使一民力。所興事業皆聽於上羣下不得擅相役使則民力一也禮記曰用民之力歲不過三日也守其職。足衣食。民不失職則衣食足矣厚薄有等明爵服。貴賤有別利往印上。莫

得擅與孰私得。利之所往皆邛於上莫得擅爲賜與則誰敢私得於人乎擅相賜與若齊田氏然邛與仰同宜亮反。王引之曰往字文義不順楊說非也往當爲佳佳古唯字也唯或作惟維古鐘鼎文唯字作佳石鼓文亦然言臣民之利唯仰於上莫得擅有所與也儿隸書從彳從亻之字多相亂故往字或作往與佳相似而誤

君法明。論有常。君法所以明在言論有常不二三也

表儀既設民知方。進退有律。莫得貴賤孰私王。進人退人皆以法律貴賤各以其才孰有私佞於王乎

君法儀。禁不爲。爲君之法儀在自禁止不爲惡。俞樾曰禁不爲惡而止曰禁不爲則辭不達注義非也君法儀之儀當讀爲俄說文人部俄行頃也詩賓之初筵篇側弁之俄鄭箋曰俄頃貌廣雅釋詁曰俄衺也是俄有頃邪之義管子書或段義爲之明法篇曰雖有大義主無從知之故明法曰佼眾譽多外內朋黨雖有大姦其蔽主多矣以大姦爲大義是其證也義儀古通用義可爲俄故儀亦可爲俄君法儀與上文君法明相對上云君法明論有常此云君法儀禁不爲言君法明盛則其論有常君法傾邪則當禁之使不爲也蓋此皆蒙上文臣下職而言所陳皆臣道也楊注因上文君論有五約以明之句妄舉五節以當之而以君法明爲其一所舉又不相連屬更有宅文以間之殆不足據也

莫不說教名不移。既能正己則民皆悅上之教而名器不移也說讀爲悅

脩之者榮。

離之者辱。孰它師。孰敢以它爲師言皆歸王道不敢離貳也。郝懿行曰它師二字誤倒當作師它則與儀爲移皆韻矣

刑稱陳。守其銀。稱謂當罪當罪之法施陳則各守其分限稱尺證反銀與垠同。王念孫曰楊說稱陳二字未安余謂陳者道也文登畢氏恬谿說尚書曰李斐注漢書哀帝紀曰陳道也是古謂道爲陳微子云我祖底遂陳于上謂致成道於上也君奭云率惟茲有陳謂有道也念孫案大戴記衞將軍文子篇君陳則進不陳則行而退亦謂道與不道也言刑之輕重皆稱乎道而各守其限也

下不得用輕私門。下不得專用刑法則私門自輕罪禍有律。莫得輕重威不分。禍亦罪也

請牧祺。明有基。祺祥也請牧治晉祥之事在明其所有之基業也。俞樾曰上文云請牧基賢者思此文亦當作請牧基明有祺傳寫者誤倒基祺兩字耳據楊注所見本已倒

主好論議必善謀。五聽修領。莫不理續主執持。五聽折獄之五聽也修領謂修之使得綱領莫不有文理相續主自執持此道不使權歸於下。盧文弨曰修領宋本作循領今從元刻注同。王念孫曰領猶治也理也樂記領父子君臣之節鄭注領猶理治也仲尼燕居領惡而全好注領猶治也淮南本經篇神明弗能領也高注領理也言五聽皆修理也續當爲績績主執持當爲孰主持莫不理績孰主持者爾雅曰績事也言百官莫不各理其事夫孰得而

主持之也上文曰莫得輕重威不分正所謂孰主持也又曰莫得擅與孰私得又曰莫得貴賤孰私王竝與此文同一例今本續誤作續孰誤作執執字又誤在主字下則義不可通楊說皆失之顧千里曰五聽疑卽上文君論有五約以明也弟一章臣下職云云弟二章守其職云云弟三章君法明云云弟四章君法儀云云弟五章刑稱陳云云下文接以五聽脩領謂五章爲五聽明甚下文又接以聽之經謂聽爲五聽亦明甚本屬一氣相承而楊注別以折獄之五聽解之非也又於後注耳目旣顯吏敬法令莫敢恣始云此已上論君有五之事也亦非也**聽之經。明其請。**請當爲情聽獄之經在明其情○盧文弨曰案請古與情通用列子說符篇楊朱曰發于此而應于彼者唯請釋文引徐廣曰古情字或假借作請又墨子書多以請爲情先謙案經道也說詳勸學篇下文兼賞刑言則聽非聽獄之謂謂聽政也王制篇聽政之大分以善至者待之以禮以不善至者待之以刑郎參伍明謹施賞刑也賢不肖不雜是非不亂信誕分也無遺善無隱謀隱遠至也明其請者彼云凡聽威嚴猛厲則下不親和解調通則嘗試鋒起故非明其情不可**參伍明謹施賞刑。**參伍猶錯雜也謂或往參之或往伍之皆使明謹施其賞刑言精研不使僭濫也**顯者必得。隱者復顯。民反誠。**幽隱皆通則民不詐僞也**言有節。稽其實。**節謂法度欲使民言有法及不欺誑在稽考行實也**信誕以分賞**

罰必。下不欺上。皆以情言明若日。上通利。隱遠至。上通利不壅蔽則幽隱遐遠者皆至也觀法不法見不視。所觀之法非法則雖見不視也○郝懿行曰此言觀法於法不及之地見視於視不到之鄉所以謂之隱遠至耳目顯也注似未了耳目既顯。吏敬法令莫敢恣。此已上論君有五之事也君教出。行有律。五論之教既出則民所行有法言知方也吏謹將之無鈹滑。將持也詩曰無將大車鈹與披同滑與汩同言不使紛披汩亂也○郝懿行曰正名篇有滑鈹此言鈹滑其義同皆謂骫骳滑亂之意漢書淮南厲王傳骫天下正法顏注骫古委字謂曲也枚乘傳其文骫骳骳與鈹同謂曲戾也滑蓋與猾同謂擾亂也下不私請各以宜。舍巧拙。請謁舍止也羣下不私謁各以所宜不苟求也如此則以道事君巧拙之事亦皆止○盧文弨曰各以宜舍巧拙句中脫一字或當作各以所宜舍巧拙臣謹脩。君制變。臣職在謹脩君職在制變○王念孫曰脩當爲循字之誤也隸書循脩相亂說管子形勢篇此言臣當謹循舊法而不變其制變則在君也循與變亂貫爲韻此以諄元二部通用凡諄元二部之字古聲皆不分平上去二此篇之例首句無不入韻者今本循作脩則既失其義而又失其韻矣公察善思論不亂。先謙案倫論古字通謂君臣之倫不亂也說見儒效篇以治天下。後世法之成律

貫。律貫法之爲條貫也。○盧文弨曰案全篇與詩三百篇中韻同

賦篇第二十六

所賦之事皆生人所切而時多不知故特明之或曰荀卿所賦甚多今存者唯此言也舊第二十二今亦降在下

爰有大物。爰於也言於此有大物夫人之大者莫過於禮故謂之大物也非絲非帛。文理成章。絲帛能成黼黻文章禮亦然也非日非月。爲天下明。生者以壽。死者以葬。城郭以固。三軍以强。粹而王。駁而伯。無一焉而亡。臣愚不識。敢請之王。言禮之功用甚大時人莫知故荀卿假爲隱語問於先王云臣但見其功亦不識其名唯先王能知敢請解之先王因重演其義而告之王曰。此夫文而不采者與。先王爲解說曰此乃有文飾而不至華采者與簡然易知。而致有理者與。君子所敬。而小人所不者與。性不得則若禽獸。性得之則甚雅似者與。雅正也似謂似續古人詩曰維其有之是以似之匹夫隆之則爲聖人。諸侯隆之則一四海者與。致明而約。甚順而體。請

歸之禮。極明而簡約，言易知也；甚順而有體，言易行也。先王言唯歸於禮，乃合此義也。○盧文弨曰：禮此目上事也，如禮記文王世子、子貢問樂之比，下放此。

皇天隆物，以示下民。隆猶備也。物，萬物也。○王念孫曰：隆與降同，古字或以隆爲降，說見墨子尚賢中篇。示本作施，俗音之誤也。廣雅曰：施，予也。

或厚或薄，帝不齊均。言人雖同見，方所知或多厚或寡薄，天帝或不能齊均也。○王念孫曰：帝本作常，字之誤也。物字卽指智而言，言皇天降智以予下民，厚薄常不齊均，故有桀紂湯武之異也。今本施作示，常作帝，則義不可通。藝文類聚人部五引此正作皇天隆物以施下民，或厚或薄，常不齊均。楊說皆失之。

桀紂以亂，湯武以賢。湣湣淑淑，皇皇穆穆。湣湣，思慮昏亂也。淑淑，未詳，或曰美也。皇皇穆穆，言緒之美也。言或愚或智也。○俞樾曰：淑淑訓美，則與湣湣不倫矣。淑當讀爲踧。文選長笛賦「踾踧攢仄」，注曰：「踾踧，迫蹙皃。」海賦「葩華踧沑」，注曰：「踧沑，蹙聚也。」踧踧之誼亦猶是耳。

周流四海，曾不崇日。崇，充也。言智慮周流四海，曾不充滿一日而偏也。

君子以脩，跖以穿室。跖，柳下惠之弟，太山之盜也。君子用智以脩身，跖用智以穿室，皆帝不齊均之意也。

大參乎天，精微而無形。言智慮大則參天，小則精微無形也。

行義以正，事業

以成。皆在智也行下孟反可以禁暴足窮。百姓待之而後寧泰。足窮謂使窮者足也百姓待君上之智而後安寧泰當爲泰泰寧也臣愚不識。願問其名。曰此夫安寬平而危險者邪。言智常欲見利遠害脩潔之爲親。而褻汙之爲狄者邪。智脩潔則可相親若褻亂穢汙則與夷狄無異言險詐難近也○王念孫曰親近也狄讀爲逖逖遠也大雅瞻卬篇舍爾介狄毛傳曰狄遠也是狄與逖同此言智之爲德近於脩潔而遠於褻汙也楊說皆失之甚深藏而外勝敵者邪。法禹舜而能弇迹者邪。弇襲行爲動靜。待之而後適者邪。血氣之精也。志意之榮也。精靈榮華百姓待之而後寧也。天下待之而後平也。明達純粹而無疵也。夫是之謂君子之知。此論君子之智明小人之智不然也○王引之曰疵知爲韻疵下也字涉上文而衍藝文類聚無也字

知

有物於此。居則周靜致下。動則綦高以鉅。居謂雲物發在地時周密也鉅大也圓者中規。方者中矩。言滿天地之圓方也大參天地。德厚堯禹。參謂天地相似雲所以致

雨生成萬物其德厚於堯禹者矣○盧文弨曰藝文類聚大參作大齊注天地相似上似脫一與字**精微乎毫毛○而大盈乎大寓○**寓與宇同言細微之時則如毫毛其廣大時則盈於大宇之內宇覆也謂天所覆三蒼云四方上下爲宇上大參天地此又云大盈大宇言說雲之變化或大或小故重言之也○王念孫曰宋錢佃校本云諸本作充盈乎大寓非案作充盈者是也下文充盈大宇而不窕即其證充盈與精微對監本作大盈則既與下大宇複又與精微不對矣楊云其廣大時則盈於大宇之內則所見本已作大盈藝文類聚天部上引作充盈乎天宇又曰呂錢本作盈大乎寓宙蓋本作充盈乎大寓後脫充字乎大又譌作大乎後人又因注內兩言宇宙而增宙字案盈大文不成義寓與上文下鉅矩禹爲韻寓下不得有宙字楊注釋宇字而不釋宙字則本無宙字明甚**忽兮其極之遠也○攙兮其相逐而反也○**攙與劖同攙兮分判貌言雲或慌忽之極而遠舉或分散相逐而還於山也攙音戾○王念孫曰忽遠貌楚辭九歌曰平原忽兮路超遠九章曰道遠忽兮是忽爲遠貌極至也言忽兮其所至之遠也攙者雲氣旋轉之貌考工記鳧氏鍾縣謂之旋程氏易疇通藝錄曰旋所以縣鍾者設於甬上孟子謂之追蠡言追出於甬上者乃蠡也蠡與螺通文子所謂聖人法蠡蚌而閉戶是抱螺小者謂之蠃蝸郭璞江賦所謂鸚螺蜁蝸是也曰旋螺蠡其義不殊蓋爲金柄於甬上以貫於縣之者之鑿中形如螺然如此則宛轉旋動不爲覺病矣水經睢水注云睢陽城內有高臺謂之蠡臺續述征記曰閣道如蠡故謂之蠡臺是凡言蠡者皆取轉之義旋反亦旋也故曰攙兮其相逐而反也楊說皆失之

卬卬兮天下之咸蹇也。卬卬高貌雲高而不雨則天下皆蹇難也。俞樾曰楊注非是蹇當讀爲攓方言攓取也雲行雨施澤被天下天下皆有取也故曰卬卬兮天下之咸攓也下文德厚而不捐即承此而言若如楊注則與下文意不貫矣德厚而不捐。五采備而成文。捐弃也萬物或美或惡覆被之皆無捐弃也往來惛憊。通于大神。惛憊猶晦暝也通于大神言變化不測也憊困也人困目亦昏暗故惛憊爲晦暝也出入甚極。莫知其門。極讀爲亟急也門謂所出者也天下失之則滅。得之則存。雲所以成雨也弟子不敏。此之願陳。君子設辭。請測意之。弟子荀卿自謂言弟子不敏願陳此事不知何名欲君子設辭請測其意亦言雲之功德唯君子乃明知之也。王引之曰楊以意爲志意之意非也意者度也言請測度之也禮運曰聖人耐以天下爲一家以中國爲一人者非意之也管子小問篇東郭郵曰君子善謀而小人善意臣意之也是意爲度也意之言億也韓子解老篇先物行先理動之謂前識前識者無緣而忘意度也忘與妄同莊子胠篋篇云妄意室中之藏是也王褒四子講德論今子執分寸而罔億度罔億度即妄意度鄭注少儀曰億意度也意本又作億論語先進篇億則屢中漢書貨殖傳億作意曰。此夫大而不塞者與。雲氣無實故曰不塞充盈大宇而不窕。入郄穴而不偪者與。窕讀爲窱深貌也言充盈則滿大宇幽深則入郄穴而曾無偪側不容也窱宅弔反。王念孫曰楊訓窕爲深貌又以窕字連下句解之皆非也充盈大宇而不窕爲句窕者間隙之稱言充盈大宇而無間隙也偪不容也偪與窕義正相反廣雅曰窕寬也昭二十一年左傳鐘小者不窕大者不㮮窕則不咸㮮則不容杜注曰窕細不滿也㮮橫大不入也不咸不充滿人心也不容心不堪容也大戴禮王言篇曰布諸天下而不窕内諸尋常之室而不塞管子宙合篇曰其處大也不窕其入小也不塞墨子尚賢篇曰大用之天下則不窕小用之則不困呂氏春秋適音篇曰音大鉅則志蕩以蕩聽鉅則耳不容不容則橫塞橫塞則振大小則志嫌以嫌聽小則耳不充不充則不詹不詹則窕高注曰窕不滿密也義竝與此同

行遠疾速。而不可託訊者與。

訊書問也行遠疾速宜於託訊今雲者虛無故不可本或作託訓或曰與似續同也言雲行遠疾速不可依託繼續也。盧文弨曰訊不與與前後韻協疑是訊託誤倒耳注或作託訓亦似誤王念孫曰訊下者與二字蓋因上下文而衍訊字不入韻上文充盈大宇而不窕窕字亦不人韻也盧云訊不與前後韻協疑是訊託誤倒非是託於古音屬鐸部塞偪等字於古音屬職部改託訊爲訊託則不合韻

往來惛憊。而不可爲固塞者與。

雖往來晦瞑掩蔽萬物若使牢固蔽塞則不可

暴至殺傷而不億忌者與。

億謂以意度之論語曰億則屢中或曰與抑同謂雷霆震怒殺傷萬物曾不億度疑忌言果決不測也。王念孫曰億讀爲意意億古字通說見[illegible]意之下

意疑也言舉至殺傷而皆無所疑忌也廣雅曰意疑也漢書文三王傳於是天子意梁顏師古注與廣雅同韓子說疑篇上無意下無怪無意無疑也史記陳丞相世家項王為人意忌信讒平津侯傳宏為人意忌外寬內深酷吏傳湯雖文深意忌皆謂疑忌也楊以億爲億度則分億與忌爲二義失之矣

功被天下而不私置者與。天下同被其功曾無所私置又言無偏頗○王念孫曰置讀爲德言功被天下而無私德也繫辭傳有功而不德德鄭陸蜀才竝作置鄭云置當爲德逸周書官人篇有施而弗德大戴禮文王官人篇作有施而不置荀子哀公篇言忠信而心不德大戴禮哀公問五義篇作躬行忠信而心不置是置爲德之借字也此段以塞偪塞忌置爲韻忌讀如極說左傳費無極史記作費無忌置與德同

託地而游宇。友風而子雨。風與雲竝行故曰友雨因雲而生故曰子

冬日作寒。夏日作暑。在冬而凝寒在夏而蒸暑也

廣大精神。請歸之雲。至精至神通於變化唯雲乃可當此說也

雲雲所以潤萬物人莫之知故於此具明也

有物於此。𠐍𠐍兮其狀。屢化如神。𠐍讀如其蟲倮之倮𠐍𠐍無毛羽之貌變化即謂三俯三起成蛾蛹之類也

功被天下。爲萬世文。文飾

禮樂以成。貴賤以分。養老長

功。待之而後存，名號不美，與暴爲鄰。侵暴者亦取名於蠶食故曰與暴爲鄰也○王引之曰如楊說則蠶下必加食字而其義始明竊謂方言憯殺也說文憯毒也字或作憯莊子庚桑楚篇曰兵莫憯于志鏌鎁爲下憯蠶憯聲相近故曰與暴爲鄰功立而身廢，事成而家敗。繭成而見殺是身廢絲窮而繭盡是家敗棄其耆老，收其後世。耆老蛾也後世種也人屬所利，飛鳥所害。人屬則保而用之飛鳥則害而食之臣愚而不識，請占之五泰。占驗也五泰五帝也五帝少昊顓頊高辛唐虞理皆務本深知蠶之功大故請驗之也○盧文弨曰此與下文五泰宋本皆作五帝無五泰五帝也五字注今從元刻與困學紀聞所引合古音帝字不與敗世害韻五支六脂之別也王念孫曰敗世害泰古音並屬祭部非惟不與五支之去聲通並不與六脂之去聲通此盧用段說而誤也說見戴先生聲韻攷五泰占之曰：此夫身女好而頭馬首者與？女好柔婉也其頭又類馬首周禮馬質禁原蠶者鄭玄云天文辰爲馬故蠶書曰蠶爲龍精月值大火則浴其種是蠶與馬同氣也屢化而不壽者與？善壯而拙老者與？壯得其養老而見殺有父母而無牝牡者與？爲蠶之時未有牝牡也冬伏而夏遊，食桑而吐絲，遊謂化而出也

○俞樾曰食桑而吐絲前亂而後治此文游字獨不入韻疑滋字之誤呂氏春秋明理篇曰草木庳小不滋注曰滋亦長也冬伏而夏滋言冬伏而夏長也楊以化而出釋游字葅亦迂曲非獨於韻不協也

前亂而後治。 繭亂而絲治也

夏生而惡暑。 生長於夏先暑而化

喜溼而惡雨。 溼謂浴其種既生之後則惡雨也○王念孫曰蠶性惡溼不得言喜溼太平御覽資產部五引作疾溼而惡雨是也惡雨與疾溼同意楊云溼謂浴其種乃曲為之說耳俞樾曰楊說甚得荀子之意蓋此句與上文夏生而惡暑相對生於夏宜不惡暑矣而蠶則惡暑其種必浴有似喜溼者宜不惡雨矣而蠶則惡雨此兩而字正明其性之異也太平御覽資產部引作疾溼而惡雨蓋人疑蠶性惡溼不得言喜溼故妄改之言疾溼又言惡雨辭複而意淺非荀子原文也王氏反據御覽以訂正荀子誤矣

蛹以為母。蛾以為父。 互言之也

三俯三起。事乃大已。 俯謂臥而不食事乃大已言三起之後事乃畢也謂化而成繭也

夫是之謂蠶理。 五帝言此乃蠶之義理也○郝懿行曰理者條理也夫含生賦形各有條理條者似智理者似禮蠶鍼為物條理尤深莫精於蠶莫密於鍼所以二賦語已皆言其理者也

蠶 蠶之功至大時人鮮知其本詩曰婦無公事休其蠶織戰國時此俗尤甚故荀卿感而賦之

有物於此生於山阜處於室堂山阜所生也鐵無知無巧善治衣裳知讀
為智不盜不竊穿窬而行日夜合離以成文章合離謂使離者相合文章亦待其連
綴而成也以能合從又善連衡從豎也子容反衡橫也言箴亦能如戰國合從連橫之人南北為從東西
為衡也下覆百姓上飾帝王功業甚博不見賢良見猶顯也不自顯其功伐見賢
遍反時用則存不用則亡順時行藏臣愚不識敢請之王王曰此夫始
生鉅其成功小者邪為鐵則巨為箴則小長其尾而銳其剽者邪長其尾謂線也
剽末也謂箴之鋒也莊子曰有實而無乎處者宇也有長而無本剽者宙也剽杪末之意匹小反頭銛達而尾
趙繚者邪重說長其尾而銳其剽趙讀為掉掉繚長貌言箴尾掉而繚也掉徒弔反○郝懿行曰趙之為言超也穆
天子傳天子北征趙行郭注趙猶超騰是也趙繚搖掉疊韻之字今時俗語猶以搖掉為趙繚也一往一來結
尾以為事結其尾線然後行箴無羽無翼反覆甚極極讀為亟急也尾生而事起
尾邅而事已尾邅迴盤結則箴功畢也簪以為父管以為母簪形似箴而大故曰為父言此

者欲狀其形也管所以盛箴故曰爲母禮記曰箴管線纊也○盧文弨曰簪當爲鐕子貫反謂所以琢箴之線孔者也箴賴以成形故曰爲父郝懿行曰古之簪形若大箴耳箴背簪故父之管韜箴故母之兪樾曰簪當爲鐕禮記喪大記用襍金鐕正義曰鐕釘也釘與箴形質皆同磨之琢之而後成箴方其未成箴之時則箴亦一鐕而已矣故曰鐕以爲父作簪者叚字耳若是首笄之簪則與箴全不相涉楊注謂言此者欲狀其形失之迂矣盧氏謂簪當爲鐕所以琢箴之線孔者也箴賴以成形故曰爲父此尤曲說箴所賴以成形者豈特一鐕之功乎王氏載之讀書襍志誤矣

既以縫表○又以連裏○夫是之謂箴理○理義理也

箴古者貴賤皆有事故王后親織玄紞公侯夫人加之以紘綖大夫妻成祭服士妻衣其夫未世皆不脩婦功故託辭於箴明其爲物微而用至重以譏當世也

天下不治○請陳佹詩○荀卿請陳佹異激切之詩言天下不治之意也

天地易位○四時易鄉○皆言賢愚易位也鄉猶方也春夏秋冬皆不當其方言錯亂也鄉如字

列星殞墜○旦暮晦盲○列星二十八宿有行列者殞墜以喻百官弛廢旦暮晦盲言無甄明時也或曰當時星辰殞墜旦暮昏霧也

幽晦登昭○日月下藏○言幽闇之人登昭明之位君子明如日月反下藏也昭或爲照○王念孫曰幽晦元刻作幽闇本朱[illegible]是也

楊注幽闇之人是其證宋本闇作晦者涉上文曰暮晦盲而誤藝文類聚人部八引作幽晻登照晻與闇同

公正無私。反見從横。言公正無私之人反見謂從横反覆之志也○郝懿行曰縱古作從荀書皆然横古作衡上言連衡亦然此皆俗人所改王念孫曰反見從横四字文不成義此本作見謂從横言公正無私之人反以從横見謂於世也楊注內見謂二字卽其證凡見譽於人曰見謂若王霸篇曰齊桓公閨門之內縣樂奢泰游抏之循於天下不見謂脩賈子脩政語篇曰故言之者見謂智學之者見謂賢守之者見謂信樂之者見謂仁行之者見謂聖皆是也見毀於人亦曰見謂若莊子達生篇曰居鄉不見謂不脩臨難不見謂不勇漢書兒寬傳曰張湯爲廷尉盡用文史法律之吏而寬以儒生在其閒見謂不習事邶風谷風箋曰涇水以有渭故見謂濁今本謂譌作濁據正義改及此言見謂從横皆是也後人不曉見謂二字之義又以楊注云反見謂從横遂改正文見謂爲反見不知楊注特加反字以申明其志義非正文所有也藝文類聚人部八引此正作見謂從横

愛公利。重樓疏堂。欲在上位行至公以利百姓非謂重樓疏堂之榮貴也

無私罪人。憖革、貳兵。憖與儆同備也貳副也謂無私罪人言果於去惡也言去邪嫉惡乃以儆備增益兵革之道言彊盛也○王念孫曰貳兵二字文義不明貳當爲戒字之誤也隸書戒字作㦸與貳相似戒兵與憖革同義楊云貳副也未安

道德純備。讒口、

將將。將去也言以讒言相退送或曰將將讀爲鏘鏘進貌○郝懿行曰將者大也逸詩云如霜雪之將將此言道德純備之人讒口方張不能用也王念孫曰楊後說讀將將爲鏘鏘是也而云進貌則古無此訓余謂將將集聚之貌也周頌執競篇磬筦將將毛傳曰將將集也然則讒口將將亦謂讒言之交集也小雅十月篇讒口嚻嚻箋云嚻嚻衆多貌義亦與將將同

仁人絀約。敖暴擅彊。絀退窮約天下幽險。恐失世英。天下幽暗凶險如此必恐時賢不見用也螭龍爲蝘蜓。鴟梟爲鳳皇。說文云螭如龍而黃北方謂之地螻蝘蜓守宮言世俗不知善惡螭龍之聖反謂之蝘蜓鴟梟之惡反以爲鳳皇也比干見刳。孔子拘匡。昭昭乎其知之明也。郁郁乎其遇時之不祥也。拂乎其欲禮義之大行也。闇乎天下之晦盲也。郁郁有文章貌拂違也此蓋誤耳當爲拂乎其遇時之不祥也郁郁乎其欲禮義之大行晦盲言人莫之識也皓天不復。憂無疆也。千歲必反。古之常也。皓與昊同昊天元氣昊大也呼昊天而訴之云世亂不復憂不可竟也復自解釋云亂久必反於治亦古之常道千或爲卒弟子勉學。天不忘也。言天道福善故曰不忘恐弟子疑爲善無益而解惰故以此勉之也聖人共手。時幾將矣。

共讀爲拱聖人拱手言不得用也幾辭也將送也去也言戰國之時世事已去不可復治也○俞樾曰如楊注與上意不貫上文曰千歲必反古之常也弟子勉學天不忘也是荀子之意謂亂極必反非謂世事已去不可復治也此二句乃望之之辭言聖人於此亦拱手而待之耳所謂千歲必反者此時殆將然矣楊注非

與愚以疑○願聞反辭○反辭反覆敘說之辭猶楚詞亂曰弟子言當時政事既與愚反反疑惑之人故更願以亂辭敘之也

其小歌曰○此下一章卽其反辭故謂之小歌總論前意也○盧文弨曰曰各本多作也有一本作曰今從之

念彼遠方○何其塞矣○遠方猶大道也○俞樾曰楊注以遠方爲大道其義未安此章蓋亦遺春申君者下文仁人絀約暴人衍矣諸句其意實譏楚也不敢斥言楚國故姑託遠方言之若謂彼遠方之國有如此耳此荀卿之危行言孫也

仁人絀約○暴人衍矣○衍饒也○盧文弨曰衍不與塞服爲韻服字本有作般者則塞或蹇字之誤

忠臣危殆○讒人服矣○服用也本或作讒人般矣般樂也音盤

琁玉瑤珠○不知佩也○說文云琁赤玉瑤美玉也孔安國曰瑤美石言不知以此四寶爲佩說文云琁音瓊○盧文弨曰瑤說文本訓美石楊所據乃誤本也如孔安國曰美石而今本禹貢注亦皆誤爲美玉又曰此章在遺春申君書

後此書但載其賦而不載其書今以楚策之文具錄於此以備考焉客說春申君曰湯以亳武王以鄗（[illegible]）皆不過百里以有天下今孫子天下賢人也君藉之以百里之勢臣竊以為不便於君何如春申君曰善於是使人謝孫子孫子去之趙（[illegible]）（[illegible]孫子春申君死而廢因家蘭陵[illegible]書有與趙孝成王論兵而[illegible]）趙以為上卿（[illegible]）客又說春申君曰昔伊尹去夏入殷殷王而夏亡管仲去魯入齊魯弱而齊強夫賢者之所在其君未嘗不尊國未嘗不榮也今孫子天下賢人也君何辭之春申君又曰善於是使人請孫子於趙孫子為書謝曰癘人憐王（韓詩外傳[illegible]）此不恭之語也雖然（[illegible]本[illegible]此字下）不可不審察也此為劫弒死亡之主言也夫人主年少而矜材無法術以知姦則大臣主斷國私以禁誅於己也故弒賢長而立幼弱廢正適而立不義春秋戒之曰（[illegible]）楚王子圍聘於鄭未出竟聞王病反問疾遂以冠纓絞王殺之因自立也齊崔杼之妻美莊公通之崔杼帥其君黨而攻莊公莊公請與分國崔杼不許欲自刃於廟崔杼不許莊公走出踰於外牆射中其股遂殺之而立其弟景公近代所見李兌用趙餓主父於沙丘百日而殺之淖齒用齊擢閔王之筋縣於其廟梁宿夕而死夫癘雖癰腫胞疾上比前世未至絞纓射股下比近代未至擢筋而餓死也夫劫弒死亡之主也心之憂勞形之困苦必甚於癘矣由此觀之癘雖憐王可也因為賦曰寶珍隋珠不知佩兮禕衣與絲不知異兮閭姝子奢莫知媒兮嫫母求之又甚喜之兮以瞽為明以聾為聰以是

爲非以吉爲凶嗚呼上天曷惟其同詩曰上天甚神無自瘵也外傳所載與荀書略同嘉字依爾書作詩外傳末引詩作上帝甚蹈無自瘵驕郝懿行曰琁卽瓊字也韓詩外傳四作琁非**褉布與錦不知異也。**褉布麤布○王念孫曰此謂布與錦褉陳於前而不知別異識布縿織也言美惡不分也楊以褉布二字連讀而訓爲麤布失之**閭娵子奢莫之媒也。**閭娵古之美女後語作明陬楚詞七諫謂閭娵爲醜惡蓋一名明陬漢書音義韋昭曰閭陬梁王魏嬰之美女子奢當爲子都鄭之美人詩曰不見子都蓋都字誤爲奢耳後語作子都莫之媒言無人爲之媒也娵子于反○盧文弨曰明是閭字之誤楊未省照耳汪中曰都奢古本一音不必改字**嫫母力父是之喜也。**嫫母醜女黃帝時人力父未詳喜悅也○盧文弨曰力父俗本作刁父今從元刻與韓詩外傳四同**以盲爲明。以聾爲聰。以危爲安。以吉爲凶。**○郝懿行曰以危爲安韓詩外傳四作以是爲非**嗚呼上天。曷維其同。**言或亂如此故歎而告上天曷維其同言何可與之同也後語作曷其與同此章卽遺春申君之賦也

荀子卷第十八

荀子卷弟十九

唐登仕郎守大理評事楊　倞　注

臣　王先謙集解

大略篇第二十七

此篇蓋弟子襍錄荀卿之語皆略舉其要不可以一事名篇故總謂之大略也舊第二十七。盧文弨曰此卷舊不分段今案其意義之不相聯屬者閒一格以識別之

大略。舉爲標首所以起下文也君人者。隆禮尊賢而王。重法愛民而霸。好利多詐而危。欲近四旁。莫如中央。故王者必居天下之中。禮也。此明都邑居土中之意不近偏旁居中央取其朝貢道里均禮也言其禮制如此

天子外屏。諸侯內屏。禮也。外屏不欲見外也。內屏不欲見內也。屏猶蔽也屏謂之樹鄭康成云若今浮思也何休注公羊云禮天子諸侯臺門天子外闕兩觀諸侯內闕一觀禮天子外屏諸侯內屏大夫以簾士以帷倞謂不欲見內外不察泉中魚之義也。郝懿行曰釋宮但云屏謂之樹不言內外郭璞注謂小牆當門中此說是也蓋屏之制如今之

照壁釋名云屏自障屏也蒼頡篇云屏牆也爾雅舍人注云以垣當門蔽爲樹然則屏取屏蔽之義但令門必有屏天子諸侯似不必瑣瑣分別外內也荀書每援禮文此云外屏內屏而云禮也必是禮家舊說何休公羊注亦稱之淮南主術篇云天子外屏所以自障高誘注謂屏樹垣也引爾雅曰門內之垣謂之樹據高所引非卽爾雅本文蓋已不主外屏之說矣近浙人金鶚氏著論深是高說以爲天子外屏此言出於禮緯鄭注禮記引其說未可信也太微垣有屏四星在端門內此天子內屏之象也又云凡門皆有屏惟皋門無之應門內有屏故宁在門屏之間門卽應門也其言甚辨見所著求古錄今採其說存之

諸侯召其臣，臣不俟駕，顚倒衣裳而走，禮也。詩曰：顚之倒之，自公召之。天子召諸侯，諸侯輦輿就馬，禮也。輦謂人輓車言不暇待馬至故輦輿就馬也 詩曰：我出我輿，于彼牧矣，自天子所，謂我來矣。詩小雅出車之篇毛云出車就馬於牧地鄭云有人自天子所謂我來矣謂以王命召已也此明諸侯奉上之禮也 天子山冕，諸侯玄冠，大夫裨冕，士韋弁，禮也。山冕謂畫山於衣而服冕卽袞冕也蓋取其龍則謂之袞冕取其山則謂之山冕鄭注周禮司服云古冕服十二章衣五章初一曰龍次二曰山次三曰華蟲次四曰火次五曰宗彝皆畫裳四章次六曰藻次七曰粉米次八曰黼次九曰黻皆繡鄭注覲禮云裨之言卑也天子六服大裘爲上其餘爲裨以事尊卑服之諸侯亦服焉上公袞無升龍侯伯鷩子男毳孤絺卿大夫玄鄭云大夫裨冕蕬亦言裨冕止於大夫士已下不得服也韋弁謂以爵韋爲韠而載弁也玉藻曰韠君朱大夫素士爵韋也

天子御珽，諸侯御荼，大夫服笏，禮也。御服皆器用之名尊者謂之御卑者謂之服御者言臣下所進御也珽大珪長三尺杼上終葵首謂剡上至其首而方也荼古舒字玉之上圜下方者也鄭康成云珽挺然無所屈也荼讀如舒遲之舒舒儒者所畏在前也

天子彤弓，諸侯彤弓，大夫黑弓，禮也。彤謂彤畫爲文飾彤弓朱弓此明貴賤服御之禮也

諸侯相見，卿爲介，相見謂於郄地爲會介副也聘義卿爲上擯大夫爲承擯君親禮賓言主君見聘使則以卿爲上擯出會則以卿爲上介也以其教出畢行。教謂戒令畢行謂羣臣盡行從君也○王念孫曰教出當爲教士謂常所教習之士也大戴禮虞戴德篇云諸侯相見卿爲介以其教士畢行文與此同也下文君子聽律習容而後士士當爲出言必聽律習容而後出也楊云聽律謂聽佩聲使中音律也玉藻云習容觀玉聲乃出鄭注曰玉佩也是其證也隸書士出二字相似傳寫往往譌溷隸書出字或省作士若敖省作敖賁省作賁敖省作敖皆是也故諸書中士出二字傳寫多譌僖二十五年左傳諜出曰原將降矣呂氏春秋爲欲篇諜出譌作諜士管子大匡篇士欲通吏不通今本士譌作出史記呂后本紀齊內史士徐廣

曰一作出夏本紀稱似出大戴禮五帝德篇作稱以上上皆其證並楊說皆失之使仁居守。使仁厚者主後事春秋傳一子守二子從此明諸侯出疆之禮又穀梁傳曰智者慮義者行仁者守然後可以會矣聘人以珪。問士以璧。召人以瑗。絕人以玦。反絕以環。聘人以珪謂使人聘他國以珪璋也問謂訪其國事因遺之也衞侯使工尹襄問子貢以弓是其類也說文云瑗者大孔璧也爾雅好倍肉謂之瑗肉倍好謂之璧禮記曰君召臣以三節周禮珍圭以徵守鄭云以徵召守國之諸侯若今徵郡守以竹使符也然則天子以珍圭召諸侯諸侯召臣以瑗歟玦如環而缺肉好若一謂之環古者臣有罪待放於境三年不敢去與之環則還與之玦則絕皆所以見意也反絕謂反其將絕者此明諸侯以玉接人臣之禮也。郝懿行曰士卽事也古字通用楊注不誤而語未明晰問士者謂問人以事則以璧爲摯如魯哀公執摯於周豐也

人主仁心設焉。知其役也。禮其盡也。故王者先仁而後禮。天施然也。人主根本所施設在仁其役用則在智盡善則在禮天施天道之所施設也此明爲國以仁爲先也聘禮志曰。幣厚則傷德。財侈則殄禮。禮云禮云。玉帛云乎哉。志記也言玉帛禮之末也禮記曰不以美沒禮也。盧文弨曰案聘禮記曰多貨則傷于德幣美則沒禮詩曰。物其指矣。唯

其偕矣。不時宜。不敬交。不驩欣。雖指。非禮也。詩小雅魚麗之篇指與旨同美也偕齊等也時謂得時宜謂合宜此明聘好輕財重禮之義也。俞樾曰案上句不時宜注時宜二字平列下句不驩欣亦二字平列則此文不敬交疑不敬文之誤勸學篇曰禮之敬文也注曰禮有周旋揖讓之敬車服等級之文也禮論篇曰事生不忠厚不敬文謂之野送死不忠厚不敬文謂之瘠注曰敬文恭敬有文飾是荀子書屢言敬文性惡篇曰不如齊魯之孝具敬父者何也注曰敬父當爲敬文此敬文誤爲敬交猶彼敬文誤爲敬父楊氏於此無注其所據本必未誤敬文二字本書屢見故不說也

水行者表深。使人無陷。治民者表亂。使人無失。禮者其表也。先王以禮表天下之亂。今廢禮者。是去表也。故民迷惑而陷禍患。此刑罰之所以繁也。表標志也此明爲國當以禮示人也○郝懿行曰天論篇云水行者表深表不明則陷治民者表道表不明則亂此云表亂謂表明其爲亂而後人不犯也

舜曰。維予從欲而治。虞書舜美臯陶之辭言臯陶明五刑故舜得從欲而治引之以喻禮能成聖亦猶舜賴臯陶也。郝懿行曰此語今書以入大禹謨維字作俾荀所偁則未知出何書也又解蔽篇偁道經曰人心之危道心之微今亦在大禹謨二之字作惟矣此引

舜曰彼援道經皆不偁書俞樾曰此卽所謂不思而得不勉而中從容中道聖人也孔子七十而從心所欲不踰矩可釋此文從欲之義故下文曰禮之生爲賢人以下至庶民也非爲成聖也楊氏誤據古文尚書爲說乃曰引之以喻禮能成聖亦猶舜賴皋陶也失之矣故禮之生。爲賢人以下至庶民也。非爲成聖也。然而亦所以成聖也。不學不成。禮本爲中人設然聖人不學亦不成也堯學於君疇。舜學於務成昭。禹學於西王國。君疇漢書古今人表作尹壽又漢藝文志小說家有務成子十一篇昭其名也尸子曰務成昭之教舜曰避天下之逆從天下之順天下不足取也避天下之逆從天下之順天下不足失也西王國未詳所說或曰大禹生於西羌西王國西羌之賢人也新序子夏對哀公曰黃帝學于太塡顓頊學于錄圖帝嚳學于赤松子堯學于尹壽舜學于務成跗禹學于西王國湯學于成子伯文王學于時子思武王學於郭叔此明聖人亦資於教也。盧文弨曰案新序五太塡作大眞古今人表作大塡錄圖作綠圖表同尹壽元刻作君壽宋本新序同吳祕注法言引新序作君疇成子伯新序作威子伯時子思作欽時子思五十不成喪。七十唯衰存。不成喪不備哭踊之節衰存但服縗麻而已其禮皆可略也禮記曰七十唯衰麻在身也。郭嵩燾曰五十不成喪卽檀弓五十不致毁也親迎之禮。父南鄉而立。子北面而跪。醮而命之。往迎爾相。成我宗事。鄭云相助也宗事宗廟之事也隆率以敬。先妣之嗣。若則有常。儀禮作勖率鄭云勖勉也若汝也勉率婦道以敬其爲先妣之嗣也汝之行則當有常深戒之詩云大姒嗣徽音子曰。諾。唯恐不能。敢忘命矣。子言唯恐不能勉率以嗣先妣不敢忘父命也夫行也者。行禮之謂也。所以稱行者在禮也禮也者。貴者敬焉。老者孝焉。長者弟焉。幼者慈焉。賤者惠焉。惠亦賜也言行禮如此五者則可爲人之行也賜予其宮室。猶用慶賞於國家也。忿怒其臣妾。猶用刑罰於萬民也。宮室妻子也此明能治家則以治國也。郭嵩燾曰宮室與國家對文臣妾與萬民對文宮室者門梱之內庭戶之閒盡一家之人言之楊注誤君子之於子。愛之而勿面。使之而勿貌。導之以道而勿彊。面貌謂以顏色慰悅之不欲施小惠也故易家人曰有嚴君焉勿彊不欲使其愧也此語出曾子。郝懿行曰此出曾子立事篇荀稱之也勿面謂不形見於面勿貌謂不優以辭色勿彊謂匪怒伊教使自得之注謂不欲使其愧非禮以順人心爲本。故亡於禮經而順人心者。皆禮也。禮記曰禮也者義之實也協諸義而協則禮雖先王未之有可以義起也○盧文弨曰皆禮也各本作背禮者也誤禮之大凡。事生飾驩也。送死飾哀也。軍旅飾威也。不可太質故爲之飾親親故故。庸庸勞勞。仁之殺也。庸功也庸庸勞勞謂稱其功勞以報有功勞者殺差等也皆仁恩之差也殺所介反貴貴尊尊賢賢。老老長長。義之倫也。倫理也此五者非仁恩皆出於義之理也行之得其節。禮之序也。行仁義得其節則是禮有次序仁愛也故親。義理也故行。禮節也故成。非仁不親非義不行雖有仁義無禮以節之亦不成仁有里。義有門。里與門皆謂禮也里所以安居門所以出入也仁非其里而虛之。非禮也。義非其門而由之。非義也。虛讀爲居聲之誤也仁非其里義非其門皆謂有仁義而無禮也○盧文弨曰非義也亦當爲非禮也郝懿行曰虛讀爲墟墟里人所居因借爲居字非居聲之誤也王念孫曰虛當爲處字之誤也下文云君子處仁以義是其證陳說同又引論語里仁爲美擇不處仁又案楊云仁非其里義非其門皆謂有仁義而無禮也盧云非義也亦當爲非禮也楊盧之說皆非也非禮也當作非仁也陶說同非義也義字不誤此文云仁非其里而處之非仁也義非其門而由之非義也下文云君子處仁以義然後仁也行義以禮然後義也前後正相呼應以是明之 推恩而不理。不成仁。仁雖在推恩而不得其理則不成仁謂若有父子之恩而無嚴敬之義 遂理而不敢。不成義。雖得其理而不敢行則不成義義在果斷故曰非知之艱行之惟艱 審節而不知。不成禮。雖能明審節制而不知其意也知或爲和。王念孫曰作和者是也禮以和爲貴故審節而不和則不成禮下文和而不發正承此和字言之今本和作知字之誤耳隸書和字或作[illegible]與知相似見漢[illegible][illegible]既能審於禮節則不得謂之不知楊於不知下加其意二字失之 和而不發。不成樂。雖和順積中而英華不發於外無以播於八音則不成樂 故曰。仁義禮樂。其致一也。言四者雖殊同歸於得中故曰其致一也 君子處仁以義。然後仁也。仁而能斷 行義以禮。然後義也。雖能斷而不違禮然後爲義也 制禮反本成。末然後禮也。反復也本謂仁義末謂禮節謂以仁義爲本終成於禮節也 三者皆通。然後道也。通明三者然後爲道 貨財曰賻。輿馬曰賵。衣服曰襚。玩好曰贈。玉貝曰唅。此與公羊穀梁之說同玩好謂明器琴瑟笙竽之屬何休曰此皆春秋之制也賻猶覆也賵猶助也皆助生送死之禮襚猶遺也遺是助死者之禮也知生則賵賻知死則襚唅○盧文弨曰今公羊注作知死者贈襚賻賵所以佐生也。贈襚所以送死也。送死不及柩尸。弔生不及悲哀。非禮也。皆謂葬時故吉行五十。犇喪百里。賵贈及事。禮之大也。既說弔贈及事因明奔喪亦宜行遠也禮記奔喪曰日行百里不以夜行禮者。政之輓也。如輓車然爲政不以禮。政不行矣。

天子卽位。上卿進曰。如之何憂之長也。能除患則爲福。不能除患則爲賊。授天子一策。上卿於周若冢宰也皆謂書於策讀之而授天子深戒之也言天下安危所繫其憂甚遠長問何以治之能爲天下除患則百福歸之不能則反爲賊害策編竹爲之後易之以玉焉中卿進曰。配天而有下土者。先事慮事。先患慮患。先事慮事謂之接。接讀爲捷速也中卿若宗伯也接則事優成。先患慮患謂之豫。豫則禍不生。事至而後慮者謂之後。後則事不舉。患至而後慮者謂之困。困則禍不可禦。授天子二策。禦禁二策弟二策也下卿進曰。敬戒無怠。慶者在堂。

弔者在閭。下卿若司寇也慶者雖在堂弔者已在門言相襲之速閭門也禍與福鄰。莫知其門。言同一門出入也賈誼曰憂喜聚門豫哉豫哉。萬民望之。授天子三策。豫哉言可戒備也三策第三策。先謙案羣書治要作務哉務哉禹見耕者耦立而式。過十室之邑必下。兩人共耕曰耦論語曰長沮桀溺耦而耕十室之邑必有忠信故下之也殺大蚤。朝大晚。非禮也。殺謂田獵禽獸也禮記曰天子殺則下大綏諸侯殺則下小綏大夫殺則止佐車蚤謂下先上也又曰朝辨色始入殺太蚤爲陵犯也朝太晚爲懈弛也或曰禮記曰獺祭魚然後虞人入澤梁豺祭獸然後田獵先於此爲蚤也又曰田不以禮是暴天物也。王念孫曰或說是也前說非治民不以禮。動斯陷矣。平衡曰拜。下衡曰稽首。至地曰稽顙。平衡謂磬折頭與腰如衡之平禮記平衡與此義殊。郝懿行曰拜者必跪拜手頭至手也不至地故曰平衡稽首亦頭至手而手至地故曰下衡稽顙則頭觸地故直曰至地矣大夫之臣拜不稽首。非尊家臣也。所以辟君也。辟讀爲避一命齒於鄉。再命齒於族。三命族人雖七十不敢先。一命公侯之士再命大夫三命卿也鄭注禮記曰此皆鄉飲酒時齒謂以年次坐若立也禮記曰三命不齒族人雖七十者不敢先言不唯不與少者齒老者亦不敢先也上大夫。中大夫。下大夫。此覆一命再命三命也一命雖公侯之士子男之大夫也故曰下大夫也吉事尚尊。喪事尚親。吉事朝廷列位也喪事以親者爲主禮記曰以服之精麤爲序也君臣不得不尊。父子不得不親。兄弟不得不順。夫婦不得不驩。少者以長。老者以養。不得謂不得聖人之禮法驩與歡同故天地生之。聖人成之。○汪中曰君臣以下四十一字錯簡當在後國家無禮不寧之下此因上尚尊尚親之文而誤聘問也。享獻也。私覿。私見也。使大夫出以圭璋聘所以相問也聘享奉束帛加璧享所以有獻也享畢賓奉束錦以請覿所以私見也聘享以賓禮見私覿以臣禮見故曰私見鄭注儀禮云享獻也既聘又獻所以厚恩意也言語之美。穆穆皇皇。爾雅曰穆穆敬也皇皇正也郭璞云皇皇自脩正貌穆穆容儀謹敬也皆由言語之美所以威儀脩飾或曰穆穆美也皇皇有光儀也詩曰皇皇者華朝廷之美。濟濟鎗鎗。鎗與蹌同濟濟多士貌蹌蹌有行列貌爲人臣下者。有諫而無訕。有亡而無疾。有怨而無怒。誹上曰訕亡去也疾與嫉同惡也怨謂若公弟叔肸衛侯之弟鱄怒謂若慶鄭也君於大夫。三問其疾。三臨其喪。於士一問一臨。諸侯非問疾弔喪。不之臣之家。之往也禮記曰諸侯非問疾弔喪而入諸臣之家是謂君臣爲謔也旣葬。君若父之友。食之則食矣。不辟粱肉。有酒醴則辭。鄭云尊者之前可以食美變於顏色亦不可也寢不踰廟。設衣不踰祭服。禮也。謂制度精麤設宴也。王念孫曰設當爲讌字之誤也故楊注云讌宴也今注文讌亦誤作設字寢對廟而言讌衣對祭服而言王制燕衣不踰祭服寢不踰廟是其證易之咸。見夫婦。易咸卦艮下兌上艮爲少男兌爲少女故曰見夫婦夫婦之道。不可不正也。君臣父子之本也。易說卦曰有天地然後有男女有男女然後有夫婦有夫婦然後有父子有父子然後有君臣故以夫婦爲本咸、感也。以高下下。以男下女。柔上而剛下。陽唱陰和然後相成也聘士之義。親迎之道。重始也。聘士謂若安車束帛重其禮也迎魚敬反禮者。人之所履也。失所履。必顚蹷陷溺。所失微而其爲亂大者。禮也。禮之於正國家也。如權衡之於輕重也。

如繩墨之於曲直也。故人無禮不生。事無禮不成。國家無禮不寧。和樂之聲。此言珩珮之聲和樂人心步中武象。趨中韶護。佩玉之聲緩則中武象速則中韶護禮記曰古之君子必佩玉右徵角左宮羽趨以采薺行以肆夏是其類也或曰此和樂謂在車和鸞之聲步驟之節也。顧千里曰案疑或說是也正論篇禮論篇樂皆作鸞可以爲證君子聽律習容而後士。君子在位者之通稱禮記曰既服習容觀玉聲聽律謂聽珮聲使中音律也言威儀如此乃可爲士士者修立之名也。先謙案士當爲出說見上霜降逆女。冰泮殺內。十日一御。此蓋誤耳當爲冰泮逆女霜降殺內故詩曰士如歸妻迨冰未泮殺減也內謂妾御也十日一御卽殺內之義冰泮逆女謂發生之時合男女也霜降殺內謂閉藏之時禁嗜欲也月令在十一月此云霜降荀卿與呂氏所傳聞異也鄭云歸妻謂請期也冰未泮正月中以前二月可以成婚矣故云冰泮逆女殺所介反。盧文弨曰詩陳風東門之楊毛傳云言男女失時不待秋冬正義引荀卿語竝云毛公親事荀卿故亦以秋冬爲婚期家語所說亦同匏有苦葉所云迨冰未泮周官媒氏仲春會男女皆是要其終言不過是耳楊注非十日一御君子之謹游於房也不必連冰泮言郝懿行曰東門之楊傳男女失時不逮秋冬正義引荀卿書云霜降逆女冰泮殺止霜降九月也冰泮三月也荀卿之意自九月至於正月於禮皆可爲昏荀在焚書之前必當有所憑據毛公親事荀卿故亦以爲秋冬家語云羣生閉藏爲陰而爲化育之始故聖人以合男女窮天數也霜降而婦功成嫁娶者行焉冰泮而農桑起昏禮殺於此又引董仲舒云聖人以男女陰陽其道同類觀天道嚮秋冬而陰氣來嚮春夏而陰氣去故古人霜降始逆女冰泮而殺止與陰俱近而陽遠也孔疏發明毛義與荀卿之說合楊注偶未省照乃云此誤而改其文謬矣十日一御節於內也今禮言五日御此言十者或古文五如側十之形因轉寫致誤歟伍紘文王引之曰此文本作霜降逆女冰泮殺止謂霜降始逆女至冰泮而殺止也召南摽有梅及陳風東門之楊正義兩引此文皆作冰泮殺止周官媒氏疏載王肅論引此文及韓詩傳亦皆作冰泮殺止又春秋繁露循天之道篇亦云古之人霜降而逆女冰泮而殺止東門之楊正義所引如是今本作殺內乃後人依誤本荀子改之自楊所見本殺下始脫止字而楊遂以殺內二字連讀誤矣冰泮殺止指嫁娶而言內字下屬爲句內十日一御別是一事非承冰泮而言

坐視膝。立視足。應對言語視面。儀禮士相見云子視父則游目無上於面無下於帶若不言立則視足坐則視膝鄭云不言則伺其行起而已立視前六尺而大之。六六三十六。三丈六尺。蓋臣於君前視也近視六尺自此而廣之雖遠視不過三丈六尺曲禮曰立視五巂彼在車上故與此不同也。王引之曰大之當爲六之言以六尺而六之則爲三丈六尺也楊以廣釋大則所見本已誤　文貌情用。相爲內外表裏。文謂禮物貌謂威儀情謂中誠用謂語言質文相成不可偏用也○王念孫曰文貌在外情用在內故曰相爲內外表裏禮論篇曰文理繁情用省是禮之隆也文理省情用繁是禮之殺也文理情用相爲內外表裏竝行而雜是禮之中流也彼言文理猶此言文貌楊彼注云文理謂威儀情用謂忠誠是也此注失之先謙案王謂文貌猶文理是也禮論篇文理史記竝引作文貌是其證　禮之中焉能思索。謂之能慮。　禮者本末相順。終始相應。　禮者以財物爲用。以貴賤爲文。以多少爲異。竝解於禮論篇

下臣事君以貨。中臣事君以身。上臣事君以人。貨謂聚斂及珍異獻君身謂死衞社稷人謂舉賢也　易曰。復自道。何其咎。易小畜卦初九之辭復返也自從也本雖有失返而從道何其咎過也　春秋賢穆公。以爲能變也。公羊傳曰秦伯使遂來聘遂者何秦大夫也秦無大夫此何以書賢穆公也何賢乎穆公以爲能變也謂前不用蹇叔百里之言敗於殽函而自變悔作秦誓詢茲黃髮是也

士有妒友。則賢交不親。君有妒臣。則賢人不至。蔽公者謂之

昧。隱良者謂之妒。掩蔽公道謂之暗昧 奉妒昧者謂之交譎。交通於譎詐之人相成爲惡也。○俞樾曰交讀爲狡禮記樂記篇血氣狡憤釋文曰狡本作交是交狡古通用狡與譎同義下文曰交譎之人妒昧之臣是交譎與妒昧皆兩字平列楊注曰交通於譎詐之人失之矣 交譎之人、妒昧之臣，國之薉孽也。薉與穢同孽妖孽言終爲國之災害也 口能言之，身能行之，國寶也。口不能言，身能行之，國器也。如器物雖不言而有行也 口能言之，身不能行，國用也。國賴其言而用也 口言善，身行惡，國妖也。治國者敬其寶，愛其器，任其用，除其妖。

不富無以養民情。衣食足知榮辱 不教無以理民性。人性惡故須教 故家五畝宅，百畝田，務其業而勿奪其時，所以富之也。宅居處也百畝一夫田也務謂勸勉之孟子曰五畝之宅樹之以桑五十者可以衣帛矣百畝之田無失其時八口之家可以無飢矣 立大學，設庠序，脩六禮，明十教，所以道之也。詩曰：飲之食之，教之誨之。王事具矣。禮記曰六禮冠昏喪祭鄉相見十教即十義也禮記曰父慈子孝兄良弟悌夫義婦聽長惠幼順君仁臣忠十者謂之人義道謂敎道之也十或爲七也○王念孫曰王制曰司徒脩六禮以節民性明七敎以興民德六禮冠昏喪祭鄉相見七敎父子兄弟夫婦君臣長幼朋友賓容則作七敎者是也凡經傳中七十二字互誤者多矣楊前注以禮運之十義爲十敎失之

武王始入殷。表商容之閭。釋箕子之囚。哭比干之墓。天下鄉善矣。表築旌之言武王好善天下鄉之孔安國曰商容殷之賢人紂所貶退也

天下國有俊士。世有賢人。天下之國皆有俊士每世皆有賢人

迷者不問路。溺者不問遂。亡人好獨。以喩雖有賢俊不能用也所以迷由於不問路溺由於不問遂亡由於好獨遂謂徑隧水中可涉之徑也獨謂自用，其計○洪頤煊曰遂當作隊墜晏子春秋內篇雜上作溺者不問隊墜郝懿行曰墜當作隊隊墜古今字先謙案詩載馳篇大夫跋涉釋文引韓詩曰不由蹊遂而涉曰跋涉淮南脩務訓高注不從蹊遂曰跋涉二遂字與此義同晏子作隊墜乃誤文洪據以爲說非

詩曰。我言維服。勿用爲笑。先民有言。詢于芻蕘。言博問也。詩大雅板之篇毛云芻蕘薪者也鄭云服事也我之所言乃今之急事汝無笑也

有法者以法行。無法者以類舉。皆類於法而舉之也。○郝懿行曰類猶比也古謂之決事比今之所謂例也下云慶

賞刑罰通類亦然楊注未明晰盧分段竝非二句又見王制篇俞樾曰古所謂類卽今所謂例史記屈原賈生傳吾將以爲類正義曰類例也以其本。知其末。以其左。知其右。凡百事異理而相守也。其事雖異其守則一謂若爲善不同同歸於理之類也慶賞刑罰。通類而後應。通明於類然後百姓應之謂賞必賞功罰必罰罪不失其類政教習俗。相順而後行。順人心然後可行也八十者一子不事。九十者舉家不事。廢疾非人不養者。一人不事。父母之喪。三年不事。齊衰大功。三月不事。從諸侯不。不當爲來謂從他國來或君之人入采地與新有昏朞不事。古者有喪昏皆不事所以重其哀戚與嗣續也事謂力役子謂子家駒續然大夫不如晏子。子孔子謂言也子家駒魯公子慶之孫公孫歸父之後名羈駒其字也續言補續君之過不能興功用故不如晏子也。盧文弨曰續然大夫四字未詳郝懿行曰續古作賡賡之爲言庚也庚然剛强不屈之貌言不阿諛也晏子功用之臣也。不如子產。雖有功用不如子產之恩惠也子產惠人也。不如管仲。雖有恩惠不如管仲之才略也管仲之爲人。力功不力義。力知不力仁。野人也。不可以爲天子大夫。雖九合諸侯一匡天下而不全用仁義也 言四子皆類郊野之人未浸漬於仁義故不可爲王者佐。郝懿行曰此謂管仲尚功力而不脩仁義不可爲王者之佐注以四子言恐非是

孟子三見宣王不言事。門人曰曷爲三遇齊王而不言事。孟子曰。我先攻其邪心。以正色攻去邪心乃可與言也 公行子之之燕。孟子曰公行子有子之喪右師往弔趙岐云齊大夫也子之蓋其先也 遇曾元於塗曰燕君何如。曾元曰。志卑。言不求遠大也曾元曾參之子 志卑者輕物。物事 輕物者不求助。不求賢以自輔 苟不求助。何能舉。既無輔助必不勝任矣 氐羌之虜也。謂見俘掠 不憂其係壘也。而憂其不焚也。壘讀爲纍氐羌之俗死則焚其屍今不憂虜獲而憂不焚是愚也呂氏春秋曰憂其死而不焚 利夫秋豪。害靡國家。然且爲之。幾爲知計哉。靡披靡也利夫秋豪之細其害遂披靡而衆及於國家言不卹其大而憂其小與氐羌之虜何異幾讀爲豈○陳奐曰案靡纍也言所利在秋豪而其害纍及國家也詩周頌傳曰靡纍也是其義王念孫曰靡者滅也言利不過秋豪而害乃至於滅國家也

方言靡滅也郭璞曰或作摩滅字音糜漢書賈山傳萬鈞之所
壓無不糜滅者司馬遷傳富貴而名摩滅摩與糜靡古同聲而
通用覷唐韻
今夫亡箴者終日求之而不得其得之非目益明也
眸而見之也心之於慮亦然眸謂以眸子審視之也言心於思慮亦當反覆盡其精妙如眸子之
求箴也○俞樾曰楊說未安以眸子審視豈可但謂之眸乎眸
當讀爲瞐說文目部瞐低目視也從目冒聲與牟聲相近釋名
釋首飾曰牟冒也眸之與瞐猶牟之與冒矣說文又有瞀篆曰
低目謹視也從目敄聲亦與牟聲相近荀子成相篇身讓卞隨
舉牟光卽莊子大宗師篇之務光也是其例矣
義與利者人之所兩有也雖堯舜不
能去民之欲利然而能使其欲利不克其好義也克亦勝也雖桀紂
亦不能去民之好義然而能使其好義不勝其欲利也故義勝
利者爲治世利克義者爲亂世上重義則義克利上重利則利
克義故天子不言多少諸侯不言利害大夫不言得喪皆謂言貨財也
士不通貨財士賤雖得言之亦不得貿遷如商賈也有國之君不息牛羊息繁育也錯

質之臣。不息雞豚。錯置也質讀爲贄孟子曰出彊必載質蓋古字通耳置贄謂執贄而置於君士相見禮曰士大夫奠贄於君再拜稽首禮記曰畜乘馬者不察於雞豚或曰置質猶言委質也言凡委質爲人臣則不得與下爭利冢卿不脩幣。大夫不爲場園。冢卿上卿不脩幣謂不脩財幣販息之也治稼穡曰場樹菜蔬曰園謂若公儀子不奪園夫工女之利也○王念孫曰場園當爲場圃字之誤也韓詩外傳作不爲場圃玩楊注亦是圃字論語子路篇馬注及射義鄭注並云樹菜蔬曰圃郎楊注所本兪樾曰上云士不通財貨楊注不得貿遷如商賈也此云冢卿不脩幣注謂不脩財幣販息之也然則與士之不通貨財何以異乎據韓詩外傳作冢卿不脩幣施疑此文奪施字幣乃敝字之誤施當爲杝古同聲叚借字也杝郎今籬字一切經音義十四云籬杝同力支反引通俗文云柴垣曰杝木垣曰柵說文木部杝落也冢卿不脩敝杝謂籬落敝壞不脩葺之也與下文大夫不爲場圃正同一意皆不與民爭利之義從士以上皆羞利而不與民爭業。樂分施而恥積臧。然故民不困財。○王念孫曰羣書治要財作則則以民不困爲句則字下屬爲句然故猶是故也堯問篇然故士至同說見釋詞然字下先謙案羣書治要作然後民不困財上方注云後作故則作財是校者以作則者爲非當從今本貧窶者有所竄其手。竄容也謂

容集其手而力作也○先謙案有所竄其手猶言有所措手也楊注失之泥羣書治要作有所竄其中矣疑以意改之

文王誅四○武王誅二○周公卒業○至成康則案無誅已○並解在仲尼篇言周公終王業猶不得無誅伐至成康然後刑措也重引此者明不與民爭利則刑罰省也 多積財而羞無有○羞貧重民任而誅不能○使民不能勝任而復誅之○先謙案重民任謂虐使之 此邪行之所以起○刑罰之所以多也○

上好羞○則民闇飾矣○好羞貧而事奢侈則民闇自脩飾也○王念孫曰楊說迂曲而不可通羞當爲義羞字上半與義同又涉上文兩羞字而誤也上好義則民闇飾者言上好義則民雖處隱闇之中亦自脩飾不敢放於利而行也韶祇頤篇籍截必于戕訟檀校號民闇行若有蠹刑鋤旁上好義與郘斯帽民聚飾也罰子大攷葛曰聖明謂上闇飾矣上好富對文故下文又云欲富乎與義分背矣上好義則民闇飾上好富則民死利卽上文所云上重義則義克利上重利則利克義也鹽鐵論錯幣篇上好禮則民闇飾上好貨則下死利卽用荀子而小變其文

上好富○則民死利矣○二者亂之衢也○衢道○劉台拱曰二者二字承上兩句而言則亂上當有治字 民語曰○欲富乎○忍恥矣○傾絕矣○絕故舊矣○與義分背矣○忍恥不顧廉恥傾絕謂傾身絕命而求也分背如人分背而行

上好富○

則人民之行如此安得不亂 湯旱而禱曰政不節與○先謙案節猶適也謂不調適說見天論篇 使民疾與疾苦 何以不雨至斯極也宮室榮與婦謁盛與何以不雨至斯極也榮盛謁請也婦謁盛謂婦言是用也苞苴行與讒夫興與何以不雨至斯極也貨賄必以物苞裹故總謂之苞苴起也鄭注禮記云苞苴裹魚肉者或以葦或以茅也 天之生民非爲君也天之立君以爲民也故古者列地建國非以貴諸侯而已列官職差爵祿非以尊大夫而已差謂制等級也 主道知人臣道知事人謂賢良事謂職守故舜之治天下不以事詔而萬物成不以事詔告但委任而已謂若使禹治水不告治水之方略 農精於田而不可以爲田師工賈亦然 以賢易不肖不待卜而後知吉以治伐亂不待戰而後知克無人禦敵故知必克 齊人欲伐魯忌卞莊子不敢過卞卞魯邑莊子卞邑大夫有勇者 晉人欲伐衞畏子路不敢過蒲蒲衞邑子路蒲宰也

元凱云蒲邑在長垣縣西南

不知而問堯舜。好問則無不知故可比聖人也

無有而求天府。知無而求之是有天府之富。俞樾曰案楊讀不知而問無有而求絕句故其解如此實非荀子意也不知而問之堯舜無有而求之天府語意本連屬下文先王之道則堯舜已六貳之博則天府已乃自解堯舜天府之義也使謂不知而問即是堯舜無有而求即是天府下文贅矣故知楊注非也六貳當從盧說爲六埶之誤何謂堯舜先王之道是也問者問此而已非必眞起堯舜而問之也何謂天府六埶之博是也求者求此而已非必眞入天府而求之也

曰先王之道。則堯舜已。問先王之道則可爲堯舜

六貳之博。則天府已。求財於六貳之博得之不窮故曰天府天府天之府藏言六貳之博可以得貨財先王之道可以爲堯舜故以喻焉六貳之博即六博也王逸注楚辭云投六箸行六棊故曰六博今之博局亦二六相對也。盧文弨曰貳當作埶聲之誤也即六經也

君子之學如蜕。幡然遷之。如蟬蜕也幡與翻同

故其行效。其立效。其坐效。其置顏色出辭氣效。效放也置措也言造次皆學而不捨也

無留善。有善即行無留滯

無宿問。當時即問不俟經宿

善學者盡其理。善行者究其難。非知之艱行之惟艱故善行之者是究其難

君子

立志如窮。似不能通變雖天子三公問。正以是非對。至尊至貴對之唯一故曰如窮也○先謙案君子不以窮達易心故立志常如窮時雖君相問必以正對楊說非君子隘窮而不失。不失道而隕穫○盧文弨曰隘窮即阨窮勞倦而不苟。不苟免也臨患難而不忘細席之言。尸子子夏曰君子漸於飢寒而志不僻侉於五兵而辭不懾臨大事不忘昔席之言昔席蓋昔所踐履之言此細亦當讀爲昔或曰細席講論之席臨難不忘素所講習忠義之言漢書王吉諫昌邑王曰廣廈之下細旃之上○盧文弨曰案廣韻侉痛呼也安賀切宋本作銙字書無攷今從元刻郝懿行曰細席恐茵席之形譌蓋茵假借爲絪絪又譌爲細耳王念孫曰郝說是也漢書霍光傳加畫繡絪馮如淳曰絪亦茵是其證茵席之言謂昔日之言即論語所謂平生之言也故尸子云臨大事不忘昔席之言俞樾曰郝王之說塙矣楊注引尸子臨大事不忘昔席之言昔亦茵之譌荀子作細席者其原文是絪席也尸子作昔席者其原文是茵席也兩文雖異而實同歲不寒無以知松柏。事不難無以知君子。無日不在是。無有一日不懷道所謂造次必於是也雨小漢故潛。未詳或曰爾雅云漢爲潛李巡曰漢水溢流爲潛今云雨小漢故潛言漢者本因雨小水溢觴而成至其盛也乃溢爲潛矣言自小至大者也○郝懿行曰此語譌誤不可讀楊氏曲爲之解似違蓋闕之義俞樾曰漢字疑衍文兩小故潛者爾雅釋言曰潛深也言兩小故人地深也下文云夫盡小者大積微者著是其義矣

夫盡小者大。積微者著。德至者色澤洽。行盡而聲問遠。色澤洽謂德潤身行下孟反。先謙案而盍者之誤四句一例

小人不誠於內。而求之於外。

言而不稱師謂之畔。畔者倍之半也

教而不稱師謂之倍。教人不稱師其罪重故謂之倍倍者反逆之名也。郝懿行曰倍者反也畔與叛同叛者反之半也不稱師同而罪異者言謂自言教謂傳授夫民生於三事之如一師儒得民九兩攸繫而乃居肰坐大背棄師門名教罪人故以反叛坐之檀弓記曾子怒子夏曰使西河之民疑女於夫子爾罪一也鄭注言其不稱師也然則荀子斯言蓋有因於古矣

倍畔之人。明君不內。朝士大夫遇諸塗。不與言。

不足於行者說過。言說大過故行不能副也

不足於信者誠言。數欲誠實其言故信不能副君子所以貴行不貴言也。郝懿行曰說過者大言不作誠言者貌言若誠

故春秋善胥命。而詩非屢盟。其心一也。春秋魯桓公三年齊侯衛侯胥命于蒲公羊傳曰相命也何言乎相命近正也古者不盟結言而退又詩曰君子屢盟亂是用長言其一

心而相信則不在盟誓也善爲詩者不說。善爲易者不占。善爲禮者不相其心同也。皆言與理冥會者至於無言說者也相謂爲人贊相也曾子曰。孝子言爲可聞。行爲可見。發言使人可聞不詐妄也立行使人可見不苟爲斯爲孝子也言爲可聞。所以說遠也。行爲可見。所以說近也。近者說則親。遠者說則附。親近而附遠。孝子之道也。說皆讀爲悅近親遠附則毀辱無由及親也曾子行。晏子從於郊。曰。嬰聞之。君子贈人以言。庶人贈人以財。嬰貧無財。請假於君子。贈吾子以言。假於君子謙辭也晏子先於孔子曾子之父猶爲孔子弟子此云送曾子豈好事者爲之歟乘輿之輪。太山之木也。示諸檃栝。三月五月。爲幬菜。敝而不反。其常。此皆言車之材也示讀爲寘檃栝矯煣木之器也言寘諸檃栝或二月或五月也幬菜未詳或曰菜讀爲菑謂轂與輻也言矯煣直木爲牙至於轂輻皆敝而規曲不反其初所謂三材不失職也周禮考工記曰望其轂欲其眼也進而眡之欲其幬之廉也鄭云幬冒轂之革也革急則木廉隅見考工記又曰察其菑蚤不齵則輪雖敝不匡鄭云菑謂輻入轂中者

蚤讀爲爪謂輻入牙中者也匡刺也晏子春秋曰今夫車輪山之直木良匠煣之其員中規雖有槁暴不復嬴矣

君子之檃栝不可不謹也慎之。爲移其性故不可慢

蘭茝槀本漸於蜜醴一佩易之。雖皆香草然以浸於甘醴一玉佩方可易買之言所漸者美而加貴也佩或爲倍謂其一倍也漸浸也子廉反此語與晏子春秋不同也○盧文弨曰晏子作今夫蘭本三年而成湛之苦酒則君子不近庶人不佩湛之麋醢而賈匹馬矣說苑家語略同麋醢作鹿醢案漸於蜜醴與漸於酒漸之滫中皆謂其不可久故一佩即易之各書俱一意注非

正君漸於香酒可讒而得也雖正直之君其所漸染如香之於酒則讒邪可得而入言甘醴變香草之性甘言變正君之性或爲美或爲惡皆在其所漸染也○郝懿行曰正君者好是正直之君讒言甘而易入如飲醇醪令人自醉故以漸於香酒譬況之

君子之所漸不可不慎也。

人之於文學也猶玉之於琢磨也。詩曰如切如磋如琢如磨。謂學問也。和之璧井里之厥也。玉人琢之爲天子寶。和之璧楚人卞和所得之璧也井里里名厥也未詳或曰厥石也晏子春秋作井里之困也○盧文弨曰案厥同橜說文橜門梱也梱門橜也荀子以厥爲橜晏子以困爲梱皆謂門限意林不解乃改爲璞

矣。郝懿行曰：晏子春秋雜上篇作井里之困，據盧說則厥與困一物，皆謂得石如門限木耳。王念孫曰：盧本段說見鍾山札記。文選劉琨答盧諶詩序「天下之寶，當與天下共之」，注引此「和」下有「氏」字，晏子春秋雜篇同。「為天子寶」作「為天下寶」，又引史記藺相如傳「和氏璧天下所共傳寶也」，於義為長。下文亦云「子贛季路為天下列士」。子贛、季路，故鄙人也。被文學，服禮義，為天下列士。學問不厭，好士不倦，是天府也。言所得多。君子疑則不言，未問則不立，道遠日益矣。未曾學問，不敢立為論議，所謂不知為不知也。為道久遠，自日有所益。不必道聽塗說也。此語出曾子。○王念孫曰：立字義不可通，立亦當為言。下文未問則不立同。疑則不言，未問則不言，皆謂君子之不易以其言也。大戴記曾子立事篇「君子疑則不言，未問則不言」，則不言此篇之文多與曾子同也。隸書言字或作咅，若詧作察，諬作啓譱，作善之類皆是。因脫其半而為立。先謙案：王念孫衍與之闇有所言今本言譌作立，楊曲為之說，非。多知而無親，博學而無方，好多而無定者，君子不與。無親，不親師也。方，法也。此皆謂雖廣博而無師法也。少不諷，壯不論議，雖可，未成也。諷，謂就學諷詩書也。言不學，雖有善質，未為成人也。○王念孫曰：「少不諷」當從大戴記作「少不諷誦」。諷誦與論議對文，少一誦字，則文不足意矣。楊云「諷謂就學諷詩書」，則所見本已脫誦字。君子壹教。弟子壹學。亟成。壹專壹也亟急也已力反君子進。則能益上之譽而損下之憂。進仕損減不能而居之。誣也。無益而厚受之。竊也。誣君竊位學者非必爲仕。而仕者必如學。如往○郝懿行曰如肖似也此言仕必不負所學注云如往非也

子貢問於孔子曰。賜倦於學矣。願息事君。息休息孔子曰。詩云。溫恭朝夕。執事有恪。事君難。事君焉可息哉。詩商頌那之篇然則賜願息事親。孔子曰。詩云。孝子不匱。永錫爾類。事親難。事親焉可息哉。詩大雅既醉之篇毛云匱竭也類善也言孝子之養無有匱竭之時故天長賜以善也然則賜願息於妻子。孔子曰。詩云。刑于寡妻。至于兄弟。以御于家邦。妻子難。妻子焉可息哉。詩大雅思齊之篇刑法也寡有之妻言賢也御治也言文王先立禮法於其妻以至于兄弟然後治于家邦言自家刑國也然則賜願息於朋友。孔子曰。詩云。朋友攸攝。攝以威儀。朋友難。朋友焉可息哉。亦既醉之篇毛云言相攝佐者以威儀也然則賜願息

耕。孔子曰。詩云。晝爾于茅。宵爾索綯。亟其乘屋。其始播百穀。耕難。耕焉可息哉。詩豳風七月之篇。于茅往取茅也。綯絞也。亟急也。乘屋升屋治其敝漏也。然則賜無息者乎。孔子曰。望其壙。皐如也。嵮如也。鬲如也。此則知所息矣。壙丘壠。皐當爲宰。宰冢也。宰如高貌。嵮與塡同。謂土塡塞也。鬲謂隔絕於上。列子作宰如墳如。張湛注云。見其墳壤鬲異則知息之有所也。○盧文弨曰。公羊傳卅三年傳。宰上之木拱矣。是宰訓冢也。冢大也。如大山也。嵮讀爲顛。山頂也。鬲如形如實五㲉之器也。山有似甗者矣。列子嵮如作墳如。如大防也。郝懿行曰。皐猶高也。言皐韜在上也。嵮即顛字。顛俗作巔。因又作嵮耳。鬲鼎屬也。圓而弇上。此皆言丘壠之形狀。故以如字寫貌之。皐如蓋若覆夏屋者。嵮如蓋若防者。露標顛也。列子天瑞篇作墳如。墳大防也。鬲如蓋若覆釜之形。上小下大。今所見亦多有之。注莅非。劉台拱曰。今列子作睪如也。宰如也。睪即皐。豈楊氏所見本異邪。睪如宰如二句疊出。則不得破皐爲宰矣。王念孫曰。家語困誓篇亦作睪如也。王肅曰。睪高貌。子貢曰。大哉死乎。君子息焉。小人休焉。○郝懿行曰。休息一耳。此別之者。亦猶檀弓記言君子曰終小人曰死之意。子貢始言願得休息。孔子四言焉可息哉。必須死而後已。於是子貢悚然警悟。始知大塊勞我以生。逸我以死。作而歎

曰大哉死乎君子息焉小人休焉言人不可苟生亦不可徒死也

國風之好色也。傳曰：盈其欲而不愆其止。好色謂關雎樂得淑女也盈其欲謂好仇寤寐思服也止禮也欲雖盈滿而不敢過禮求之此言好色人所不免美其不過禮也故詩序云關雎樂得淑女以配君子憂在進賢不淫其色哀窈窕思賢才而無傷善之心焉是關雎之義也其誠可比於金石，其聲可內於宗廟。其誠以禮自防之誠也比於金石言不變也其聲可內於宗廟謂以其樂章播八音奏於宗廟鄉飲酒禮合樂周南關雎葛覃詩序云關雎后妃之德風之始也所以風化天下故用之鄉人焉用之邦國焉既云用之邦國是其聲可內於宗廟者也小雅不以於汙上，自引而居下。以用也汙上驕君也言作小雅之人不爲驕君所用自引而疏遠也疾今之政以思往者。其言有文焉，其聲有哀焉。小雅多刺幽厲而思文武言有文謂不鄙陋聲有哀謂哀以思也

國將興，必貴師而重傳；貴師而重傳，則法度存。俞樾曰下文云賤師而輕傳則人有快人有快則法度壞據此則貴師而重傳下疑有闕文國將衰，必賤師而輕傳；賤師而輕傳，則人有快；人有肆意人有快則法度壞。

古者匹夫五十而

士。禮四十而士，五十而後爵，此云五十而士，恐誤。或曰爲卿士。○郝懿行曰：士者，事也。五十曰艾，服官政，然後可以任事也。兪樾曰：二說皆非也。下文云天子諸侯子十九而冠，注曰先於臣下一年也。然則四十而士，猶二十而冠，皆是論其常；五十而士，猶十九而冠，皆是言其異也。禮所謂四十始仕，五十命爲大夫者，葢指卿大夫元士之適子而言。此明言匹夫，則殆謂鄉之俊士選士矣。禮記王制篇正義曰：鄉人旣卑，節級升之，故爲選士俊士至於造士；若王子與公卿之子，本位旣尊，不須積漸，學業旣成，卽爲造士。以是言之，古人於世族子弟及民間秀士，自有區別，故其始仕有十年之差也。荀子不直曰古者五十而士，必加匹夫二字，明與下文天子諸侯子相對。知十九而冠爲天子諸侯子之制，則知五十而士爲匹夫之制，不必疑其與禮經不合矣。

天子諸侯子十九而冠，冠而聽治，其敎至也。十九而冠，先於臣下一年也。雖人君之子，猶年長而冠，冠而後聽其政治，以明敎至，然後治事，不敢輕易。○郝懿行曰：天子諸侯子十九而冠者，異於常人，由其生質本異，其敎又至，故能爾也。傳謂國君十五生子，冠而生子，禮也。於時魯侯年才十二，則太早矣。荀子所言，當是古法。

君子也者而好之，其人。有君子之質而所好得其人，謂得賢師也。其人也而不敎，不祥。祥，善。○王念孫曰：其人也而不敎，也字當在上句其人下讀。下文非君子而好之，非其人也；非其人而

教之齎盜糧借賊兵也上非其人下有也字下非其人下無也字是其證先謙案人有好善之誠我不以善告之是不祥也

非君子而好之。非其人也。既無君子之質又所好非其人也非其人而教之。齎盜糧。借賊兵也。若使不善人教非君子是猶資借盜賊之兵糧爲害滋甚不如不教也齎與資同兵五兵也。盧文弨曰此條言所好者君子是爲得其人非君子而好之則所好非其人也人可與言而不教是爲不祥不可與言而教之則則又資盜糧借賊兵也楊注不了王念孫曰此言能好君子則爲可教之人可教而不教之是爲不祥若所好非君子則爲不可教之人不可教而教之則是齎盜糧借賊兵也盧說亦未了

不自嗛其行者。言濫過。嗛足也謂行不足也所以不足其行者由於言辭汎濫過度也。郝懿行曰嗛不足也言人不知自歉其行者其言易於濫過而難副楊注失之嗛與歉古字通荀書多以嗛爲歉楊氏不了此注支離妄說亦由訓嗛爲足遂不顧文義之難通耳

古之賢人。賤爲布衣。貧爲匹夫。食則饘粥不足。衣則豎褐不完。然而非禮不進。非義不受。安取此。豎褐僮豎之褐亦短褐也言賢人雖貧窮義不苟進安取此言過而行不副之事乎

子夏貧。衣若縣鶉。人曰子何不仕。曰。諸侯之驕我者吾

不爲臣。大夫之驕我者。吾不復見。柳下惠與後門者同衣。而不見疑。非一日之聞也。柳下惠魯賢人公子展之後名獲字禽居於柳下謚惠季其伯仲也後門者君之守後門至賤者子夏言昔柳下惠衣之敝惡與後門者同時人尙無疑怪者言安於貧賤渾迹而人不知也非一日之聞言聞之久矣○盧文弨曰案柳下惠一條不當蒙上文與後門同衣而不見疑蓋卽毛詩巷伯篇故訓傳所云嫗不逮門之女而國人不稱其亂也非一日之聞言素行爲人所信王念孫曰案鍾山札記又引呂氏春秋長利篇云戎夷違齊如魯天大寒而後門高誘注後門日夕門已閉也韓非子外儲說左下云暮而後門

爭利如蚤甲而喪其掌。蚤與爪同言仕亂世驕君縱得小利終喪其身○盧文弨曰蚤者叉字之叚借叉甲同義爪訓覆手不與蚤同此亦當別爲一條郝懿行曰此章言子夏貧無衣而不仕者以時君大夫皆驕慢故衣雖縣鶉而自甘又引柳下惠與後門同衣意可見矣又言得利如叉甲而喪其手掌言仕之利小而害大也楊注甚明盧氏欲分段似失之

君人者。不可以不愼取臣。匹夫。不可以不愼取友。○謝本從盧校作匹夫者王念孫曰匹夫下不當有者字此涉上君人者而衍呂錢本匹夫下皆無者字先謙案王說是今從呂錢本刪

友者。所以相有也。友與有同義相有謂不使喪亡

○郝懿行曰有者相保有也詩云亦莫我有友有聲義同古亦通用如云有朋自遠方來有朋友矣道不同何以相有也均薪施火火就燥平地注水水流溼夫類之相從也如此之箸也以友觀人焉所疑察其友則可以知人之善惡不疑也取友善人不可不慎是德之基也取友求善人不可不慎是德之基本言所以成德也○盧文弨曰俗本正文亦作取友求善人宋本元刻皆無求字若有注可不費辭矣先謙案善人使人善也楊注非詩曰無將大車維塵冥冥言無與小人處也詩小雅無將大車之篇將猶扶進也將車賤者之事塵冥冥蔽人目明令無所見與小人處亦然也

藍苴路作似知而非未詳其義或曰苴讀爲姐慢也趙蕤注長短經知人篇曰姐者類智而非智或讀爲狙伺也姐子野反偄弱易奪似仁而非仁者不爭而與物故偄弱易奪者似之易奪無執守之謂也○盧文弨曰偄與懦同從宋本悍戇好鬭似勇而非悍兇戾也戇愚也丁絳反

仁義禮善之於人也辟之若貨財粟米之於家也多有之者富少有之者貧至無有者窮故大者不能小者不爲是棄國捐身

之道也。盧文弨曰損宋本作損今從元刻凡物有乘而來。乘其出者。是其反者也。反復也出去也凡乘埶而來乘埶而去者皆是物之還反也言善惡皆所自取也。王念孫曰下乘字疑涉上乘字而衍凡物有乘而來者乘因也文選謝朓始出尚書省詩注引如淳漢書注言凡物必有所因而來反乎我者卽出乎我者也故曰其出者是其反者也今本來下又有乘字則義反晦矣楊說失之流言滅之。貨色遠之。禍之所由生也。生自纖纖也。是故君子蚤絕之。流言謂流轉之言不定者也滅亦絕也凡禍之所由生自纖纖微細故君子早絕其萌此語亦出曾子。盧文弨曰元刻作禍之所由生自纖纖也與大戴曾子立事篇同王念孫曰宋龔本同元刻汪從之言之信者。在乎區蓋之閒。區藏物處蓋所以覆物者凡言之可信者如物在器皿之閒言有分限不流溢也器名區者與丘同義漢書儒林傳唐生褚生應博士弟子選試誦說有法疑者丘蓋不言丘與區同也疑則不言。未問則不立。重引此兩句以明之。郝懿行曰此二句已見上疑立皆當爲言形近之譌楊注說立非也區蓋者古讀區若丘注引漢儒林傳疑者丘蓋不言此說是也論語記孔子言蓋皆疑而未定之詞如云君子於其所不知蓋闕如也蓋有不知而作之者我無是也蓋有之矣我未之見也蓋皆疑詞故謂疑者曰丘蓋以音同借

爲區蓋耳楊注非是漢書注蘇林曰旦蓋不言不知之意也如淳曰齊俗以不知爲旦二說皆得其意但語未明晰耳顏師古注以蓋爲發語之辭亦非

知者明於事。達於數。不可以不誠事也。誠忠誠言不可以虛妄事智者○盧文弨曰事智者元刻作了知也

故曰。君子難說。說之不以道。不說也。說並音悅

語曰。流丸止於甌臾。流言止於知者。甌臾皆瓦器也揚子雲方言云陳魏楚宋之間謂罃爲臾甌臾謂地之坳坎如甌臾者也或曰甌臾窳下之地史記曰甌窶滿溝污邪滿車裴駰云甌窶傾側之地污邪下地也邪與臾聲相近蓋同也窶力侯反污烏瓜反

此家言邪學之所以惡儒者也。家言謂偏見自成一家之言若宋墨者

是非疑。則度之以遠事。驗之以近物。參之以平心。流言止焉。惡言死焉。參驗之至則流言息死猶盡也鄭康成曰死之言澌澌猶消盡也

曾子食魚有餘。曰泔之。門人曰。泔之傷人。不若奧之。泔與奧皆烹和之名未詳其說○盧文弨曰案非烹和也曾子以魚多欲藏之耳泔米汁也泔之謂以米汁浸漬之門人以易致腐爛食之不宜於人或致有腹疾之患故以爲傷人說文奧宛也宛奧也奧與宛皆與鬱音義同今人藏魚之法醉魚則用酒醃魚則用鹽置之

甄中以鬱之可以經久且味美奧如鬱非鬱麴之鬱嫕齇視下讀釀鬱名𥕢見皆謂治之藏於幽隱之處今魚經鹽酒者於老者病者極相宜正與傷人相反蠟榺覬蘢王念孫曰米泔不可以漬魚盧謂以米汁浸漬之非也泔當爲泊周官士師泊鑊水鄭注曰泊謂增其沃汁襄二十八年左傳去其肉而以其泊饋正義曰添水以爲肉汁遂名肉汁爲泊然則添水以爲魚汁亦得謂之泊泊之謂添水以漬之也呂氏春秋應言篇多泊之則淡而不可食少泊之則焦而不熟高注曰肉汁爲泊彼言多泊之少泊之即此所謂泊之矣以泊漬魚則恐致腐爛而不宜於食故曰泊之傷人也隸書甘字或作曰與自字極相似故泊誤爲泔耳漢䄒晒巘䂬僅䬧䏆聹礔糵甘䥶鬴奧亦非烹和之名盧訓奧爲鬱是也釋名曰腴奧也藏物於奧內稍出用之也彼所謂腴即此所謂奧之矣然盧謂奧與宛鬱同音則非也奧與宛鬱同義而不同音故諸書中鬱字有通作宛者而宛鬱二字無通作奧者以宛鬱釋奧則可讀奧爲宛鬱則不可

曾子泣涕曰。有異心乎哉。傷其聞之晚也。曾子自傷不知以食餘之傷人故泣涕深自引過謝門人曰吾豈有異心故欲傷人哉乃所不知也言此者以譏時人飾非自是恥言不知與曾子異也。先謙案曾子養親至孝當時或進此魚而未知其傷人親沒後始聞此語故觸念自傷楊注未得其義

無用吾之所短。遇人之所長。遇當也言己才藝有所短宜自審其分不可彊欲當人所長而

辨爭也故塞而避所短。移而從所仕。疏知而不法。察辨而操辟。勇果而亡禮。君子之所憎惡也。塞掩也移就也仕與事同事所能也言掩其不善務其所能也疏通也察辨而操辟謂聰察其辨所操之事邪僻也操七刀反○俞樾曰仕疑任字之誤莊子秋水篇任士之所勞釋文引李注曰任能也然則移而從所任者移而從所能也於義較捷矣多言而類。聖人也。應萬變故多類謂皆當其類而無乖越此聖人也少言而法。君子也。多言無法而流喆然。雖辯小人也。喆當爲湎非十二子篇有此語此當同或曰當爲楛也○先謙案而當訓爲如通用字國法禁拾遺。惡民之串。以無分得也。串習也工患反有夫分義。則容天下而治。○先謙案容受也無分義。則一妻一妾而亂。天下之人。唯各特意哉。然而有所共予也。特意謂人人殊意予讀爲與○盧文弨曰唯元刻作雖王念孫曰唯即雖字說見經義述聞桓十四年穀梁傳言味者予易牙。言音者予師曠。言治者予三王。易牙齊桓公宰夫知味者師曠晉平公樂師知音者三王既已定法度。制禮樂而傳之。有不用而改自作。何以異於變易牙之和。更師曠之律。無三王之法。天下不待亡。國不待死。言不暇有所待而死亡速之甚也更工衡反。謝本從盧校作無三王之治王念孫曰呂錢本治皆作法是也此承上三王既已定法度而言先謙案王說是今從呂錢本改飲而不食者。蟬也。不飲不食者。浮蝣也。浮蝣渠略朝生夕死蟲也言此者以喻人既飲且食必須求先王法略爲治不得苟且如浮蝣輩也。郝懿行曰二句義似未足文無所蒙容有缺脫汪中曰此二語別是一義與上文不相蒙注非

虞舜孝己。孝而親不愛。比干子胥忠而君不用。仲尼顏淵知而窮於世。劫迫於暴國。而無所辟之。辟讀爲避聖賢者不遇時危行言遜則崇其善。揚其美。言其所長。而不稱其所短也。惟惟而亡者誹也。惟讀爲唯唯以癸反唯唯聽從貌常聽從人而不免亡者由於退後即誹謗也博而窮者。訾也。清之而俞濁者。口也。已解於榮辱篇

君子能爲可貴。不能使人必貴己。能爲可用。不能使人必用己。脩德在己所遇在命

誥誓不及五帝。誥誓以言辭相誡約也禮記曰約信曰誓又曰殷人

作誓而民始畔。盟詛不及三王，歃牲曰盟，謂殺牲歃血告神以盟約也。交質子不及五伯。此言後世德義不足，雖要約轉深，猶不能固也。伯讀曰霸。穀梁傳亦有此語。

荀子卷弟十九

荀子卷第二十

唐登仕郎守大理評事楊倞注

臣王先謙集解

宥坐篇第二十八

此以下皆荀卿及弟子所引記傳雜事，故總推之於末。

孔子觀於魯桓公之廟，有欹器焉。春秋哀公三年，桓宮、僖宮災。公羊傳曰：此皆毀廟也，其言災何？復立也。或曰：三桓之祖廟。欹器，傾欹易覆之器。孔子問於守廟者曰：此為何器？守廟者曰：此蓋為宥坐之器。宥與右同，言人君可置於坐右以為戒也。說苑作坐右。或曰：宥與侑同，勸也。文子曰：三王五帝有勸戒之器，名侑卮。注云：欹器也。○盧文弨曰：今說苑作右坐，見敬慎篇。孔子曰：吾聞宥坐之器者，虛則欹，中則正，滿則覆。孔子顧謂弟子曰：注水焉。弟子挹水而注之，挹，酌。中而正，滿而覆，虛而欹。孔子喟然而歎曰：吁！惡有滿而不覆者哉！子路曰：敢問持滿有道乎？孔子曰：聰明聖知，守之以愚。功被天下、守之以讓、勇力撫世、守之以怯、撫掩也猶言蓋世矣〇盧文弨曰據注則撫乃憮字之誤家語三恕篇作振世富有四海、守之以謙。此所謂挹而損之之道也。挹亦退也挹而損之猶言損之又損

孔子爲魯攝相、朝七日而誅少正卯。爲司寇而攝相也朝謂聽朝也門人進問曰、夫少正卯、魯之聞人也。夫子爲政而始誅之、得無失乎。聞人謂有名爲人所聞知者也始誅先誅之也孔子曰、居、吾語女其故。人有惡者五、而盜竊不與焉。一曰心達而險、二曰行辟而堅、三曰言僞而辯、四曰記醜而博、五曰順非而澤。心達而險謂心通達於事而凶險也辟讀曰僻醜謂怪異之事澤有潤澤也此五者有一於人、則不得免於君子之誅。而少正卯兼有之。故居處足以聚徒成羣、言談足以飾邪營衆、强足以反是獨立。此小人之桀雄也。不可不誅也。營讀爲熒熒衆惑衆也强剛愎也反是以非爲是也獨立人不能傾

之也是以湯誅尹諧。文王誅潘止。周公誅管叔。太公誅華仕。管仲誅付里乙。子產誅鄧析史付。韓子曰太公封於齊東海上有居士狂矞華仕昆弟二人立議曰吾不臣天子不友諸侯耕而食之掘而飲之吾無求於人無上之名無君之祿不仕而事力太公使執而殺之以爲首誅周公從魯聞急傳而問之曰二子賢者也今日饗國殺之何也太公曰是昆弟立議曰不臣天子是望不得而臣也不友諸侯是望不得而使也耕而食之掘而飲之無求於人是望不得以賞罰勸禁也且先王之所以使其臣民者非爵祿則刑罰也今四者不足以使之則望誰爲君乎是以誅之尹諧潘止付里乙史付事迹竝未聞也。盧文弨曰家語作管仲誅付乙子產誅史何注先王宋本作夫王無下民字今據韓子外儲說右上增正此七子者。皆異世同心。不可不誅也。詩曰。憂心悄悄。慍于羣小。小人成羣。斯足憂矣。詩邶風柏舟之篇悄悄憂貌慍怒也

孔子爲魯司寇。有父子訟者。孔子拘之。三月不別。別猶決也謂不辨別其子之罪其父請止。孔子舍之。季孫聞之不說曰。是老也欺予。老大夫之尊稱

春秋傳曰使圍將不得爲寡君老也語予曰。爲國家必以孝。今殺一人以戮不孝。又舍之。冉子以告。孔子慨然歎曰。嗚呼。上失之。下殺之。其可乎。不教其民而聽其獄。殺不辜也。三軍大敗。不可斬也。獄犴不治。不可刑也。罪不在民故也。獄犴不治謂法令不當也犴亦獄也詩曰宜犴宜獄獄字從二犬象所以守者犴胡地野犬亦善守故獄謂之犴也嫚令謹誅。賊也。嫚與慢同謹嚴也賊賊害人也今生也有時。斂也無時。暴也。言生物有時而賦斂無時是陵暴也○盧文弨曰生也二字各本皆脫今案注增王念孫曰今字當在嫚令謹誅上總下三事言之文義方順家語始誅篇作夫嫚令謹誅夫字亦總下之詞不教而責成功。虐也。已此三者。然後刑可即也。已止即就書曰。義刑義殺。勿庸以即予。維曰。未有順事。言先教也。書康誥言周公命康叔使以義刑義殺勿用以就汝之心不使任其喜怒也維刑殺皆以義猶自謂未有使人可順守之事故有抵犯者自責其教之不至也故先王既陳之以道。上先服之。服行也謂先自行之然後教之若不可。尚賢以綦之。若不可廢不能以單之。綦極也謂優寵也單盡也盡謂憚劇單或爲殫○盧文弨曰家語始誅篇作尙賢以勸之又不可而後以威憚之此注單或爲殫元刻作或爲憚與家語同綦三年而百姓往矣。百姓從化極不過三年也○盧文弨曰往乃從之誤下注同王念孫曰案從下當有風字今本無風字者從誤爲往則往風二字義不可通後人因删風字耳據楊注云百姓從化化字正釋風字太平御覽治道部五引此正作百姓從風韓詩外傳及說苑政理篇並同邪民不從。然後俟之以刑。則民知罪矣。百姓既往然後誅其姦邪也○王念孫曰案邪民本作躬行上文云上先服之三年而百姓從風服者行也即此所謂躬行也故云躬行不從然後俟之以刑隸書躬與邪相似故躬誤爲邪觀楊注案躬行作邪行邪字誤而行字不誤外傳亦誤作邪行唯說苑不誤今本荀子邪行作邪民乃後人所改辭觀家語始誅篇作其有邪民不從化者然後待之以刑案荀子之躬行不從誤作邪行不從則義不可通王肅不知邪爲躬之誤故改邪行不從爲邪民不從化以曲通其義而今本荀子亦作邪民則又後人以家語改之也楊注云百姓既從然後誅其姦邪則所見本已同今本說苑正作躬行不從而后俟之以刑詩曰。尹氏大師。維周之氐。秉國之均。四方是維。天子是庳。卑民不迷。詩小雅節南山之篇氐本也庳讀爲毗輔也卑讀爲俾是以威厲而不試。刑錯而不用。此之謂也。厲抗也試亦用也但抗其威而不用也錯置也如置物於地不動也今之世則不然。亂其教。繁其刑。其民迷惑而墮焉。則從而制之。是以刑彌繁而邪不勝。三尺之岸。而虛車不能登也。百仞之山。任負車登焉。何則。陵遲故也。岸崖也負重也任負車任重之車也遲慢也陵遲言丘陵之勢漸慢也王肅云陵遲陂池也○盧文弨曰案淮南子泰族篇山以陵遲故能高陵遲猶迆邐陂陀之謂此注與匡謬正俗俱訓陵爲丘陵似泥王念孫曰古無訓負爲重者負亦任也魯語注曰任負荷也楚辭九章注曰任負也連言任負者古人自有複語耳倒言之則曰負任齊語負任擔荷是也陵遲盧說是也說文夌夌徲也其字本作夌則非謂丘陵明矣詳見漢書雜志末卷數仞之牆。而民不踰也。百仞之山。而豎子馮而游焉。陵遲故也。王念孫曰馮者登也周宮馮相氏注曰馮乘也相視也世登高臺以視天文之次序廣雅曰馮登也故外傳作童子登而游焉說苑作童子升而游焉升猶登也今夫世之陵遲亦久矣。而能使民勿踰乎。詩曰。周道如砥。其直如矢。君子所履。小人所視。眷焉顧之。潸焉出涕。豈不哀哉。詩小雅大東之篇言

失其砥矢之道所以陵遲哀其法度墮壞

詩曰。瞻彼日月。悠悠我思。道之云遠。曷云能來。詩邶風雄雉之篇。○盧文弨曰舊本連上文今案當分段

子曰。伊稽首。不其有來乎。稽首恭敬之至有所不來者爲上失其道而人散也若施德化使下人稽首歸向雖道遠能無來乎○俞樾曰如楊注義則伊稽首三字甚爲不詞殆非也首當讀爲道周書芮良夫篇予小臣良夫稽道羣書治要作稽首是首道古通用彼文稽道當爲稽首此文稽首當爲稽道皆古文叚借字也尚書堯典曰若稽古正義引鄭注曰稽同也禮記儒行篇古人與稽鄭注曰稽猶合也合亦同也稽道猶同道也伊者語詞猶維也詩言道之云遠曷云能來孔子言道苟同則雖遠而亦來故曰伊稽道不其有來乎蓋借詩言而反之若唐棣之詩矣

孔子觀於東流之水。子貢問於孔子曰。君子之所以見大水必觀焉者是何。孔子曰。夫。水大。徧與諸生而無爲也。似德。徧與諸生謂水能徧生萬物爲其不有其功似上德不德者說苑作徧予而無私○王念孫曰案徧與上不當有大字蓋涉上文大水而衍據楊注云徧與諸生謂水能徧生萬物則無大字明矣初學記地部中引此無大字大戴記勸學篇說苑雜言篇家語三恕篇竝

同**其流也埤下裾拘。必循其理。似義。**埤讀爲卑裾與倨同方也拘讀爲鉤曲也其流必就卑下或方或曲必循卑下之理似義者無不循理也說苑作其流卑下句倨皆循其理似義○盧文弨曰案宋本引說苑作其流也卑下句倨之也情義分然者也文義舛譌今案本書雜言篇訂正**其洸洸乎不淈盡。似道。**洸讀爲滉滉滉水至之貌淈讀爲屈竭也似道之無窮也家語作浩浩無屈盡之期似道也○王念孫曰楊讀洸爲滉滉滉水至之貌古無此訓洸洸當從家語作浩浩字之誤也俗書浩字作㳫與浩略相似王制曰有餘曰浩故曰浩浩乎不淈盡初學記引荀子正作浩浩則所見本尚未誤太平御覽地部二十三同先謙案說文洸水涌光也作洸洸義通似不必改作浩浩**若有決行之。其應佚若聲響。其赴百仞之谷不懼。似勇。**決行決之使行也佚與逸同奔逸也若聲響言若響之應聲也似勇者果於赴難也○王念孫曰奔逸與聲響義不相屬楊說非也佚讀爲呹音逸呹疾貌也言其相應之疾若響之應聲也漢書楊雄傳甘泉賦薌呹肸以掍根兮聲駍隱而歷鍾師古曰言風之動樹聲響振起衆根合同駍隱而盛歷入殿上之鍾也薌讀與響同呹音丑乙反文選李善注曰呹疾貌也余日切正與佚字同音古無呹字故借佚爲之耳**主量必平。似法。**主讀爲注量謂阬受水之處也言所經阬坎注必平之然後過似有法度者均平也**盈不**

求概似正。概平斗斛之木也考工記曰概而不稅言水盈滿則不待概而自平如正者不假於刑法之禁也淖約微達似察。淖當爲綽綽約弱也綽約柔弱也雖至柔弱而侵淫通達於物似察之見細微也說苑作綽弱微達以出以入以就鮮絜似善化。言萬物出入於水則必鮮絜似善化者之使人去惡就美也說苑作不清以入鮮絜以出也其萬折也必東似志。折縈曲也雖東西南北千萬縈折不常然而必歸於東似有志不可奪者說苑作其折必東也是故君子見大水必觀焉。

孔子曰。吾有恥也。吾有鄙也。吾有殆也。幼不能彊學。老無以教之。吾恥之。無才藝以教人也去其故鄉。事君而達。卒遇故人。曾無舊言。吾鄙之。舊言平生之言卒倉忽反與小人處者。吾殆之也。

孔子曰。如垤而進。吾與之。如丘而止。吾已矣。今學曾未如肬贅。則具然欲爲人師。肬贅結肉莊子曰以生爲負贅懸肬肬音尤具然自滿足之貌也○盧文弨曰此條舊不提行今案當分段下兩條同孔子南適楚。戹於陳蔡之閒。七日不火食。藜羹不糂。糂與糝同蘇覽反弟子皆有飢色。子路進問之曰。由聞之。爲善者天報之以福。爲不善者天報之以禍。今夫子累德積義懷美行之日久矣。奚居之隱也。隱謂窮約孔子曰。由不識。○盧文弨曰家語在戹篇作由未之識也吾語女。女以知者爲必用邪。王子比干不見剖心乎。女以忠者爲必用邪。關龍逢不見刑乎。○盧文弨曰逢字從元刻與家語同宋本作逄誤女以諫者爲必用邪。吳子胥不磔姑蘇東門外乎。磔車裂也姑蘇吳都名也○俞樾曰案子胥不被車裂之刑楊注非是漢書景帝紀改磔曰棄市師古注曰磔謂張其尸也當從此訓夫遇不遇者時也。賢不肖者材也。君子博學深謀不遇時者多矣。由是觀之。不遇世者衆矣。○俞樾曰由是觀之四字當在君子博學深謀句上何獨丘也哉。且夫芷蘭生於深林。非以無人而不芳。君子之學。非爲通也。不爲求通爲窮而不困。憂而意不衰也。知禍福終始而心不惑也。皆爲樂天知命夫賢不肖者。材也。爲不爲者。人也。爲善不爲善在人也遇不遇者。時也。死生者。命也。今有其人。不遇其時。雖賢。其能行乎。苟遇其時。何難之有。故君子博學深謀。脩身端行。以俟其時。孔子曰。由。居。吾語女。昔晉公子重耳霸心生於曹。重耳晉文公名亡過曹曹共公聞其駢脅使其裸浴薄而觀之公因此激怒而霸心生也越王句踐霸心生於會稽。謂以甲盾五千棲於會稽也齊桓公小白霸心生於莒。小白齊桓公名齊亂奔莒蓋亦爲所不禮故居不隱者思不遠。身不佚者志不廣。佚與逸同謂奔竄也家語作常逸者女庸安知吾不得之桑落之下。桑落九月時也夫子當時蓋暴露居此樹之下。○盧文弨曰正文桑落之下下宋本有乎哉二字今案可省郝懿行曰桑落索郎反語也索言蕭索郎言郎當皆謂困窮之貌時孔子當阨子路慍恚故作隱語發其志意楊注説固可通而與上言曹莒會稽等義差遠

子貢觀於魯廟之北堂。○盧文弨曰舊本不提行今案當分段郝懿行曰詩云焉得諼草言樹之背背

北堂也北堂人所居廟有北堂亦所以居主出而問於孔子曰。鄉者。賜觀於太廟之北堂。吾亦未輟。還復瞻被。九蓋皆繼。被有說邪。匠過絕邪。北堂神主所在也輟止也九當為北傳寫誤耳被皆當為彼蓋音盍戶扇也皆繼謂其材木斷絕相接繼也子貢問北盍皆繼續彼有說邪匠過誤而遂絕之邪家語作北蓋皆斷王肅云觀北面之蓋皆斷絕也○王念孫曰繼與輟說絕韻不相協繼當為𢇍字之誤也說文𢇍古文絕正與輟說絕為韻𢇍為古文絕而此文以𢇍絕竝用者古人之文不嫌於複凡經傳中同一字而上下異形者不可枚舉即用韻之文亦有之皋陶謨曰天聰明自我民聰明天明畏自我民明威釋文畏馬本作威周官鄉大夫注引作天明威自我民明威是畏即威也小雅正月篇云燎之方揚寍或滅之赫赫宗周褒姒威之釋文威本或作滅昭元年左傳引作褒姒滅之是威即滅也越語云死生因天地之刑天地形之聖人因而成之管子勢篇作死死生生因天地之形是刑即形也皆與此文之𢇍絕竝用同例今本𢇍作繼則既失其韻而又失其義矣楊云皆繼謂材木斷絕相接繼非也接繼與斷絕正相反下文云匠過絕邪則此文之不作繼甚明家語作北蓋皆斷斷亦絕也孔子曰。太廟之堂。亦嘗有說。言舊曾說今則無也○王念孫曰嘗讀為當當嘗古字通孟子萬章篇是時孔子當阨說苑至公篇當作嘗言太廟之堂所以北蓋皆斷絕者亦當有說也下文蓋曰貴文也正申明亦當有說之意楊訓嘗爲曾失之官致良工。因麗節文。致極也官致良工謂初造太廟之時官極其良工工則因隨其木之美麗節文而裁制之所以斷絕家語作官致良工之匠匠致良材盡其功巧蓋貴文也○王念孫曰麗非美麗之謂麗者施也貌爊騅鈒鉊𪊊譄士言因良材而施之以節文也限刈見家語作匠致良材盡其功巧正謂施之以節文也非無良材也。蓋曰貴文也。非無良材大木不斷絕者蓋所以貴文飾也此蓋明夫子之博識也

子道篇第二十九

入孝出弟。人之小行也。弟與悌同謂自卑如弟也上順下篤。人之中行也。上順從於君父下篤愛於卑幼從道不從君。從義不從父。人之大行也。若夫志以禮安。言以類使。則儒道畢矣。志安於禮不妄動也言發以類不怪說也如此則儒者之道畢矣○盧文弨曰言以類使元刻作言以類接雖舜不能加毫末於是矣。孝子所以不從命有三。從命則親危。不從命則親安。孝子不從命乃衷。衷善也謂善發

於衷心矣。○郝懿行曰：衷者，善也。從義不從命，乃爲善也。俞樾曰：衷與忠通，言孝子之不從命，乃其忠也。下文乃義、乃敬，忠與義、敬正一律。作衷者，叚字耳。國語楚語「又能齊肅衷正」，周禮春官序官鄭注引作「中正」。孝經「中心藏之」，釋文「中本亦作忠」。蓋衷、中、忠三字同聲而通用，楊注未得叚借之旨。從命則親辱，不從命則親榮，孝子不從命乃義。從命則禽獸，不從命則脩飾，孝子不從命乃敬。從命則陷身於爲禽獸之行，不從命則使親爲脩飾，君子不從命是乃敬從。○先謙案：乃衷、乃義、乃敬下，羣書治要皆有也字。故可以從而不從，是不子也；未可以從而從，是不衷也；明於從不從之義，而能致恭敬、忠信、端愨以慎行之，則可謂大孝矣。傳曰：從道不從君，從義不從父。此之謂也。故勞苦彫萃而能無失其敬，彫傷也。萃與顇同。雖勞苦彫萃，不敢解惰失敬也。災禍患難而能無失其義，則不幸不順見惡而能無失其愛，不幸以不順於親而見惡也。○王念孫曰：則與卽同，說見釋詞。非仁人莫能行。詩曰：孝子不匱。此之謂也。

魯哀公問於孔子曰：子從父命孝乎？臣從君命貞乎？三問，孔子不對。不敢違哀公之意，故不對。○盧文弨曰：舊本皆連上，今案當分段，篇內並同。孔子趨出，以語子貢曰：鄉者君問丘也，曰：子從父命孝乎？臣從君命貞乎？三問而丘不對，賜以爲何如？子貢曰：子從父命孝矣，臣從君命貞矣，夫子有奚對焉？○盧文弨曰：有讀爲又。孔子曰：小人哉！賜不識也。昔萬乘之國有爭臣四人，則封疆不削；千乘之國有爭臣三人，則社稷不危；百乘之家有爭臣二人，則宗廟不毀。父有爭子，不行無禮；士有爭友，不爲不義。故子從父，奚子孝？臣從君，奚臣貞？審其所以從之之謂孝、之謂貞也。審其可從則從，不可從則不從也。○盧文弨曰：家語三恕篇四人作七人，三人作五人，二人作三人，末句作夫能審其所從之謂孝、之謂貞也。

子路問於孔子曰：有人於此，夙興夜寐，耕耘樹藝，手足胼胝以養其親。然而無孝之名。何也。樹栽植藝播種胼謂手足勞駢併也胝皮厚也丁皮反 孔子曰。意者身不敬與。辭不遜與。色不順與。古之人有言曰。衣與繆與。不女。聊。繆紕繆也與讀爲歟聊賴也言雖與之衣而紕繆不精則不聊賴於汝也或曰繆綢繆也言雖衣服我綢繆我而不敬不順則不賴汝也韓詩外傳作衣予教予家語云人與己不順欺也王肅云人與己事實相通不相欺也皆與此不同○盧文弨曰案今外傳九作衣歟食歟曾不爾卹卹疑聊之譌此云教予疑是歆予之譌今家語困誓篇作人與己與不汝欺與此所引亦不同 今夙興夜。寐耕耘樹。藝手足胼胝。以養其親。無此三者。則何以爲而無孝之名也。○王念孫曰以字衍韓詩外傳無以字下文何爲而無孝之名也亦無以字又案外傳此句下有意者所友非仁人邪一句玩本書亦似當有此句下文雖有國士之力四句正承此句而言又下文入而行不脩身之罪也承上身不敬三句而言出而名不章友之過也則承此句而言若無此句則與下文不相應矣 孔子曰。由志之。吾語女。雖有。國士。之力。不能自。舉。其身。非無力也。勢不可也。國士一國勇力之士 故入而行不脩。身之罪也。出而名不章。

友之過也。故君子入則篤行，出則友賢，何爲而無孝之名也？

子路問於孔子曰：「魯大夫練而牀，禮邪？」孔子曰：「吾不知也。」（練，小祥也。禮記曰：期而小祥，居堊室，寢有席。又期而大祥，居復寢。中月而禫，禫而牀也。）子路出，謂子貢曰：「吾以夫子爲無所不知，夫子徒有所不知。」（○先謙案：華嚴經音義下引劉熙云：「徒，猶獨也。」）子貢曰：「女何問哉？」子路曰：「由問：『魯大夫練而牀，禮邪？』夫子曰：『吾不知也。』」子貢曰：「吾將爲女問之。」子貢問曰：「練而牀，禮邪？」孔子曰：「非禮也。」子貢出，謂子路曰：「女謂夫子爲有所不知乎？夫子徒無所不知。女問非也。禮，居是邑，不非其大夫。」（懼於訕上。）

子路盛服見孔子，孔子曰：「由，是裾裾何也？（裾裾，衣服盛貌。說苑作襜襜也。○盧文弨曰：見說苑雜言篇。又案：韓詩外傳三作疏疏，家語三恕篇作倨倨。郝懿行曰：裾裾，說苑雜言篇作襜襜。裾與襜皆衣服之名，因其盛服，即以其名呼之。韓詩外傳三作疏疏，家語又作倨倨，則其義別。）昔者江出於㟭山，其始出也。其源可以濫觴，及其至江之津也，不放舟，不避風，則不可涉也。放讀爲方。國語曰：「方舟設泭。」韋昭曰：「方，竝也。編木爲泭。」說苑作方舟。方泭也。詩曰：「方之舟之。」○盧文弨曰：注設泭，舊本作投泭，今據齊語改正。非維下流水多邪？維與唯同。言豈不以下流水多，故人畏之邪？言盛服色厲亦然也。說苑作「非下衆水之多乎」。○盧文弨曰：今說苑作「非唯下流衆川之多乎」。今女衣服既盛，顏色充盈，天下且孰肯諫女矣？充盈，猛厲。由。告之畢，又呼其名，丁寧之也。○兪樾曰：楊注非是。下文「孔子曰志之，吾語女」，此由字當在「孔子曰」之下，「由志之」三字連文。上文「孔子曰：由志之，吾語女。雖有國士之力，不能自舉其身」，亦以「由志之」三字連文，可證。「孔子曰」下必當有由字也。韓詩外傳正作「孔子曰：由志之，吾語汝」。子路趨而出，改服而入，蓋猶若也。猶若，舒和之貌。禮記曰：「君子蓋猶猶爾也。」○郝懿行曰：猶若說見哀公篇「猶然」下。孔子曰：志之，吾語女。奮於言者華，奮於行者伐，色知而有能者，小人也。奮，振矜也。色知，謂所知見於顏色。有能，自有其能。皆矜伐之意。○兪樾曰：韓詩外傳作「愼於言者不譁，愼於行者不伐」，當從之。華卽譁之省文。兩奮字皆昚字之誤，乃古文愼字也。昚誤爲奮，則奮於言行不能謂之不華不伐矣，於是又刪去兩不字耳。楊氏據誤本作注非也故君子知之曰知之。不知曰不知。言之要也。能之曰能之。不能曰不能。行之至也。皆在不隱其情言要則知。行至則仁。既知且仁。夫惡有不足矣哉。

子路入。子曰。由。知者若何。仁者若何。子路對曰。知者使人知己。仁者使人愛己。子曰。可謂士矣。士者脩立之稱子貢入。子曰。賜。知者若何。仁者若何。子貢對曰。知者知人。仁者愛人。子曰。可謂士君子矣。顏淵入。子曰。回。知者若何。仁者若何。知者皆讀爲智顏淵對曰。知者自知。仁者自愛。子曰。可謂明君子矣。

子路問於孔子曰。君子亦有憂乎。孔子曰。君子其未得也。則樂其意。樂其爲治之意○先謙案得謂得位也樂其意自有所樂也楊注非既已得之。又樂其治。○先謙案治謂所事皆治是以有終身之樂。無一日之憂。小人者。其未得也。則憂不得。既已得之。又恐失之。是以有終身之憂。無一日之樂也。

法行篇第三十

禮義謂之法，所以行之謂之行。行，下孟反。○盧文弨曰：此篇舊本皆不提行，今各案其文義分之。

公輸不能加於繩。聖人莫能加於禮。公輸，魯巧人，名班。雖至巧，繩墨之外亦不能加也。○顧千里曰：案正文繩字下據注疑亦當有墨字，宋本同，今本蓋皆誤。禮者。眾人法而不知。聖人法而知之。眾人皆知禮可以爲法，而不知其義者也。

曾子曰。無內人之疏。而外人之親。無，禁辭也。內人之疏，外人之親，謂以疏爲內，以親爲外。家語曰：不比於親而比於疏者，不亦遠乎。韓詩外傳作無內疏而無外親也。○盧文弨曰：今家語賢君篇作不比於數而比於疏，不亦遠乎，說苑亦作數字。無身不善而怨人。無刑已至而呼天。內人之疏而外人之親。不亦遠乎。謂失之遠矣。身不善而怨人。不亦反乎。反謂乖悖。○王念孫曰：遠當爲反，反當爲遠。內人親而外人疏，今疏內而親外，是反也，故曰不亦反乎。身不善而怨人，是舍近而求遠也，故曰不亦遠乎下文曰失之己而反諸人豈不亦迂哉迂卽遠也是其證今本反與遠互誤則非其旨矣韓詩外傳正作內疏而外親不亦反乎身不善而怨他人不亦遠乎楊說皆失之刑已至而呼天不亦晚乎詩曰涓涓源水不雝不塞轂已破碎乃大其輻事已敗矣乃重大息其云益乎源水水之泉源也雝讀爲壅大其輻謂壯大其輻也重大息嗟歎之甚也三者皆言不愼其初追悔無及也○盧文弨曰此所引詩逸詩也先謙案云益有益也說見儒效篇

曾子病曾元持足曾子曰元志之吾語汝曾元曾子之子也○盧文弨曰大戴禮作曾元抑首曾華抱足夫魚鼈黿鼉猶以淵爲淺而堀其中堀與窟同○俞樾曰堀下當有穴字堀穴其中增巢其上相對爲文晏子春秋諫篇古者嘗有處橧巢窟穴亦以窟穴對橧巢是其證也大戴記曾子疾病篇作鷹鶽以山爲卑而曾巢其上魚鼈黿鼉以淵爲淺而蹷穴其中蹷穴卽堀穴也春秋文十年次于厥貉公羊作屈貉然則以蹷爲堀猶以厥爲屈也荀子此文本於曾子彼作蹷穴此作堀穴乃古書以聲音叚借之常例若無穴字則文爲不備矣鷹鳶猶以山爲卑而增巢其上及其得也必以餌故君子苟能無

以利害義，則恥辱亦無由至矣。

子貢問於孔子曰：君子之所以貴玉而賤珉者，何也？（珉，石之似玉者。）爲夫玉之少而珉之多邪？孔子曰：惡！賜，是何言也！（惡音烏，猶言烏，謂此義也。）夫君子豈多而賤之、少而貴之哉！夫玉者，君子比德焉。溫潤而澤，仁也；（鄭康成云：色柔溫潤似仁。）栗而理，知也；（鄭云：栗，堅貌也。理，有文理也。似智者處事堅固又有文理。○謝本從盧校，栗上有縝字。王引之曰：呂本作栗而理，知也。錢本及元刻依聘義於栗上增縝字，而盧本從之，誤也。楊注但釋栗理二字而不釋縝字，則正文之無縝字甚明。說苑雜言篇說玉曰：望之溫潤，近之栗理。望之溫潤者，君子比德焉；近之栗理者，君子比智焉。亦言栗理而不言縝。栗者，秩然有條理之謂，故有似於智。楊依聘義注訓栗爲堅貌，亦非。說詳經義述聞聘義。先謙案：王說是，今從呂本刪。）堅剛而不屈，義也；（似義者剛直不回也。）廉而不劌，行也；（劌，傷也。雖有廉棱而不傷物，似有德行者不傷害人。）折而不橈，勇也；（雖摧折而不橈屈，似勇者。）瑕適竝見，情也；（瑕，玉之病也。適，玉之美澤調適之處也。瑕適竝見，似不匿其情者也。禮記曰：瑕不掩瑜不掩瑕，忠也。○郝懿行曰：瑕者王之病也適者善也凡物調適謂之適得意便安亦謂之適皆善之意故廣韻云適善也管子水地篇說玉九德大意與此略同此句作瑕適皆見精也精亦情耳古精情二字多通用王念孫曰適讀爲謫經傳通以適爲謫謫亦瑕也老子曰善言無瑕謫是也管子水地篇瑕適皆見精也精與情同說見管子尹知章曰瑕適玉病也呂氏春秋舉難篇寸之玉必有瑕適說苑曰玉有瑕必見之於外故君子比情焉此言瑕適而說苑但言瑕是適卽瑕也情之言誠也玉不自掩其瑕適故曰情春秋繁露仁義法篇云自稱其惡謂之情義與此同楊讀適爲調適之適失之扣之其聲清揚而遠聞其止輟然辭也扣與叩同似有辭辨言發言則人樂聽之言畢更無繁辭也禮記作叩之其聲清越以長其終詘然樂也故雖有珉之雕雕不若玉之章章雕雕謂雕飾文采也章章素質明著也○郝懿行曰雕雕章章皆文采宣著之貌語意猶云星之昭昭不如月之明明也詩曰言念君子溫其如玉此之謂也詩秦風小戎之篇引之喻君子比德

曾子曰同游而不見愛者吾必不仁也仁者必能使人愛交而不見敬者吾必不長也不長厚故爲人所輕○郝懿行曰長謂敬長非謂不長厚也楊注失之俞樾曰不長者無所長

也子道篇色知而有能者小人也韓詩外傳能作長是不長猶不能也吾無所能宜其不見敬矣臨財而不見信者。吾必不信也。廉潔不聞於人○郝懿行曰臨財之信如鮑叔之與管仲三者在身。曷怨人。當反諸己怨人者窮。怨天者無識。無識不知天命也失之己而反諸人。豈不亦迂哉。

南郭惠子問於子貢曰。夫子之門何其雜也。南郭惠子未詳其姓名蓋居南郭因以爲號莊子有南郭子綦夫子孔子也雜謂賢不肖相雜而至○盧文弨曰尚書大傳略說作東郭子思說苑雜言篇作東郭子惠子貢曰。君子正身以俟。欲來者不距。欲去者不止。且夫良醫之門多病人。檃栝之側多枉木。是以雜也。○郝懿行曰尚書大傳略說及說苑雜言篇並有砥厲之旁多頑鈍句

孔子曰。君子有三恕。○顧千里曰盧文弨刻本無孔子曰三字與世德堂刻本合與宋本不合疑非也先謙案謝本從盧校無孔子曰三字今依顧說從宋本增有君不能事。有臣而求其使。非恕

也。有親不能報，有子而求其孝，非恕也。報，孝養也。詩曰：「欲報之德。」有兄不能敬，有弟而求其聽令，非恕也。士明於此三恕，則可以端身矣。

孔子曰：君子有三思，而不可不思也。少而不學，長無能也；老而不教，死無思也；無門人思其德。有而不施，窮無與也。窮乏之時，無所往託。是故君子少思長則學，老思死則教，有思窮則施也。

哀公篇第三十一

魯哀公問於孔子曰：吾欲論吾國之士，與之治國，敢問何如取之邪。盧文弨曰：舊本脫取字，今據大戴禮哀公問五義、家語五儀解增。孔子對曰：生今之世，志古之道；居今之俗，服古之服；志，記識也。服古之服，猶若夫子服逢掖之衣、章甫之冠也。舍此而爲非者，不亦鮮乎。舍，去。此謂古也。哀公曰：然則夫章甫、絇屨、紳而搢笏者，此賢乎。章甫，殷冠。王肅云：「絇謂屨頭有拘飾也。」鄭康成云：「絇之言拘也，以爲行戒，狀如刀衣鼻，在屨頭。」紳，大帶也搢笏於紳者也○王念孫曰大戴記哀公問五義篇家語五儀篇紳下有帶字賢上有皆字竝於義爲長俞樾曰此當作比說文白部皆俱詞也從比從白徐鍇繫傳曰比皆也是比有皆義比賢乎猶言皆賢乎大戴禮保傅篇於是比選天下端士漢書賈誼傳比作皆是其證矣此文亦見大戴記哀公問五義篇作此皆賢乎蓋比誤爲此後人又增皆字耳孔子對曰：不必然。夫端衣玄裳，絻而乘路者，志不在於食葷；端衣玄裳即朝玄端也絻與冕同鄭云端者取其正也士之衣袂皆二尺二寸而廣幅是廣袤等也其袪尺二寸大夫以上侈之侈之者蓋半而益一焉則袂三尺三寸袪尺八寸路王者之車亦車之通名舍人注爾雅云輅車之大者葷葱薤之屬也○先謙案端衣玄裳絻而乘路所以祭也故志不在於食葷此下文黼衣黻裳者不茹葷資衰苴杖者不聽樂二喻正同斬衰菅屨，杖而啜粥者，志不在於酒肉。儀禮喪服曰斬者何不緝也衰長六尺博四寸三升布爲之鄭注喪服云上曰衰下曰裳當心前有衰後有負板左右有辟領孝子哀戚無不在也菅菲也此言服被於外亦所以制其心也生今之世，志古之道；居今之俗，服古之服；舍此而爲非者，雖有，不亦鮮乎。哀公曰：善。

孔子曰：人有五儀。言人之賢愚觀其儀法有五也。○郝懿行曰：儀者匹也，匹者猶儔類也。大戴記哀公問五義，卽五儀也。古儀字正作義，楊注儀法非是。先謙案：儀猶等也，說見王制篇。有庸人，有士，有君子，有賢人，有大聖。哀公曰：敢問何如斯可謂庸人矣？孔子對曰：所謂庸人者，口不能道善言，心不知色色；色色謂以己色觀彼之色知其好惡也。論語曰：色斯舉矣。○盧文弨曰：大戴禮作志不邑邑。郝懿行曰：色當爲邑字形之誤，大戴記作志不邑邑，楊注甚謬。邑邑與悒悒同，悒悒憂逆短氣貌也。曾子立事篇云：終身守此悒悒。不知選賢人善士託其身焉以爲己憂；不知詰賢，但自憂而已。○俞樾曰：此十五字爲一句。廣雅釋詁：爲，瘉也。爲有瘉義，故左傳有疾不可爲之文。爲己憂者，瘉己憂也。得賢人善士以託其身，則可瘉己之憂，而庸人不知也，故曰不知選賢人善士託其身焉以爲己憂。楊注失其義。勤行不知所務，止交不知所定；交謂接待於物。皆言不能辨是非，倀失據也。○盧文弨曰：止交，大戴禮、韓詩外傳四皆作止立。郝懿行曰：大戴記勤作動，交作立，韓詩外傳四同。動行與止立對，疑此皆形誤。王引之曰：作止立者是，止交二字文不成義，楊注非也。勤行亦當依大戴作動行，皆字之誤也。外傳作動作。日選擇於物，不知所貴。不知可貴重者從物如流。不知所歸。爲外物所誘蕩而不返也。郝懿行曰如大戴記韓詩外傳俱作而而如古通用五鑿。爲正。心從而壞。如此。則可謂庸人矣。鑿竅也五鑿謂耳目鼻口及心之竅也言五鑿雖似於正而其心已從外物所誘而壞矣是庸愚之人也一曰五鑿五情也莊子曰六鑿相攘司馬彪曰六情相攘奪韓詩外傳作五藏爲正也。盧文弨曰大戴禮作五鑿爲政此正字義當與政同古通用注似非郝懿行曰楊注五鑿五情是也莊子六鑿相攘謂六情可證王念孫曰楊後說以五鑿爲五情頗勝前說哀公曰。善。敢問何如斯可謂士矣。孔子對曰。所謂士者。雖不能盡道術。必有率也。雖不能偏美善。必有處也。率循也雖不能盡偏必循處其一隅言有所執守也。郝懿行曰美善義同而有淺深大戴記作雖不能盡善盡美韓詩外傳一作雖不能盡平美著家語五儀解作備百善之美三書皆本此而各異韓詩外傳此下多有缺略是故知不務多。務審其所知。論語曰子路有聞未之能行唯恐有聞言不務多。務審其所謂。止於辨明事而已矣。郝懿行曰謂猶言也審其所當言則言不謬妄注非行不務多。務審其所由。由從也謂不從不正之道。郝懿行曰由道也道行也謂務審其所當由行不差忒也注亦非故知既已知之矣，言既已謂之矣，行既已由之矣，則若性命肌膚之不可易也。言固守所見如愛其性命肌膚之不可以他物移易者也故富貴不足以益也，卑賤不足以損也。皆謂志不可奪如此則可謂士矣。士者修立之稱一曰士事也言其善於任事可以入官也哀公曰：善！敢問何如斯可謂之君子矣？孔子對曰：所謂君子者，言忠信而心不德，不自以為有德仁義在身而色不伐，思慮明通而辭不爭，故猶然如將可及者，君子也。猶然舒遲之貌所謂瞻之在前忽然在後家語作油然王肅曰不進貌也○郝懿行曰猶然即油然家語作油是也孟子油油然與之偕言無以異於凡人也注失之哀公曰：善！敢問何如斯可謂賢人矣？孔子對曰：所謂賢人者，行中規繩而不傷於本，言足法於天下而不傷於身。本亦身也言雖廣大而不傷其身也所謂言滿天下無口過行滿天下無怨惡 郝懿行曰楊注非是本猶質也謂性之本質如木之有根榦此言行中規矩準繩然皆闇與理會不假斲削而喪失其本真所謂漸近自然也富有天下而無怨財。富有天下謂王者之佐也怨讀爲蘊言雖富有天下而無蘊畜私財也家語作無宛禮記曰事大積焉而不苑古蘊苑通此因誤爲怨字耳布施天下。而不病貧。言廣施德澤子惠困窮使家給人足而上不憂貧乏之所謂百姓與足君孰不足○盧文弨曰注末二句與富國篇同宋本乃從今論語本當出後人所改郝懿行曰楊注得之而義猶未盡怨宛皆從夗聲此同聲假借也音轉而爲苑又轉而爲蘊此雙聲假借也不知假借之義故謂爲字誤耳考工記云眡其鑽空欲其惌也隌陔鄭司農注惌讀爲宛彼北林之宛鬱此卽怨宛相借之例也韓詩外傳二子路與巫馬期薪於韞巳之下韞巳卽宛巳此卽苑蘊相借之例也蘊與韞音義同大戴記作躳爲匹夫而願富句貴爲諸侯而無財義與此別如此則可謂賢人矣。賢者亞聖之名說文云賢多才哀公曰。善。敢問何如斯可謂大聖矣。孔子對曰。所謂大聖者。知通乎大道。應變而不窮。辨乎萬物之情性者也。辨別萬物之情性也大道者所以變化遂成萬物也。情性者。所以理然不取舍也。辨情性乃能理是非之取舍而不惑○先謙案然不猶然否與取舍對文注中之字衍是故其事大辨乎天地。其事謂聖人所理化之事言辨別萬事如天地之別萬物各使區分○郝懿行曰辨與辯同辯者治辯也辯與平古字通荀書多假辨爲辯耳此上言辨乎萬物之情性義亦同似不宜訓辨別王念孫曰辨讀爲徧言其事大則徧乎天地明則察乎日月也與上辨乎萬物之情性不同楊以辨爲辨別則與大字義不相屬矣徧辨古字通說見日知錄俞樾曰大字絕句是故其事大與上文大道者相應下明字衍文辨乎天地察乎日月二語相對說詳羣經平議大戴記

明察乎日月。聖人之明察如日月

總要萬物於風雨。總要猶統領也風以動之雨以潤之言統領萬物如風雨之生成也

繆繆肫肫。其事不可循。繆當爲膠相加之貌莊子云膠膠擾擾肫與諄同雜亂之貌爾雅云諄諄亂也言聖人治萬物錯雜膠膠諄諄然而衆人不能循其事諄之句反○郝懿行曰大戴記作穆穆純純其莫之能循穆穆和而美也純純精而密也穆繆古字通純肫聲相借耳注竝失之

若天之嗣。其事不可識。嗣繼也言聖人如天之繼嗣衆人不能識其意○郝懿行曰嗣者續也言如天之純穆氣化緜緜相續而不可測識也大戴記作若天之司莫之能識司與嗣職與識蓋亦聲借字耳其義則司職皆訓主也王念孫曰嗣讀爲司鄭風羔裘傳曰司主也言若天之主司萬化其事不可得而知也司嗣古字通大戴記正作若天之司[illegible][illegible][illegible][illegible][illegible][illegible][illegible][illegible]楊注失之

百姓淺然不識其鄰。鄰近也百姓淺見不能識其所近況能識其深乎所謂日用而

不知者也○盧文弨曰淺然大戴作淡然郝懿行曰淺然當依大戴記作淡然此言百姓不識不知謂帝力於我何有耳若此則可謂大聖矣。哀公曰善。

魯哀公問舜冠於孔子。孔子不對。哀公不問舜德徒問其冠故不對也三問不對。哀公曰。寡人問舜冠於子。何以不言也。孔子對曰。古之王者。有務而拘領者矣。其政好生而惡殺焉。務讀爲冒拘與句同曲領也言雖冠衣拙朴而行仁政也尚書大傳曰古之人衣上有冒而句領者鄭康成注云言在德不在服也古之人三皇時也冒覆項也句領繞頸也禮正服方領也○郝懿行曰尚書大傳作冒而句領古讀冒務音同拘讀若句鉤故其字通鄭注冒覆項也句領繞頸也按句者曲也韓詩外傳三云舜麗衣而褻領褻之訓爲曲郤此句領矣是以鳳在列樹。麟在郊野。烏鵲之巢。可俯而窺也。君不此問而問舜冠。所以不對也。

魯哀公問於孔子曰。寡人生於深宮之中。長於婦人之手。寡人未嘗知哀也。未嘗知憂也。未嘗知勞也。未嘗知懼也。未嘗知危也。孔子曰：君之所問，聖君之問也，丘小人也，何足以知之？美大其問故謙不敢對也曰：非吾子無所聞之也。孔子曰：君入廟門而右，登自胙階，仰視榱棟，俛見几筵，其器存，其人亡，君以此思哀，則哀將焉而不至矣？謂祭祀時也胙與阼同榱亦椽也哀將焉不至言必至也○盧文弨曰正文將焉下元刻有而字下四句並同而當訓為能若以為衍不應五句皆誤楊注王霸篇云而為皆語助也又晉策管燕謂其左右曰子孰而與我赴諸侯乎鮑彪注而辭也以而字作語辭亦可然訓能語更順高誘注呂氏春秋去私篇南陽無令其誰可而為之又注士容篇柔而堅虛而實皆訓而為能其注淮南也亦然易屯彖宜建侯而不寧釋文而辭也鄭讀而為能然則此焉而正當讀為焉能不可易矣王念孫曰盧說是也文選王文憲集序注引此有而字其引此無而字者皆後人不知古訓而刪之也古書多以而為能詳見淮南人間篇君昧爽而櫛冠，昧闇爽明也謂初曉尚暗之時平明而聽朝，一物不應，亂之端也，君以此思憂，則憂將焉而不至矣？君平明而聽朝，日昃而退，諸侯之子孫必有在君之末庭者，君以此思勞，則勞將馬而不至矣諸侯之子孫謂奔亡至魯而仕者自平明至日昃在末庭而脩臣禮君若思其勞則勞可知也以喩哀公亦諸侯之子孫不戒慎脩德亦將有此奔亡之勞也君出魯之四門以望魯四郊亡國之虛則必有數蓋焉虛讀爲墟有數蓋焉猶言蓋有數焉倒言之耳新序作亡國之虛列必有數矣○盧文弨曰數蓋猶言數區也魯有少皡氏之虛大庭氏之庫也郝懿行曰虛墟古今字新序四作虛列此虛則卽虛列之譌蓋者苫也言故虛羅列其閒必有聚廬而居者焉觀此易興亡國之感君以此思懼則懼將焉而不至矣且丘聞之君者舟也庶人者水也水則載舟水則覆舟君以此思危則危將焉而不至矣

魯哀公問於孔子曰紳委章甫有益於仁乎紳大帶也委委貌周之冠也章甫殷冠也鄭注儀禮云委安也所以安正容貌章表明也殷質言所以表明丈夫也孔子蹴然曰君號然也莊子音義崔譔云蹴然變色貌號讀爲胡聲相近字遂誤耳家語作君胡然也資衰苴杖者不聽樂非耳不能聞也服使然也資與齊同苴杖竹也苴謂蒼白色自死之竹也黼衣黻裳者不

茹葷非口不能味也，服使然也。黼衣黻裳，祭服也。白與黑爲黼，黑與青爲黻。禮祭致齊不茹葷。非不能味，謂非不能知味也。鄭注周禮司服云：玄冕者衣無文，裳刺黻而已。且臣聞之，好肆不守折，長者不爲市。竊其有益與其無益，君其知之矣。」好，喜也。言喜於市肆之人不使所守貨財折耗，而長者亦不能爲此市井盜竊之事。長者不爲市而販者，不爲非。家語王肅注云：「言市肆弗能爲廉，好肆則不折也。人爲市估之行則不守折，人爲長者之行則亦不爲市買之事。」竊，宜爲察，察其有益與其無益。以竊字屬下句。

魯哀公問於孔子曰：「請問取人。」問取人之術也。孔子對曰：「無取健，健羨之人。無取詌，未詳。家語作無取鉗，王肅云：謂妄對不謹誠者。或曰捷給鉗人之口者。○盧文弨曰：案家語五儀解作無取鉗，鉗下作無取啍啍。無取口啍。啍與諄同。方言云：齊魯凡相疾惡謂之諄憎。諄，之閏反。王肅云：啍啍，多言。或曰：詩云誨爾諄諄，口諄謂口教誨，心無誠實者。諄，之倫反。○盧文弨曰：注末舊作諄諄倫也，訛，今訂正。郝懿行曰：詌蓋譀字，說苑尊賢篇作拑是也。拑訓脅持，家語五儀解作鉗，亦假借字耳。口啍，家語作啍啍，王肅注多言也。韓詩外傳四詌作佞，口啍作口讒，恐亦譀字。當作口鑱，鑱者，銳也。今說苑正作銳，是矣。楊注引作口敘，敘、銳蓋以音近故譌耳。其引說苑無取拑下脫去數字，遂不

可讀

健、貪也。詘、亂也。口、啍誕也。健羨之人多貪欲詘忌之人多悖亂讒疾之人多妄誕說苑曰哀公問於孔子曰人何若爲可取也孔子曰無取拑捷者必兼人不可爲法也口叡者多誕而寡信後恐不驗也韓詩外傳云無取健無取佞無取口讒健驕也佞諂也口讒誕也皆大同小異也○盧文弨曰口叡今說苑尊賢篇作口銳郝懿行曰健無貪義不知何字之譌楊注甚謬韓詩外傳作健驕也說苑健者必欲兼人不可以爲法以此參證可知作貪必譌字矣拑者利口捷給變亂是非故云亂也誕者誇大故說苑云口銳者多誕而寡信後恐不驗也

故弓調而後求勁焉。馬服而後求良焉。士信愨而後求知能焉。士不信愨而有多知能、譬之其豺狼也。不可以身尒也。有讀爲又尒與邇同

語曰。桓公用其賊。文公用其盜。謂管仲寺人勃鞮也盜亦賊也以喻士信愨則仇讎可用不信愨則親戚可疏

故明主任計不信。怒闇主信怒不任計。信亦任也○郝懿行曰此蒙桓公用賊文公用盜而言賊謂管仲盜謂里鳧須故云任計不信怒也信古以爲伸字不讀本音新序雜事五信作任

計勝怒則彊。怒勝計則亡。

定公問於顏淵曰。東野子之善馭乎。東野氏也馭與御同○盧文弨曰案家語顏回篇作

子亦聞東野畢之善御乎此脫子亦聞三字又子之當作之子王念孫曰東野子亦當作東野畢下文皆作東野畢是其證韓詩外傳作善哉東野畢之御也新序雜事篇同先謙案善馭當爲馭善倒文注氏各本誤民從虞王本改正顏淵對曰：「善則善矣。雖然，其馬將失。」失讀爲逸奔也下同家語作馬將佚也定公不悅，入謂左右曰：「君子固讒人乎。」三日而校來謁曰：「東野畢之馬失。校人掌養馬之官也兩驂列，兩服入廄。」兩服馬在中兩驂兩服之外馬列與裂同謂外馬擘裂中馬牽引而入廄○俞樾曰楊注以七字作一句非也兩驂裂者兩驂斷鞅而去也兩驂在外故得自絕而去於是止存兩服馬還入廄中矣故曰兩驂列句兩服入廄定公越席而起曰：「趨駕召顏淵。」顏淵至，趨讀爲促速也定公曰：「前日寡人問吾子，吾子曰：『東野畢之馭，善則善矣。雖然，其馬將失。』不識吾子何以知之？」顏淵對曰：「臣以政知之。昔舜巧於使民，而造父巧於使馬。舜不窮其民，造父不窮其馬，是舜無失民，造父無失馬也。○盧文弨曰新序家語是下皆有以字王念孫曰案太平御覽工藝部三引此亦有以字韓詩外傳同當據補今東野畢之馭。上車執轡。銜體正矣。步驟馳騁。朝禮畢矣。銜體銜與馬體也步驟馳騁朝禮畢矣謂調習其馬或步驟馳騁盡朝廷之禮也○郝懿行曰楊注非此讀宜斷體正禮畢相屬上句言馭之習下句言馬之習也朝與調古字通毛詩言調飢卽朝飢此言馬之馳驟皆調習也歷險致遠。馬力盡矣。然猶求馬不已。是以知之也。定公曰。善。可得少進乎。定公更請少進其說顏淵對曰。臣聞之。鳥窮則啄。獸窮則攫。人窮則詐。自古及今。未有窮其下而能無危者也。

堯問篇第三十二○盧文弨曰舊本唯末一段提行今各案其文義分之

堯問於舜曰。我欲致天下。爲之奈何。恐天下未歸故欲致而取之也對曰。執一無失。行微無怠。忠信無勌。而天下自來。執一專意也行微行細微之事也言精專不怠而天下自歸不必致也○郝懿行曰微者隱也勸學篇云行無隱而不形隱微人所不見而行之無怠心下云行微如日月蓋日月之行人之所不見也執一如天地。如天地無變易時也行微如日月。日月之行人所不見似於細微安徐然而無怠止之時也○盧文弨曰元刻作安徐而出無然字忠誠盛於內，賁於外。形於四海。賁飾也形見也禮記曰富潤屋德潤身心廣體胖故君子必誠其意也○郝懿行曰賁當音符分切義與墳同墳者大也盛於內則大於外而形箸於四海矣天。下。其。在。一。隅。邪夫有何足致也。夫物在一隅者則可舉而致之今有道天下盡歸不在於一隅焉用致也有讀爲又

魏武侯謀事而當。羣臣莫能逮。退朝而有喜色。武侯晉大夫畢萬之後文侯之子也吳起進曰。亦嘗有以楚莊王之語聞於左右者乎。武侯曰。楚莊王之語何如。吳起對曰。楚莊王謀事而當。羣臣莫逮。退朝而有憂色。申公巫臣進問曰。王朝而有憂色。何也。巫臣楚申邑大夫也莊王曰不穀謀事而當。羣臣莫能逮。是以憂也。其在中蘬之言也。中蘬與仲虺同湯左相也○郝懿行曰蘬音巨追切此讀詡鬼切卽仲虺也如蘬字從鬼聲而音爲潰韓非說林下篇蟲有蚘者顏氏家訓勉學篇據古今字詁謂蚘亦古之虺字卽其例也曰諸侯、自、爲得師者王。得、友者霸。

得疑者存，自爲謀而莫己若者亡。疑謂博聞達識可決疑惑者○郝懿行曰韓詩外傳六作能自取師者王能自取友者霸而與居不若其身者亡新序一作足己而羣臣莫之若者亡取師取友皆作擇而俱無得疑者存一句疑卽師保疑丞之疑疑謂可以決疑者也今書仲虺之誥亦缺此句可知梅氏無識不知此句不可缺也今以不穀之不肖，而羣臣莫吾逮，吾國幾於亡乎！是以憂也。」楚莊王以憂，而君以憙。」武侯逡巡再拜曰：「天使夫子振寡人之過也。」振舉○王念孫曰振救也說文振舉救也月令哀公問注昭十四年左傳注周語魯語吳語注呂氏春秋季春篇高注淮南時則篇注竝云振救也史記蒙恬傳曰過可振而諫可覺故曰振寡人之過楊注舉於義未該

伯禽將歸於魯，伯禽周公子成王封爲魯侯將歸謂初之國也周公謂伯禽之傅曰：「汝將行，盍志而子美德乎？」將行何不志記汝所傅之子美德以言我對曰：「其爲人寬，好自用，以慎。寬寬弘也自用好自務亦用也慎謹密也○先謙案好自用者蓋遇事以身先人故其傳以爲美德而周公以爲爭楊云好自務其用語未晰此三者，其美德已。」周公曰：「嗚呼！以人惡爲美

德乎。君子好以道德，故其民歸道。君子好以道德教人故其民歸道者衆非謂寬弘也彼其寬也。出無辨矣。女又美之。彼伯禽既無道德但務寬容此乃出於善惡無別汝何以爲美也孔子曰寬則得衆亦謂人愛悅歸之也彼其好自用也，是所以窶小也。窶無禮也彼伯禽好自用而不諮詢是乃無禮驕人而器局小也書曰自用則小尚書大傳曰是其好自用也以斂益之也○郝懿行曰窶者貧也窶之爲言局也釋名云窶數猶局縮皆小意也楊惲傳謂窶數不容鼠穴其爲局小可知滑稽傳云甌窶滿篝甌窶亦狹小之言耳王念孫曰楊分窶小爲二義非也窶亦小也言其好自用是其器局之所以窶小也韓子詭使篇惇愨純信用心一者則謂之窶言世人皆尚詐僞故見惇愨純信用心專一者則謂之窶小也釋名曰窶數猶局縮皆小意也漢書東方朔傳迺覆樹上寄生令朔射之朔曰是窶數也師古曰窶數戴器也以盆盛物戴於頭者則以窶數薦之寄生者芝菌之類淋潦之日著樹而生形有周圓象窶數者故朔云著樹爲寄生盆下爲窶數案物在盆下謂之窶數亦局縮之意也蔡邕短人賦劣厥僂窶亦是短小之意詩傳以窶爲無禮謂貧者不能備禮非謂無禮驕人也君子力如牛，不與牛爭力；走如馬，不與馬爭走；知如士，不與士爭知。士謂臣下掌事者不爭言委任彼爭者，均者之氣也，女又美之。好自用則必不委任而與之爭事爭事乃均敵者尚氣之事非大君之量也彼其慎也，是其所以淺也。彼伯禽之慎密不廣接士，適所以自使知識淺近也。聞之曰：無越踰不見士。周公聞之古也。越踰謂過一日也。○盧文弨曰：日，宋本作曰。注「過一日」語疑有誤。觀下所云，則士皆有等，勿因下士與己踰等而不見也。周公於下士厚爲之貌，故人人皆以爲越踰，則越踰者過士所應得之分云耳。俞樾曰：楊注「周公聞之古也」，「越踰謂過一日也」，然則荀子原文當作「聞之無越日不見士」，楊注原文當作「越日謂過一日也」。今衍「踰」字者，涉下文楊注有「越踰」字而誤衍也。既衍「踰」字，則「越踰日」之文甚爲不辭，乃以「日」字爲「曰」字之誤，而移置「聞之」二字之下，遂成今本之誤。盧校云宋本曰作日，此則其舊迹之猶未盡泯者也。見士問曰：無乃不察乎？懼其壅蔽，故問無乃有不察之事乎。不聞即物少至，少至則淺。物，事也。不見士則無所聞，無所聞則所知之事亦少，少則意自淺矣。聞或爲問也。○王念孫曰：聞即問字也，說見經義述聞旅豫傳及王鳳傳。言不問則所知之事少也。「問」字正承上文「見士問曰」而言。彼淺者，賤人之道也。女又美之！吾語女：我，文王之爲子，爲文王之子也。武王之爲弟，成王之爲叔父。周公先成王薨，未宜知成王之謚。此云成王，乃後人所加耳。吾於天下不賤矣，然而吾所執贄而見者十人，周公自執贄而見者十人。禮見其所尊敬者雖君亦執贄故哀公執贄請見周豐鄭注尚書大傳云十人公卿之中也三十人羣大夫之中也百人羣士之中也○盧文弨曰羣大夫羣士舊本互易誤今大傳本亦訛**還贄而相見者三十人**○禮臣見君則不還贄敵者不敢當則還之禮尚往來也士相見禮曰主人復見之以其贄曰嚮者吾子辱使某見請還贄於將命者鄭康成云贄者所執以至也君子見於所尊敬必執贄以將其厚意也**貌執之士者百有餘人**○執猶待也以禮貌接待之士百餘人也○先謙案文義不當有者字此緣上下文者字而誤衍**欲言而請畢事者千有餘人**○謂卑賤之士恐其言之不盡周公先請其畢辭也說苑曰周公踐天子之位七年布衣之士所執贄而師見者十人所見者十二人窮巷白屋所先見者四十九人時進善者百人教士千人朝者萬人也○盧文弨曰注衍十人所見者五字說苑敬慎篇無**於是吾僅得三士焉**○**以正吾身**○**以定天下**○於是千百人之中僅乃得三士正身治國**吾**○**所以得三士者**○**亡於十人與三十人中**○**乃在百人與千人之中**○十人與三十人雖尊敬猶未得賢至百人千人然後乃得三人以明接士不廣無由得賢也**故上士吾薄爲之貌**○**下士吾厚爲之貌**○上士中誠重之故可薄爲之貌下士既無執贄之禮懼失賢士

之心故厚爲之貌尤加謹敬也人人皆以我爲越踰好。士然故士至。人不知則以爲越踰然士亦以禮貌之故而至也。俞樾曰踰字亦衍文也人人皆以我爲越好士者越之言過也人人皆以我爲過於好士也然故士至者然故卽是故也說見王氏經傳釋詞大略篇曰然故民不困財亦以然故連文是其證也楊不達然故之義故爲抑揚其辭至越踰連文則以踰字釋越字注家往往有此例非以正文有踰字也而正文踰字之衍卽因此矣士至而後見物物事也見物。然後知其是非之所在。戒之哉。女。以。魯國。驕人。幾矣。幾危也周公言我以天下之貴猶不敢驕士汝今以魯國之小而遂驕人危矣夫仰祿之士。猶可驕也。仰魚亮反正身之士。不可驕也。彼正身之士。舍貴而爲賤。舍富而爲貧。舍佚而爲勞。顏色黎黑。而不失其所。黎讀爲棃謂面如凍棃之色也是以天下之紀不息。文章不廢也。賴守道之士不苟徇人故得綱紀文章常存也。盧文弨曰尚書大傳作是以文不滅而章不敗也語曰。縉巨之封人。縉與鄫同鄫巨故國封人掌疆界者漢書地理志縉縣屬東海也。郝懿行曰縉卽鄫鄫國妫姓，在東海。漢志繒縣屬東海郡，是也。繒臣，封人。列子說符篇作狐丘丈人，韓詩外傳七及淮南道應訓並與說符同，孫叔敖曰：「吾爵益高，吾志益下；吾官益大，吾心益小；吾祿益厚，吾施益博；以是免於三怨，可乎？」與此大意雖同而文字異，此當別有依據。發若倘語日知必述咸文

見楚相孫叔敖曰：吾聞之也：處官久者士妒之，祿厚者民怨之，位尊者君恨之。今相國有此三者，而不得罪楚之士民，何也？孫叔敖曰：吾三相楚而心瘉卑，每益祿而施瘉博，位滋尊而禮瘉恭，○盧文弨曰：瘉與愈同，元刻即作愈。是以不得罪於楚之士民也。

子貢問於孔子曰：賜為人下而未知也。下，謙下也。子貢問欲為人下，未知其益也。孔子曰：為人下者乎？其猶土也。深扣之而得甘泉焉，扣，掘也。故沒反。樹之而五穀蕃焉，草木殖焉，禽獸育焉，生則立焉，死則入焉，多其功而不息。○劉台拱曰：不息，韓詩外傳、春秋繁露山川頌、說苑臣術篇並作不言。王引之曰：言與息形聲皆不相近，若本是言字，無緣誤為息。息當為悳。悳，古德字。繫辭傳曰「有功而不德」是也。韓詩外傳、春秋繁露、說苑作不言，意與不德同。俗書悳

字作悳形與息相似而誤大戴禮公冠篇靡不蒙悳今本誤作靡不息是其證也家語困誓篇作多其功而不意王肅曰功雖多而無所意也兩意字亦悳字之誤家語本於荀子則荀子之本作悳悳明矣太平御覽地部二正引作多其功而不德

爲人下者其猶土也。

昔虞不用宮之奇而晉并之。萊不用子馬而齊并之。宮之奇虞賢臣諫不從以其族行子馬未詳其姓名左氏傳曰襄二年齊侯伐萊萊人使正輿子賂夙沙衛以索馬牛皆百匹又六年齊侯伐萊萊人使王湫帥師及正輿子軍齊師齊師大敗之遂滅萊或曰正輿子字子馬其不用未聞說苑諸御己諫楚莊王曰曹不用僖負羈而宋并之萊不用子猛而齊并之據年代齊滅萊在楚莊王後未詳諸御己之諫也。盧文弨曰諸御己舊本譌作諸卿己今據說苑正諫篇改正郝懿行曰說苑正諫篇子馬作子猛猛馬雙聲疑即一人而據說苑此人年代在前楊注云云是也或說以左傳閔子馬據世族譜閔子馬即閔馬父係魯雜人豈萊不用而去之魯邪然此子馬見昭十八年傳上距襄六年齊人滅萊之歲四十餘年矣世代在後差遠又非萊人無庸牽合

紂刳王子比干而武王得之不親賢用知故身死國亡也。

爲說者曰：孫卿不及孔子。是不然。孫卿迫於亂世，鰌於嚴刑，上無賢主，下遇暴秦，禮義不行，教化不成，仁者絀約，天下冥冥，行全刺之，諸侯大傾。當是時也，知者不得慮，能者不得治，賢者不得使。故君上蔽而無覩，賢人距而不受。然則孫卿懷將聖之心，○盧文弨曰：懷將聖，宋本作將懷聖，誤，今訂正。蒙佯狂之色，視天下以愚。詩曰：既明且哲，以保其身。此之謂也。是其所以名聲不白，徒與不衆，光輝不博也。今之學者，得孫卿之遺言餘教，足以爲天下法式表儀。所存者神，所過者化。○盧文弨曰：所過，宋本作所遇，誤。古音存神一韻，過化一韻，此句中之韻也。觀其善行，孔子弗過。世不詳察，云非聖人，奈何！天下不治，孫卿不遇時也。德若堯禹，世少知之；方術不用，爲人所疑；其知至明，循道正行，足以爲紀綱。○盧文弨曰：紀綱舊本誤倒，與上下韻不協。嗚呼賢哉！宜爲帝王。

天地不知善。桀紂殺賢良。比干剖心。孔子拘匡。接輿避世。箕子佯狂。田常爲亂。闔閭擅强。爲惡得福。善者有殃。今爲說者。又不察其實。乃信其名。時世不同。譽何由生。不得爲政。功安能成。志修德厚。孰謂不賢乎。自爲說者已下荀卿弟子之辭

荀卿新書三十二篇○盧文弨曰案宋本新書下有十二卷三字或疑是二十卷皆非也但作三十二篇爲是今本漢書藝文志作三十三篇誤也

勸學篇第一

脩身篇第二

不苟篇第三

榮辱篇第四

非相篇第五

哀公篇第二十八

大略篇第二十九

堯問篇第三十

君子篇第三十一

賦篇第三十二

護左都水使者光祿大夫臣向言所校讎中孫卿書凡三百二十二篇以相校除復重二百九十篇定著三十二篇皆以定殺青簡書可繕寫孫卿趙人名況方齊宣王威王之時。盧文弨曰案史記威王在宣王之前風俗通窮通篇作齊威宣王之時是也聚天下賢士於稷下尊寵之若鄒衍田駢淳于髡之屬甚眾號曰列大夫皆世所稱咸作書刺世是時孫卿有秀才年五十始來游學。盧文弨曰案史記亦作年五十誤當從風俗通作年十五鼂公武讀書志所引亦同諸子之事皆以爲非先王之法也孫卿善爲詩禮易春秋至齊襄王時孫卿最爲老師齊尚脩列大夫之缺而孫卿三爲祭酒焉齊人或讒孫卿孫卿○盧文弨曰宋本不重今據史記補乃適楚楚相春申君以爲蘭陵令人或謂春申君曰湯以七十里文王以百里孫卿賢者也今與之百里地楚其危乎春申君謝之孫卿去之趙後客或謂春申君曰伊尹去夏入殷殷王而夏亡管仲去魯入齊魯弱而齊强故賢者所在君尊國安今孫卿天下賢人所去之國其不安乎春申君使人聘孫卿○盧文弨曰案楚策四韓詩外傳四聘俱作請孫卿遺春申君書刺楚國因爲歌賦以遺春申君春申君恨復固謝孫卿孫卿乃行復爲蘭陵令春申君死而孫卿廢因家蘭陵李斯嘗爲弟子已而相秦○盧文弨曰宋本脫己字今據史記補

及韓非號韓子又浮丘伯皆受業爲名儒孫卿之應聘於諸侯見秦昭王昭王方喜戰伐而孫卿以三王之法說之及秦相應侯皆不能用也至趙與孫臏議兵趙孝成王前孫臏爲變詐之兵孫卿以王兵難之不能對也卒不能用孫卿道守禮義行應繩墨安貧賤孟子者亦大儒以人之性善孫卿後孟子百餘年孫卿以爲人性惡故作性惡一篇以非孟子蘇秦張儀以邪道說諸侯以大貴顯孫卿退而笑之曰夫不以其道進者必不以其道亡至漢興江都相董仲舒亦大儒作書美孫卿○盧文弨曰至漢興以下十七字似不當在此應在下文蓋以法孫卿也句下孫卿卒不用於世老於蘭陵疾濁世之政亡國亂君相屬不遂大道而營乎巫祝信禨祥鄙儒小拘如莊周等又滑稽亂俗○盧文弨曰宋本無亂俗二字從史記增於是推儒墨道

德之行事興壞序列箸數萬言而卒葬蘭陵而趙亦有公孫龍爲堅白同異之辭處子之言○盧文弨曰案史記作劇子之言徐廣曰應劭氏姓注云處子魏有李悝盡地力之教楚有尸子長盧子芋子皆箸書○盧文弨曰案宋本盧作廬古可通用今從史記取易曉耳史記芋子作吁子索隱曰吁音芋別錄作芋子今吁亦如字也又案漢書藝文志有芋子十八篇云名嬰齊人師古云芋音弭與此又不同然非先王之法也皆不循孔氏之術惟孟軻孫卿爲能尊仲尼蘭陵多善爲學蓋以孫卿也長老至今稱之曰蘭陵人喜字爲卿蓋以法孫卿也孟子孫卿董先生皆小五伯以爲仲尼之門五尺童子皆羞稱五伯如人君能用孫卿庶幾於王然世終莫能用而六國之君殘滅秦國大亂卒以亡觀孫卿之書其陳王道甚易行疾世莫能用其言悽愴甚可痛也嗚呼使斯人卒終於閭巷而功業不得見於世哀哉

可爲霣涕其書比於記傳可以爲法謹第錄臣向昧死上言

護左都水使者光祿大夫臣向言所校讎中孫卿書錄

將仕郎守祕書省著作佐郎充御史臺主簿臣王子韶同校

朝奉郎尚書兵部員外郎知制誥上騎都尉賜紫金魚袋臣呂夏卿重校

荀子卷第二十

荀子集解

六

序

昔唐韓愈氏以荀子書爲大醇小疵逮宋致堂論嚴推其由以言性惡故余謂性惡之說非荀子本意也其言曰直木不待檃栝而直者其性直也枸木必待檃栝烝矯然後直者以其性不直也今人性惡必待聖王之治禮義之化然後皆出於治合於善也夫使荀子而不知人性有善惡則不知木性有枸直矣然而其言如此豈眞不知性邪余因以悲荀子遭世大亂民胥泯棼感激而出此也荀子論學論治皆以禮爲宗反復推詳務明其指趣爲千古脩道立敎所莫能外其曰倫類不通不足謂善學又曰一物失稱亂之端也探聖門一貫之精洞古今成敗之故論議不越几席而思慮浹於無垠身未嘗一日加民而行事

可信其放推而皆準而刻覈之徒詆諆横生擯之不得與於斯道余又以悲荀子術不用於當時而名滅裂於後世流俗人之口爲重屈也

國朝儒學昌明

欽定四庫全書提要首列荀子儒家斥好惡之詞通訓詁之誼定論昭然學者始知崇尚顧其書僅有楊倞注未爲盡善近世遞行嘉善謝氏校本去取亦時有疏舛碩儒大師多所匡益家居少事輒旁采諸家之説爲荀子集解一書管窺所及間亦坿載不敢謂於荀書精意有所發明而於析楊謝之疑辭酌宋元之定本庶幾不無一得刻成謹弁言簡端並揭荀子箸書之微旨與後來讀者共證明之云光緒十七年歲次辛卯夏五月長

沙王先謙謹序

例略

嘉善謝氏校本首謝序見攷證次楊序及新目錄今照刊次荀子讎校所據舊本竝參訂名氏影鈔大字宋本元刻纂圖互註本此乃當時坊間所梓脫譌差舛不一而足然正以未經校改之故其本眞面未盡失書中顚多採用點注則節明虞氏王氏合校刻本明世德堂本明鍾人傑本有評江陰趙曦明敬夫金壇段玉裁若膺海寧吳騫槎客吳縣朱奐文游江都汪中容夫餘姚盧文弨弓嘉善謝墉金閫輯校輯諸家之說並附所見上皆增一圈圈以別於楊氏之注其引用各書不具列末錢大昕跋見攷證校勘補遺一卷案此書盧謝同校故郝蘭皋稱謝王懷祖稱盧但謝序云援引校讎悉出抱經參互攷證遂得蕆事是此書元出於盧參攷刊行迺由謝氏則稱盧校本者爲是盧所據大字宋本爲北宋呂夏卿熙寧中所刊然未見呂刻本僅取朱文游所藏影鈔本相校故閒有爲影鈔訛字所誤者脩身王

霸兩篇注可證也茲刻仍以盧校爲主依謝刻於楊注外增一圓圍全錄校注加盧文弨曰四字別之據謝序錢跋校注亦有出謝手者然無可區別其補遺一卷散入注中盧校不主一本茲亦仿其例擇善而從虞王合校本明虞九章王震亨校爲盧據舊本之一其引見書中者止王霸篇大有天下小有一國注文茲覆檢元書尚有可采爲增入數條此外正文及注歧異滋繁當由傳寫致訛或係以意刪節多與盧氏所云俗閒本相合既非所取證不復稱引宋台州本宋唐仲友與政刊於台州即依呂本重刻遵義黎庶昌純齋於日本得影摹本重刊爲古逸叢書之一首楊序及新目錄末劉向上言及王呂重校銜名與今本同熙甯元年國子監劄子官銜淳熙八年唐序經籍訪古志二跋重刊楊跋俱見攷證此即

困學紀聞所稱今監本乃唐與政台州所栞熙甯舊本亦未爲善者也然在今日爲希見之本茲取以相校得若干條列入注文其與呂本相同如一卷取藍干越之比竝不復出以省繁文至其顯然訛誤雖與呂岐出亦無所取

棲霞郝氏懿行荀子補注上下卷末坿與王侍郎論孫卿與李比部論楊倞二書（竝見攷證）茲全採入注

高郵王氏念孫雜志八校荀子八卷係據盧本加案語用宋錢佃江西漕司本龔士禼荀子句解本明世德堂本參校嗣得元和顧千里澗薲手錄呂錢二本異同復爲補遺一卷敘而行之坿荀子佚文及顧氏考訂各條於末（敘佚文竝見攷證）其中如劉台拱端臨汪中容夫陳奐碩甫諸家之說蒐討綦詳而盧校郝注之

精者亦附錄焉茲取王氏各條散入注文劉汪陳顧諸說仍各冠姓氏於首

德清俞氏樾諸子平議十二之十五荀子平議四卷全採入注近儒之說亦坿著之

攷證上（除史志外非關荀子書義及板本考訂者不錄）

漢書藝文志儒家孫卿子三十三篇（名況趙人爲齊稷下祭酒有列傳師古曰本曰荀卿避宣帝諱故曰孫）又賦家孫卿賦十篇

隋書經籍志子部儒家孫卿子十二卷（楚蘭陵令荀況撰）又集部別集楚蘭陵令荀況集一卷（殘缺梁二卷）

舊唐書經籍志丙部子錄儒家類孫卿子十二卷（荀況撰）又丁部集錄別集類趙荀況集二卷

唐書藝文志丙部子錄儒家類荀卿子十二卷荀況又楊倞注荀子二十卷汝士子大理評事又丁部集錄別集類趙荀況集二卷

宋史藝文志子類儒家類荀卿子二十卷戰國趙人荀況書又楊保倞誤注荀子二十卷

台州本國子監劄子官銜國子監准熙寧元年九月八日中書劄子節文校定荀揚書所狀先准中書劄子奉聖旨校定荀子揚子內揚子一部先次校畢已於治平二年十二月丙申納訖今來再校到荀子一部計二十卷裝寫已了續次申納者申聞事右奉聖旨荀子送國子監開版依揚子幷音義例印造進呈及宣賜劄付國子監准此　校勘官將仕郎前守惠州歸善縣主簿充直講臣盧侗校勘官登仕郎試祕書省校書郎前守許

州司理參軍充直講臣王汝翼校勘官將仕郎試祕書省校書
郎前知婺州永康縣事充直講臣顏復校勘官將仕郎試祕書
省校書郎前知溫州樂清縣事充直講臣焦千之校勘官登仕
郎試祕書省校書郎前守相州湯陰縣令充直講臣梁師孟校
勘官登仕郎守祕書省著作佐郎充直講臣董唐臣校勘官朝
奉郎守尙書都官員外郎充直講上騎都尉賜緋魚袋臣黎錞
朝奉郎光祿寺丞監書庫武騎尉臣韓端彥朝奉郎光祿寺丞
管句國子監丞公事飛騎尉臣程伯孫管句雕造朝請郎守祕
書丞充主簿騎都尉賜緋魚袋臣畢之翰朝散大夫尙書刑部
郎中充天章閣待制同知諫院兼同判國子監輕車都尉賜紫
金魚袋臣呂誨朝散大夫行尙書兵部員外郎知制誥權判尙

書禮部貢院兼知諫院兼判國子監上騎都尉賜紫金魚袋臣錢公輔朝散大夫給事中參知政事上輕車都尉北海郡開國公食邑二千三百戶食實封肆伯戶賜紫金魚袋臣唐介朝散大夫右諫議大夫參知政事上護軍天水郡開國侯食邑一千戶賜紫金魚袋臣趙抃推忠協謀同德守正亮節佐理功臣開府儀同三司行尙書左僕射兼門下侍郎同中書門下平章事集賢殿大學士上柱國兗國公食邑一萬一百戶食實封叄阡肆伯戶臣曾公亮

又唐仲友序荀子二十卷三十二篇唐楊倞注初漢劉向校讎中孫卿書凡三百二十一篇除復重定箸三十二篇爲孫卿新書十二卷至倞分易卷第更名荀子皇朝熙寧初儒官校上詔

國子監刊印頒行之中興蒐補遺逸監書寖具獨荀子猶闕學者不見舊書傳習閩本文字舛異仲友於三館睹舊文大懼湮沒訪得善本假守餘隙迺以公帑鋟木悉視熙寧之故詩曰雖無老成人尚有典刑卿不可作其書獨非典刑乎向博極羣書序卿事大氐本司馬遷於遷書有三不合春申君死當齊王建二十八年距宣王八十七年向言卿以宣王時來游學春申君死而卿廢設以宣王末年游齊年已百三十七矣遷書記孟子以惠王三十五年至梁當齊宣王七年惠王以叟稱孟子計亦五十餘後二十三年子之亂燕孟子在齊若卿來以宣王時不得如向言後孟子百餘歲田忌薦孫臏爲軍師敗魏桂陵當齊威王二十六年距趙孝成王七十八年臨武君與卿議兵於王

前向以爲孫臏倞以敗魏馬陵疑年馬陵去桂陵又十三年矣
崇文總目言卿楚人楚禮爲客卿與遷書向序駁益難信据遷
傳參卿書其大略可睹卿名況趙人以齊襄王時游稷下距孟
子至齊五十年矣於列大夫三爲祭酒去之楚春申君以爲蘭
陵令以讒去之趙與臨武君議兵入秦見應侯昭王以聘反乎
楚復爲蘭陵令既廢家蘭陵以終自戰國爭富彊儒道絀孟子
學孔子言王可反掌致卒不見用卿後孟子亦尊孔氏子思作
中庸孟子述之道性善至卿以爲人性惡故非子思孟軻揚雄
以爲同門異戶孟子與告子言性卒絀告子惜卿不見孟子不
免異説方説士徼時好卿獨守儒議兵以仁義富以儒術彊以
道德之威旨意與孟子同見應侯病秦無儒昭王謂儒無益人

之國極明儒效秦并天下以力意儒果無用至於坑焚滅不旋踵漢舊布衣終假儒以定卿言不用而後驗自董仲舒韓愈皆美卿書言王道雖不及孟子抑其流亞廢於衰世亦命矣夫學者病卿以李斯韓非卿老師學者已衆二子適見世書寖餔啜非師之過使卿登孔門去異意書當與七篇比此君子所爲太息大宋湻熙八年歲在辛丑十有一月甲申朝請郎權發遣台州軍州事唐仲友後序

（晁公武郡齋讀書志子類儒家類）楊倞注荀子二十卷　右趙荀况撰漢劉向校定除其重複著三十二篇爲十二卷題曰新書稱卿趙人名况當齊宣王威王之時聚天下賢士稷下是時荀卿爲秀才年十五始來遊學至齊襄王時荀卿最爲老師後

適楚楚相春申君以爲蘭陵令已而歸趙按威王死其子嗣立是爲宣王楚考烈王初黃歇始相年表自齊宣王元年至楚考烈王元年凡八十一年則荀卿去楚時近百歲矣楊倞唐人始爲之注且更新書爲荀子易其篇第析爲二十卷其書以性爲惡以禮爲僞非諫爭傲災祥尚强伯之道論學術則以子思孟軻爲飾邪說文姦言與墨翟惠施同詆焉論人物則以平原信陵爲輔拂與伊尹比干同稱焉其指往往不能醇粹故後儒多疵之云

陳振孫直齋書錄解題儒家類荀子二十卷　楚蘭陵令趙國荀況撰漢志作孫卿子云齊稷下祭酒其曰孫者避宣帝諱也至楊倞始改爲荀卿　（又）荀子注二十卷　唐大理評事楊倞

注案劉向序校中書三百二十二篇以校除復重二百九十篇定著三十二篇隋志爲十二卷至倞始分爲二十卷而注釋之湻熙中錢佃耕道用元豐監本參校刊之江西漕司其同異著之篇末凡二百二十六條視他本最爲完善

王應麟漢藝文志攷證孫卿子三十三篇當云三十二篇劉向校讎書錄序云所校讎中孫卿書凡三百三十三篇以相校除復重二百九十篇定著三十二篇皆以定殺青簡書可繕寫勸學至賦篇楊倞分易卷第更名荀子韓文公曰荀卿之書語聖人必曰孔子子弓子弓之事業不傳惟太史公書弟子傳有馯臂子弓子弓受易於商瞿論語釋文引王弼注朱張字子弓荀卿以比孔子後山陳氏曰子弓者仲弓也唐氏曰向博極羣書序卿事大

抵本司馬遷於遷書有三不合春申君死當齊王建二十八年距宣王八十七年向言卿以宣王時來游學春申君死而卿廢設以宣王末年游齊年已百三十七矣遷書記孟子以惠王三十五年至梁當齊宣王七年惠王以叟稱孟子計亦五十餘後二十三年子之亂燕孟子在齊若卿來以宣王時不得如向言後孟子百餘歲田忌薦孫臏爲軍師敗魏桂陵當齊威王二十六年距趙孝成王七十八年臨武君與卿議兵於王前向以爲孫臏倞以敗魏馬陵疑年馬陵去桂陵又十三年矣

〔又〕困學紀聞十〕荀卿非十二子韓詩外傳四引之止云十子而無子思孟子愚謂荀卿非子思孟子蓋其門人如韓非李斯之流託其師說以毀聖賢當以韓詩爲正　〔又〕楚詞漁父吾聞之

新沐者必彈冠新浴者必振衣安能以身之察察受物之汶汶者乎荀子不苟篇曰新浴者振其衣新沐者彈其冠人之情也其誰能以己之僬僬受人之掝掝者哉荀卿適楚在屈原後豈用楚詞語歟抑二子皆述古語也（又）勸學篇青出之藍作青取之於藍聖心循焉作備焉玉在山而木潤作草木潤君子如嚮矣作知嚮矣賦篇請占之五泰作五帝監本未必是建本未必非餘不勝紀原注今監本乃唐與政台州所栞熙寧舊本亦未爲善當竢詳考五泰注云五帝也監本改爲五帝而刪注文

國朝四庫全書總目子部儒家類荀子二十卷內府藏本周荀況撰況趙人嘗仕楚爲蘭陵令亦曰荀卿漢人或稱曰孫卿則以宣帝諱詢避嫌名也漢志儒家載荀卿三十三篇王應麟考證

謂當作三十二篇劉向校書序錄稱孫卿書凡三百二十三篇以相校除重複二百九十篇定著三十三篇爲十二卷題曰新書唐楊倞分易舊第編爲二十卷復爲之注更名荀子即今本也考劉向序錄卿以齊宣王時來游稷下後仕楚春申君死而卿廢然史記六國年表載春申君之死上距宣王之末凡八十七年史記稱卿年五十始游齊則春申君死之年卿年當一百三十七歲於理不近晁公武讀書志謂史記所云年五十爲年十五之譌意其或然宋濂荀子書後又以爲襄王時游稷下亦未詳所本總之戰國時人爾其生卒年月已不可確考矣況之著書主於明周孔之教崇禮而勸學其中最爲口實者莫過於非十二子及性惡兩篇王應麟困學紀聞據韓詩外傳所引卿

但非十子而無子思孟子以今本爲其徒李斯等所增不知子思孟子後來論定爲聖賢耳其在當時固亦卿之曹偶是猶朱陸之相非不足訝也至其以性爲惡以善爲僞誠未免於理未融然卿恐人恃性善之說任自然而廢學因言性不可恃當勉力於先王之敎故其言曰凡性者天之所就也不可學不可事禮義者聖人之所生也人之所學而能所事而成者也不可學不可事而在人者謂之性可學而能可事而成之在人者謂之僞是性僞之分也其辨白僞字甚明楊倞注亦曰僞爲也凡非天性而人作爲之者皆謂之僞故僞字人旁加爲亦會意字也其說亦合卿本意後人昧於訓詁誤以爲眞僞之僞遂譁然掊擊謂卿蔑視禮義如老莊之所言是非惟未睹其全書卽性惡

一篇自篇首二句以外亦未竟讀矣平心而論卿之學源出孔門在諸子之中最爲近正是其所長主持太甚詞義或至於過當是其所短韓愈大醇小疵之說要爲定論餘皆好惡之詞也楊倞所註亦頗詳洽唐書藝文志以倞爲楊汝士子而宰相世系表則載楊汝士三子一名知溫一名知遠一名知至無名倞者表志同出歐陽修手不知何以互異意者倞或改名如溫庭筠之一名岐歟

四庫全書簡明目錄子部儒家類荀子二十卷　周荀況撰唐楊倞註況亦孔氏之支流其書大旨在勸學而其學主於修禮徒以恐人恃質而廢學故激爲性惡之說受後儒之詬厲要其宗法聖人誦說王道終以韓愈大醇小疵之評爲定論也倞注

多明古義亦異於無稽之言

天祿琳瑯書目一宋版子部纂圖互注荀子一函八冊　周荀況撰三十二篇唐楊倞注分二十卷前載楊序序後有欹器大路龍旗九斿三圖　宋陳振孫書錄解題曰漢志作孫卿子者避宣帝諱也至楊倞始復改爲荀分二十卷而注釋之湻熙中錢佃耕道用元豐監本參校刊之江西漕司其同異著之篇末凡二百二十六條視他本最爲完善云云據此則宋時刊刻荀子已非一本是書標爲纂圖互註書中於倞注外又加重言重意互註諸例與經部宋本毛詩周禮春秋經傳集解三書正同圖樣字體版式亦復相等蓋當時帖括之書不獨有經也

又元版子部纂圖分門類題註荀子一函十冊　周荀況撰三十二

篇唐楊倞注分二十卷前載楊序幷新增麗澤編集荀子事實品題一卷不著纂人姓氏又宋陳傅良輯荀子門類題目一卷此當時帖括之書也其門類題目一卷於標題次行刊永嘉先生陳傅良編所分門類始曰天地終曰五常共四十門末又附拾遺並事要總類二條皆擇書中之可作題目者分類摘句以取便於觀覽卷後別行刊麻沙劉通判宅刻梓於仰高堂十二字卷一之後亦於別行刊閣中劉旦校正所謂劉通判者當卽是人第書首標題爲纂圖分門類題注荀子書前仍當有圖蓋已失之矣至所載荀子事實品題一卷觀其識語稱舊本荀揚圖說不過具文今得麗澤堂編次品題凡卿雲事實顚末歷歷可考云云則是荀揚合刊之書非此本中所應有乃書賈割

取荀子事實以冠於書首耳且書中自卷九之卷十三及卷十五共六卷標題秖稱荀子卷十六卷二十兩卷標題又稱監本音註荀子書名既不畫一板式亦復懸殊係以三刻湊成一書其標稱荀子者橅印甚精紙墨俱佳實爲宋槧餘則元時所刊遠不相及然宋本流傳者久少今尚存吉光片羽於元刻之中雖出湊合亦可寶也

錢曾讀書敏求記荀子二十卷　楊倞注荀子凡三十二篇爲二十卷幷劉向篇目淳熙八年六月吳郡錢佃得元豐國子監本並二浙西蜀諸本參校刊於江西計臺其跋云耳目所及此特爲精好予又藏呂夏卿重校本從宋本摹寫者字大悅目與此可稱雙璧矣

張金吾愛日精廬藏書志二十一子部儒家類荀子二十卷影寫宋呂夏卿大字本　唐登仕郎守大理評事楊倞注　後有將仕郎守祕書省著作佐郎充御史臺主簿臣王子韶同校朝奉郎尚書兵部員外郎知制誥上騎都尉賜紫金魚袋臣呂夏卿重校兩行案呂夏卿本宋槧尚存惟是本從宋槧初印本影寫見存之宋槧則紙質破損字迹模糊且爲庸妄子據俗本描補殊失廬山眞面故宋槧轉不若影宋本之可貴也金吾聞之黄蕘圃先生云　楊倞序元和十三年　顧氏手跋曰荀子向唯明世德堂本最行於世乃其本即從元纂圖互注本出故重意之刪而未盡者猶存兩條于楊注中一修身篇匠山崇成句下一王制篇何獨後我也句下　又何怪乎本之不精也餘姚盧抱經學士彙諸本參以己意校定重梓首

列影鈔宋大字本卽今此本從朱文游家見之也考困學紀聞所引如青取之於藍請占之五帝諸條殆監本是已採用頗多咸足正世德堂之誤然如君道篇狂生者不胥時而樂正與爾雅釋詁暴樂桑柔毛傳及鄭箋爆爍所用字同則樂不得如世德堂本之改爲落明甚而盧學士略不及此本之有樂字然則此書不幾亡此字乎他亦每有漏略抵牾皆當據依以正之今歸薌巖周君收藏蕘圃借得命校一過兼訪知宋槧印本在東城藏書家持來擬售略一寓目樂宋槧本與鈔同他日儻竟爲蕘圃所有當仍假此本一一覆審之云嘉慶元年八月書于黃氏之士禮居潤蕡顧廣圻

孫星衍孫氏祠堂書目內編二諸子三荀子二十卷唐楊倞注一纂圖互

注宋巾箱本一宋巾箱別本一明世德堂刊本一明重刊小字本一盧文弨校刊本一嚴杰依惠校本

謝墉荀子箋釋序荀子生孟子之後最爲戰國老師太史公作傳論次諸子獨以孟子荀卿相提並論餘若談天雕龍炙轂及慎子公孫子尸子墨子之屬僅附見於孟荀之下蓋自周末歷秦漢以來孟荀並稱久矣小戴所傳三年問全出禮論篇樂記鄉飲酒義所引俱出樂論篇聘義子貢問貴玉賤珉亦與德行篇大同大戴所傳禮三本篇亦出禮論篇勸學篇卽荀子首篇而以宥坐篇末見大水一則附之哀公問五義出哀公篇之首則知荀子所著載在二戴記者尚多而本書或反缺佚愚竊嘗讀其全書而知荀子之學之醇正文之博達自四子而下洵足冠冕羣儒非一切名法諸家所可同類共觀也觀於議兵篇對

李斯之問其言仁義與孔孟同符而責李斯以不探其本而索其末切中暴秦之弊乃蘇氏譏之至以爲其父殺人其子必且行劫然則陳相之從許行亦陳良之咎歟此所謂欲加之罪也荀子在戰國時不爲游說之習鄙蘇張之縱橫故國策僅載諫春申事大旨勸其擇賢而立長若早見及於李園棘門之禍而爲厲人憐王之詞則先幾之哲固異於朱英策士之所爲故不見用於春申而以蘭陵令終則其人品之高豈在孟子下顧以嫉濁世之政而有性惡一篇且詰孟子性善之說而反之於是宋儒乃交口攻之矣嘗卽言性者論之孟子言性善蓋勉人以爲善而爲此言荀子言性惡蓋疾人之爲惡而爲此言要之繩以孔子相近之說則皆爲偏至之論謂性惡則無上智也謂性

善則無下愚也韓子亦疑於其義而爲三品之說上品下品蓋卽不移之旨而中品則視習爲轉移固勝於二子之言性者矣然孟子偏於善則據其上游荀子偏於惡則趨乎下風由憤時疾俗之過甚不覺其言之也偏然倘論古人當以孔子爲權衡過與不及師商均不失爲大賢也此書自來無解詁善本唐大理評事楊倞所註已爲最古而亦頗有舛誤向知同年盧抱經學士勘核極爲精博因從借觀校士之暇輒用披尋不揆檮昧閒附管窺皆正楊氏之誤抱經不我非也其援引校讎悉出抱經參互考證往復一終遂得蕆事以墉謭陋誠不足發揮儒術且不欲攘人之美而抱經頻致書屬序因舉其大要略綴數語於簡端並附著書中所未及者二條於左云乾隆五十一年歲

在丙午六月既望嘉善謝墉東墅甫題於江陰學使官署時年六十有八　荀卿又稱孫卿自司馬貞顏師古以來相承以爲避漢宣帝諱故改荀爲孫考漢宣名詢漢時尚不諱嫌名且如後漢李恂與荀淑荀爽荀悅荀彧俱書本字詎反於周時人名見諸載籍者而改稱之若然則左傳自荀息至荀瑤多矣何不改耶且即前漢書任敖公孫敖俱不避元帝之名驁也蓋荀音同孫語遂移易如荊軻在衛衛人謂之慶卿而之燕燕人謂之荊卿又如張良爲韓信都潛夫論云信都者司徒也俗音不正曰信都或曰申徒或勝屠然其本一司徒耳然則荀之爲孫正如此比以爲避宣帝諱當不其然　漢志孫卿子三十二篇隋志則稱十二卷漢志又載孫卿賦十篇今所存者僅禮知雲蠶

箴其末二篇無題相其文勢其小歌曰以下皆當爲致春申君書中之語而國策於曷惟其同下尚有詩曰上帝甚神無自瘵也韓詩外傳亦然此尤見卓識今本文脫去而其謝春申君書亦不載楊氏注亦未之及此等似尚未精審也

又錢大昕跋荀卿子書世所傳唯楊倞注本明人所刊字句踳譌讀者病之少宗伯嘉善謝公視學江蘇得餘姚盧學士抱經手校本歎其精審復與往復討論正楊注之誤者若干條付諸剞劂氏而此書始有善本矣蓋自仲尼既歿儒家以孟荀爲最醇太史公敘列諸子獨以孟荀標目韓退之於荀氏雖有大醇小疵之譏然其云吐辭爲經優入聖域則與孟氏竝稱無異詞也宋儒所訾議者惟性惡一篇愚謂孟言性善欲人之盡性而

樂於善荀言性惡欲人之化性而勉於善立言雖殊其教人以善則一也宋儒言性雖主孟氏然必分義理與氣質而二之則已兼取孟荀二義至其教人以變化氣質爲先實暗用荀子化性之說然則荀子書詎可以小疵訾之哉古書僞與爲通荀子所云人之性惡其善者僞也此僞字卽作爲之爲非詐僞之僞故又申其義云不可學不可事而在人者謂之性可學而能可事而成之在人者謂之僞堯典平秩南訛史記作南爲漢書王莽傳作南僞此僞卽爲之證也因讀公序輒爲引伸其說以告將來之讀是書者丙午閏七月嘉定錢大昕跋

郝懿行荀子補注與王引之伯申侍郎論孫卿書近讀孫卿書而樂之其學醇乎醇其文如孟子明白宣暢微爲繇富益令人

入而不能出頗怪韓退之謂爲大醇小疵蒙意未喩願示其詳推尋韓意豈以孟道性善荀道性惡孟子尊王賤霸荀每王霸竝衡以是爲疵非知言也何以明之孟遵孔氏之訓不道桓文之事荀矯孟氏之論欲救時世之急王霸一篇剴切錞于沁人肌骨假使六國能用其言可無暴秦并吞之禍因時無王降而思霸孟荀之意其歸一耳至於性惡性善非有異趣性雖善不能廢教性卽惡必假人爲爲與僞古字通其云人之性惡其善者僞也僞卽爲耳孟荀之指本無不合惟其持論各執一偏準以聖言性相近卽兼善惡而言習相遠乃從學染而分後儒不知此義妄相毀詆閣下深於理解必早見及願得一言以祛所蔽孫卿與孟時勢不同而顧得所藉手救弊扶衰其道一也本

圖依託春申行其所學迨春申亡而蘭陵歸知道不行發憤箸書其指歸意趣盡在成相一篇而託之瞽矇之詞以避患也楊倞注大體不誤而中多未盡往往喜加或曰云云知其持擇未精亦由不知古書假借之義故動多疐礙蒙意未安欲復稍加訂正以存本來久疏摳謁茅塞蓬心聊述近所省存用代奉面

道光四年甲申二月

又與李璋煜月汀比部論楊倞書來示唐書藝文志以倞爲楊汝士子而宰相世系表則載汝士三子無名倞者意倞或改名余謂志表互異當由史氏未詳故闕然弗備若依馬班史法於表志中書本名及改名如漢劉更生爲劉向之例斯無不合矣唐書倞不立傳當由仕宦未達無事實可詳故志表闕略而僅

存其名然千載下遂不知倞爲何人要亦史筆之疏耳汪氏容甫據古刻叢鈔載唐故銀青光祿大夫使持節蔚州諸軍事行蔚州刺史兼御史中丞馬公墓志銘其文則楊倞所作題云朝請大夫使持節汾州諸軍事守汾州刺史楊倞撰結銜較荀子加詳汪氏又據志載會昌四年定爲武宗時人然則此恐別一楊倞若藝文志注荀子之人止題大理評事而無朝請大夫以下銜者蓋非一人可知矣汪孟慈深以此說爲不然因言藝文志但云汝士子安知不有兩汝士也余無以應之請質諸月汀

閏七月二十四日

〔王念孫讀書雜志校荀子後敘〕余昔校荀子據盧學士校本而加案語盧學士校本則據宋呂夏卿本而加案語去年陳碩甫

文學以手錄宋錢佃校本異同郵寄來都余據以與盧本相校已載入荀子雜志中矣今年顧澗薲文學又以手錄呂錢二本異同見示余乃知呂本有刻本影鈔本之不同錢本亦有二本不但錢與呂字句多有不同即同是呂本同是錢本而亦不能盡同擇善而從誠不可以已也時荀子雜志已付梓不及追改乃因顧文學所錄而前此未見者爲補遺一編竝以顧文學所考訂及余近日所校諸條載於其中以質於好古之士云道光十年五月二十九日高郵王念孫敘時年八十有七

又荀子佚文　桃李蒨粲於一時時至而後殺至於松柏經隆冬而不凋蒙霜雪而不變可謂得其眞矣

右三十四字見文選左思招隱詩注又分見於蜀都賦注上林賦注歐陽堅石臨終詩注藝文類聚果部上木部上太平御覽木部三

有人道我善者

是吾賊也道我惡者是吾師也右十八字見文選曹植與楊德祖書注天下無二道聖人無兩心神人無功聖人無名聖人者天下利器也右二十六字見太平御覽人事部四十二又分見於藝文類聚人部四初學記人事部上　案天下無二道二句見今本解蔽篇御覽此下有神人無功四句類聚亦有神人無功二句初學記亦有聖人者二句而今本皆無之且細繹下文文義亦不當有此四句則御覽諸書所引當別是一篇非解蔽篇文也　何世之無才何才之無施良匠提斤斧造山林梁棟阿衡之才櫨柱楣椽之朴森然陳於目前大夏之器具矣右四十二字見太平御覽器物部九又分見於文選左思詠史詩注

黎庶昌古逸叢書敘目影宋台州本荀子二十卷　朱子按唐仲友爲一重大公案其第四狀云仲友以官錢開荀揚文中子韓文四書貼黃云仲友所印四子曾送一本與臣臣不合收受已行估計價值還納本州軍資庫訖此即四種之一卷末有劉

向敘目題荀卿新書十二卷三十二篇又有王子韶同校呂夏卿重校銜名熙寧元年國子監劄子及校勘官十五人銜名又有仲友後序蓋湻熙八年繙雕熙寧官本板心所題姓名即第六狀云蔣輝供王定等一十八人在局開雕者是仲友雖爲朱子所劾而此書校刻實精錢遵王稱爲字大悅目信然

〔台州本末經籍訪古志二跋〕

荀子二十卷宋槧大字本　求古樓藏　唐楊倞注首有荀子注序次新目錄接序後每卷首題荀子卷第幾登仕郎守大理評事楊倞注卷末有劉向校正目錄上言又有王子韶同校呂夏卿重校銜名及熙寧元年國子監劄子官銜十五名又有湻熙八年唐仲友後序每半板八行每行數不整注雙行界長七寸六分幅五寸七分半左右雙邊每卷有金澤

文庫印印文肥寬異所經見殆文庫火前物與惺窩先生題籤亦希覯之珍云　狩谷望之手跋云右宋槧荀子爲淳熙八年唐仲友所刻字大如錢書法全橅歐陽朱熹按唐仲友狀云據蔣輝供元是明州百姓淳熙四年六月內因同已斷配人方百二等僞造官會事發蒙臨安府府院將輝斷配台州牢城差在都酒務著役月糧雇本州住人周立代役每日開書籍供養去年三月唐仲友叫上輝就公使庫開雕揚子荀子等印板輝共王定等一十八人在局開雕者是本也板心下方所題皆是剞劂氏之姓名蔣輝以下都十九名與朱熹按狀所言輝共王定以下十八人之語合余始讀朱熹集得詳唐仲友刻荀子事喜甚獨怪是不良人爲是好事謂不可以其罪廢其人也後讀齊

東野語知其詆排之非至論今又得四庫全書總目二則足爲仲友吐氣今幷録以備攷近來舶來盧文弨校本荀子云以影宋本校今以是本比讎之失校之字不爲不多則彼所校猶未精歟將所謂影宋本有落葉歟然則是本豈不貴而重乎且世間北宋刊本傳世無幾如余所見不過小字御注孝經文中子通典聖惠方諸書而是本翻雕熙寧官板者則其實與北宋本無異眞希世之寶典也余齋所載南宋本中當以是爲第一也吾家子孫宜保護之文政五年十一月按文政五年壬午當道光二年

又重刊台州本楊守敬跋今世中土所傳荀子宋本有二一爲北宋呂夏卿熙寧本一爲南宋錢佃江西漕司本而唐與政所刊于台州當時爲一重公案者顧無傳焉嘉慶閒盧抱經學士

據朱文游所藏影鈔呂夏卿本合元明本校刊行世王懷祖顧澗薲皆有異議然呂錢兩本至今無重刊者余初來日本時從書肆購得此書雙鉤本數卷訪之迺知爲狩谷望之舊藏台州本此其所擬重刊未成者厥後從島田篁村見影摹全部因告知星使黎公求得之以付梓人一仍其舊踰年乃成按此本後亦有呂夏卿等銜名又別有熙寧元年中書劄子曾公亮等銜名據與政自序悉覩熙寧之故則知其略無校改案王伯厚所舉四條惟君子知嚮矣此本仍作如響不相應因知伯厚所舉者嚮響之異非知如之異此自校刊紀聞者之失何校本仍作如若盧抱經所勘以此本照之其遺漏不下數百字又不第顧澗薲所舉君道篇狂生者不胥時而樂之不作落也此間別有朝鮮古

刊本亦略與此本同余又合元纂圖本明世德堂本及王懷祖劉端臨郝蘭皐諸先生之說更參以日本物茂卿（有讀荀子四卷）冢田虎（有荀子斷四卷）久保愛（有荀子增注二十卷）豬飼彥博（有荀子補遺一卷）所訂別爲札記以未見呂錢兩原本將以有待故未附刊焉光緒甲申三月

宜都楊守敬

攷證下

汪中荀卿子通論　荀卿之學出於孔氏而尤有功於諸經經典敍錄毛詩徐整云子夏授高行子高行子授薛倉子薛倉子授帛妙子帛妙子授河閒人大毛公毛公爲詩故訓傳于家以授趙人小毛公一云子夏傳曾申申傳魏人李克克傳魯人孟仲子孟仲子傳根牟子根牟子傳趙人孫卿子孫卿子傳魯人大

毛公由是言之毛詩荀卿子之傳也漢書楚元王交傳少時嘗與魯穆生白生申公同受詩於浮邱伯伯者孫卿門人也鹽鐵論云包邱子與李斯俱事荀卿包邱子卽浮邱伯劉向敘云浮邱伯受業爲名儒漢書儒林傳申公魯人也少與楚元王交俱事齊人浮邱伯受詩又云申公卒以詩春秋授而瑕邱江公盡能傳之由是言之魯詩荀卿子之傳也韓詩之存者外傳而已其引荀卿子以說詩者四十有四由是言之韓詩荀卿子之別子也經典敘錄云左邱明作傳以授曾申申傳衛人吳起起傳其子期期傳楚人鐸椒椒傳趙人虞卿卿傳同郡荀卿名況況傳武威武威據史記張丞相傳當作陽武張蒼蒼傳洛陽賈誼由是言之左氏春秋荀卿之傳也儒林傳云瑕邱江公受穀梁春秋及詩于魯申公傳

子至孫爲博士由是言之穀梁春秋荀卿子之傳也荀卿所學本長于禮儒林傳云東海蘭陵孟卿善爲禮春秋授后蒼疏廣劉向敘云蘭陵多善爲學蓋以荀卿也長老至今稱之曰蘭陵人喜字爲卿蓋以法荀卿又二戴禮並傳自孟卿大戴禮曾子立事篇載修身大略二篇文小戴樂記三年問鄉飲酒義篇載禮論樂論篇文由是言之曲臺之禮荀卿之支與餘裔也蓋自七十子之徒既歿漢諸儒未興中更戰國暴秦之亂六藝之傳賴以不絕者荀卿也周公作之孔子述之荀卿子傳之其揆一也故其說霜降逆女與毛同義禮論大略二篇穀梁義具在又解蔽篇說卷耳儒效篇說風雅頌大略篇說魚麗國風好色並先師之逸典又大略篇春秋賢穆公善胥命則爲公羊春秋之

學楚元王交本學於浮邱伯故劉向傳魯詩穀梁春秋劉歆治毛詩左氏春秋董仲舒治公羊春秋故作書美荀卿其學皆有所本劉向又稱荀卿善爲易其義亦見非相大略二篇蓋荀卿於諸經無不通而古籍闕亡其授受不可盡知矣史記載孟子受業於子思之門人於荀卿則未詳焉今考其書始於勸學終於堯問（劉向所編堯問第三十其下仍有君子賦二篇然堯問末附荀卿弟子之詞則爲末篇無疑當以楊倞改訂爲是）篇次實仿論語六藝論云論語子夏仲弓合撰風俗通云穀梁爲子夏門人而非相非十二子儒效三篇每以仲尼子弓並稱子弓之爲仲弓猶子路之爲季路知荀卿之學實出於子夏仲弓也宥坐子道法行哀公堯問五篇雜記孔子及諸弟子言行蓋據其平日之聞於師友者亦由淵源所漸傳習有素而然

也故曰荀卿之學出於孔氏而尤有功於諸經　韓詩外傳客有說春申君者曰湯以七十里文王以百里皆兼天下今孫子天下之賢人也君藉之百里之勢臣竊以爲不便于君若何春申君曰善于是使人謝孫子孫子去而之趙趙以爲上卿客又說春申君曰昔伊尹去夏之殷殷王而夏亡管仲去魯入齊齊强而魯弱由是觀之賢者之所在其君未嘗不善其國未嘗不安也今孫子天下之賢人何爲辭而去春申君又云善于是使請孫子孫子僞喜（戰國策作爲書）謝之曰鄙語曰厲憐王此不恭之語也雖然不可不審也此爲劫殺死亡之主言也夫人主年少而放無術法以知姦郎大臣以專斷圖私以禁誅於己也故舍賢長而立幼弱廢正適而立不善故春秋之志曰楚王之子圍聘

於鄭未出竟聞王疾反問疾遂以冠纓絞王而殺之因自立齊崔杼之妻美莊公通之崔杼率其羣黨而攻莊公莊公請與分國崔杼不許欲自刃於廟崔杼又不許莊公出走踰于外牆射中其股遂殺而立其弟景公近代所見李兌用趙餓主父于沙邱百日而殺之淖齒用齊擢湣王之筋而懸之於廟梁宿昔而殺之夫厲雖癰腫痂疕上比遠世未至絞頸射股也下比近世未至擢筋餓死也由是觀之厲雖憐王可也因爲賦曰璇玉瑤珠不知佩雜布與錦不知異閭娵子都莫之媒嫫母力父是之喜以盲爲明以聾爲聰以是爲非以吉爲凶嗚呼上天曷維其同詩曰上帝甚慆無自瘵焉按春申君請孫子孫子荅書或去或就曾不一言而泛引前世劫殺死亡之事未知其意何屬且

靈王雖無道固楚之先君也豈宜向其臣子斥言其罪不知何人鑿空爲此韓嬰誤以說詩劉向不察采入國策其敘荀子新書又載之斯失之矣此書自厲憐王以下乃韓非子姦劫弒臣篇文其言刻覈舞知以禦人固非之本志其賦詞乃荀子佹詩之小歌見於賦篇由二書雜采成篇故文義前後不屬幸本書具在其妄不難破爾孫卿自爲蘭陵令逮春申之死凡十八年其閒實未嘗適趙亦無以荀卿爲上卿之事本傳稱齊人或讒荀卿荀卿乃適楚詩外傳國策所載或說春申君之詞卽因此以爲緣飾周秦閒記載若是者多矣至引事說詩韓嬰書之成例國策載其文而不去其詩此故奏之蔿龔也　今本荀子二十卷元時槧本題云唐大理評事楊倞注一本題云唐登仕郎

守大理評事楊倞事實無可考新唐書藝文志以倞爲楊汝士子而宰相世系表則載汝士三子一名知溫一名知遠一名知至無名倞者表志同出一手何以互異若此古刻叢鈔載唐故銀青光祿大夫使持節蔚州諸軍事行蔚州刺史兼御史中丞馬公墓志銘其文則楊倞所作題云朝請大夫使持節汾州諸軍事守汾州刺史楊倞撰結銜校荀子加詳其書馬公卒葬年月云以會昌四年三月十日卒以其年七月十日葬據此則楊倞爲唐武宗時人

荀卿子年表

趙	齊	秦	楚	本書列傳
惠文王元年	湣王二十六年	昭王九年	頃襄王元年	

以公子勝爲相封平原君			
二年	二十七年	十年	二年
三年	二十八年	十一年	三年 懷王卒於秦秦歸其喪
四年	二十九年	十二年	四年
五年	三十年	十三年	五年
六年	三十一年	十四年	六年
七年	三十二年	十五年	七年 迎婦於秦秦楚復平
八年	三十三年	十六年	八年
九年	三十四年	十七年	九年

十年	十一年	十二年	十三年	十四年	十五年
三十五年	三十六年	三十七年	三十八年 滅宋	三十九年	四十年 燕秦趙魏韓兵破我濟上王走莒
十八年	十九年	二十年	二十一年	二十二年	二十三年
十年	十一年	十二年	十三年	十四年 與秦昭王好會於宛結和親	十五年
		王伯篇齊湣用彊齊中足以舉宋		仲尼篇湣王毀於五國	王伯篇燕趙起而攻之若振槁然身死國亡爲天下大戮

十六年
十七年
十八年
十九年
二十年

襄王元年
二年
三年
四年
五年　田單殺燕騎劫

二十四年
二十五年
二十六年
二十七年
二十八年

十六年　與秦昭王好會於鄗秋復會於穰
十七年
十八年
十九年　秦代我割上庸漢北地予秦
二十年

列傳齊襄王時荀卿最爲老師齊尚修列大夫之缺而荀卿三爲祭酒焉

議兵篇齊之田單世俗所謂善用兵者　燕能并齊而不能凝

二十一年	二十二年	二十三年	二十四年	二十五年	二十六年	二十七年
六年	七年	八年	九年	十年	十一年	十二年
二十九年	三十年	三十一年	三十二年	三十三年	三十四年	三十五年
二十一年 秦拔我郢燒夷陵王東保於陳	二十二年	二十三年	二十四年	二十五年	二十六年	二十七年 復與秦平入太子爲質於秦
也故田單奪之 議兵篇秦師至而鄢郢舉若振槁然						彊國篇今楚父死焉至是乃使

二十八年
二十九年
三十年
三十一年
三十二年
三十三年

十三年
十四年
十五年
十六年
十七年
十八年

三十六年
三十七年
三十八年
三十九年
四十年
四十一年
拜范雎爲相封以應號爲應侯

二十八年
二十九年
三十年
三十一年
三十二年
三十三年

雎人役也仲尼篇楚六千里而爲雎人役

儒效篇載秦昭王與荀卿荅問之語彊國篇載應侯與荀卿荅問之語

孝成王元年 秦拔趙三城平原君相	二年	三年	四年	五年	六年
十九年	王建元年	二年	三年	四年	五年
四十二年	四十三年	四十四年	四十五年	四十六年	四十七年
三十四年	三十五年	三十六年	考烈王元年 春申君爲相	二年	三年

議兵篇臨武君與孫卿子議兵于趙孝成王前又秦四世有勝又李斯問孫卿子曰秦四世有勝皆謂孝公至昭王

七年	八年	九年	秦圍邯鄲魏信陵君奪晉鄙兵平原君求救於楚楚使春申君與魏救趙卻秦存邯鄲
六年	七年	八年	
四十八年	四十九年	五十年	
四年	五年	六年	楚世家六年秦圍邯鄲趙告急于楚楚遣將軍景陽救趙七年至新中秦兵去春申君傳四年秦破趙之長平軍四十餘萬五年圍邯鄲邯鄲告急於楚楚使春申君將兵往救之秦兵亦去案六年圍邯鄲傳作五年誤
			議兵篇韓之上地方數百里完全富足而趨趙趙不能凝也故秦奪之臣道篇平原君之於趙也可謂輔矣信陵君之於魏也可謂弼矣又爭然後善戾然後功出死無私致忠而公者是之謂通忠之順信陵君似之矣

十年 秦兵罷	十一年	十二年	十三年	十四年	十五年 平原君卒
九年	十年	十一年	十二年	十三年	十四年
五十一年	五十二年	五十三年	五十四年	五十五年	五十六年
七年	八年 以荀卿爲蘭陵令	九年 徙於鉅陽	十年	十一年	十二年
	列傳齊人或讒荀卿荀卿乃適楚而春申君以爲蘭陵令				

十六年
十七年
十八年
十九年

十五年
十六年
十七年
十八年

孝文王元年
莊襄王元年
秦本紀五十六年秋昭襄王卒子孝文王立十月己亥即位三日辛丑卒子莊襄王立
二年
三年
始皇元年
二年

十三年
十四年
十五年
春申君徙封于吳
十六年

李斯列傳斯辭荀卿西入秦會

二十年	二十一年	悼襄王元年	二年	三年	四年	五年	六年
十九年	二十年	二十一年	二十二年	二十三年	二十四年	二十五年	二十六年
三年	四年	五年	六年	七年	八年	九年	十年
十七年	十八年	十九年	二十年	二十一年	二十二年 王東徙壽春	二十三年	二十四年
莊襄王卒乃求爲秦相呂不韋舍人							

七年

二十七年

十一年

二十五年 李園殺春申君

列傳春申君死而荀卿廢因家蘭陵列著數萬言卒葬蘭陵

謹據本書及史記劉向敘攷定其文曰荀子趙人名況年五十始游學來齊則當湣王之季故傳云用騶之屬皆已死也又云及襄王時而荀卿最爲老師蓋復國之後康莊舊人惟卿在也襄王之十八年當秦昭王四十一年秦封范睢爲應侯儒效彊國篇有昭王應侯荅問則自齊襄王十八年以後荀卿去齊游秦也其明年趙孝成王元年本書荀卿與臨武君議兵趙孝成王前則荀子入秦不遇復歸趙也後十一年當齊王建十年爲楚考烈王八年楚相黃歇以荀卿爲蘭陵令本書云齊人或讒

荀卿荀卿乃適楚而春申君以爲蘭陵令則當王建初年荀卿復自趙來齊故曰三爲祭酒是時春申君封于淮北蘭陵乃其屬邑故以卿爲令後八年春申君徙封于吳而荀卿爲令如故又十二年考烈王卒李園殺春申君盡滅其族本傳云春申君死而荀卿廢因家蘭陵列著數萬言而卒因葬蘭陵荀卿之卒不知何年堯問篇云孫卿迫于亂世鰌于嚴刑上無賢主下遇暴秦鹽鐵論毀學篇方李斯之相秦也始皇任之人臣無二然而荀卿爲之不食覩其罹不測之禍也據李斯傳斯之相在秦并天下之後距春申君之死十八年距齊湣王之死六十四年是時荀卿蓋百餘歲矣荀卿生于趙游于齊嘗一入秦而仕于楚卒葬于楚故以四國爲經託始于趙惠文王楚頃襄王之元

終于春申君之死凡六十年庶論世之君子得其梗概云爾

劉向敘錄卿以齊宣王時來游稷下後仕楚春申君死而卿廢史記六國年表載春申君之死上距宣王之末凡八十七年史記稱卿年五十始游齊則春申君死之年卿年當一百三十七矣晁公武郡齋讀書志謂史記所云年五十爲年十五之譌然顏之推家訓勉學篇荀卿五十始來游學之推所見史記古本已如此未可遽以爲譌字也且漢之張蒼唐之曹憲皆百有餘歲何獨於卿而疑之　荀子歸趙疑當孝成王九年十年時故臣道篇亟稱平原信陵之功是時信陵故在趙也以信陵君之好士得之於毛公薛公而失之于荀卿惜夫　韓非子難四篇燕王噲賢子之而非荀卿故身死爲僇荀子游燕在游齊之前

事僅見此　本書强國篇荀子說齊相國曰今巨楚縣吾前大燕鰌吾後勁魏鉤吾右西壤之不絕若繩楚人則乃有襄賁開陽以臨吾左是一國作謀三國必起而乘我如是則齊必斷而爲四三國若假城耳其言正當湣王之世湣王再攻破燕魏晉楚太子橫以割下東國故荀卿爲是言其後五國伐齊燕人臨菑楚魏共取淮北卒如荀卿言荀子之爲齊與樂毅之爲燕謀伐齊所見正同豈可謂儒者無益於人國乎此齊相爲薛公田文故曰相國上則得專主下則得專國王伯篇云權謀日行而國不免危削綦之而亡齊湣薛公是也荀卿之爲是言者疾田文之不能用士也

胡元儀郇卿別傳郇卿名況趙人也蓋周郇伯之遺苗郇伯公

孫之後或以孫爲氏故又稱孫卿焉昔孟子爲卿于齊郇卿亦爲卿于齊虞卿爲趙上卿時人尊之號曰虞卿郇卿亦爲趙上卿故人亦卿之而不名也卿年十五有秀才當齊湣王之末年游學于齊初齊威王之世淳于髡鄒衍之屬相次至齊威王卒宣王立喜文學游說之士來者益衆居稷下宣王十八年尊寵之如孟子鄒衍鄒奭淳于髡田駢接子愼到環淵之徒七十六人皆命曰列大夫言爵比大夫也開第康莊之衢高門大屋不治政事而議論焉稷下之盛聞于諸侯十九年宣王卒湣王立學士更盛且數萬人湣王奮二世之餘烈南舉楚淮北幷巨宋苞十二國西摧三晉卻彊秦五國賓從鄒魯之君泗上諸侯皆入臣晚年矜功不休百姓不堪諸儒皆諫湣王不聽各分散愼

到接子亡去田駢如薛郇卿亦說齊相曰處勝人之埶行勝人之道天下莫忿湯武是也處勝人之埶不以勝人之道厚于有天下之埶索爲匹夫不可得也桀紂是也然則得勝人之埶者其不如勝人之道遠矣夫主相者勝人以埶也是爲是非爲非能爲能不能爲不能併己之私欲必以道夫公道通義之可相兼容者是勝人之道也今相國上則得專主下則得專國相國之于勝人之埶亶有之矣然則胡不敺此勝人之埶赴勝人之道求仁厚明通之君子而託王焉與之參國政正是非如是則國孰敢不爲義矣君臣上下貴賤長少至於庶人莫不爲義則天下孰不欲合義矣賢士願相國之朝能士願相國之官好利（利當作義）之民莫不願以齊爲歸是一天下也相國舍是而不爲案

直爲世俗之所爲則女主亂之宮詐臣亂之朝貪吏亂之官衆庶百姓皆以貪利爭奪爲俗曷若是而可以持國乎今巨楚縣吾前大燕鰌吾後勁魏鉤吾右西壤之不絕若繩楚人則乃有襄賁開陽以臨吾左是一國作謀則三國必起而乘我如是則齊必斷而爲四三國若假城然耳必爲天下大笑曷若兩者孰足爲也夫桀紂聖王之後子孫也有天下者之世也埶籍之所存天下之宗室也土地之大封內千里人之衆數以億萬俄而天下偶然舉去桀紂而犇湯武反然舉惡桀紂而貴湯武是何也夫桀紂何失而湯武何得也曰是無他故焉桀紂者善爲人之所惡而湯武者善爲人之所好也人之所惡何也曰汙漫爭奪貪利是也人之所好何也曰禮義辭讓忠信是也今君人者

辟稱比方則欲自竝乎湯武若其所以統之則無以異桀紂而求有湯武之功名可乎故凡得勝者必與人也凡得人者必與道也道者何也曰禮讓忠信是也故自四五萬而往者彊勝非衆之力也隆在信矣自數百里而往者安固非人之力也隆在脩政矣今已有數萬之衆者也陶誕比周以爭與已有數百里之國者也汙漫突盜以爭地然則是弃己之所安彊而爭己之所危弱也損己之所不足以重己之所有餘若是其悖繆也而求有湯武之功名可乎辟之猶伏而咶天救經而引其足也說必不行矣愈務而愈遠爲人臣者不恤己行之不行苟得利而已矣是渠衝入穴而求利也是仁人之所羞而不爲也故人莫貴乎生莫樂乎安所以養生安樂者莫大乎禮義人知貴生樂

安而弃禮義辟之是猶欲壽而歾頸也愚莫大焉故君人者愛民而安好士而榮兩者無一焉而亡詩曰价人維藩大師維垣此之謂也齊相不能用其言郇卿乃適楚于是諸侯合謀五國伐齊湣王奔莒楚使淖齒救齊因爲齊相淖齒欲與燕分齊地乃執湣王殺之于鼓里田單起卽墨卒復齊所失七十餘城迎湣王子法章于莒而立之是爲襄王襄王復國尚脩列大夫之缺諸儒反稷下其時田駢之屬已死惟郇卿最爲老師于是郇卿三爲祭酒焉後齊人或讒郇卿郇卿乃適楚楚相春申君相楚之八年以郇卿爲蘭陵令客說春申君曰湯以亳武王以鄗皆不過百里以有天下今郇子天下賢人也君藉以百里之埶臣竊以爲不便於君何如春申君曰善于是使人謝郇卿郇卿去之趙

趙以爲上卿與臨武君孫臏議兵於趙孝成王之前臨武君爲變詐之兵郇卿以王兵難之不能對也語詳郇卿子議兵篇卒不用於趙遂應聘于秦初見應侯范雎應侯問以入秦何見郇卿曰其固塞險形埶便山林川谷美天材之利多是形勝也入境觀其風俗其百姓樸其聲樂不流汙其服不挑甚畏有司而順古之民也及都邑官府其百吏肅然莫不恭儉敦敬忠信而不楛古之吏也入其國觀其士大夫出于其門入于公門出于公門入于其家無有私事也不比周不朋黨倜然莫不明通而公也古之士大夫也觀其朝廷其閒聽決百事不留恬然如無治者古之朝也故四世有勝非幸也數也是所見也故曰佚而治約而詳不煩而功治之至也秦類之矣雖然則有其諰矣兼

是數具者而盡有之然而縣之以王者之功名則倜倜然其不及遠矣是何也則其殆無儒邪故曰粹而王駁而霸無一焉而亡此秦之所短也秦昭王聞其重儒也因問曰儒無益於人國郇卿曰儒者法先王隆禮義謹乎臣子而致貴乎上者也人主用之則埶在本朝而宜不用則退編百姓而慤必爲順下矣雖窮困凍餓必不以邪道爲貪無置錐之地而明于持社稷之大義嗚呼而莫之能應然而通乎財萬物養百姓之經紀埶在人上則王公之材也在人下則社稷之臣國君之寶也雖隱于窮閻漏屋人莫不貴之道誠存也仲尼將爲司寇沈猶氏不敢朝飮其羊公慎氏出其妻慎潰氏踰境而徙魯之粥牛馬者不豫賈必蚤正以待之也居于闕里闕里之子弟罔不分有親者取

多孝弟以化之也儒者在本朝則美政在下位則美俗儒之爲人下如是矣王曰然則其爲人上何如郇卿曰其爲人上也廣大矣志意定乎內禮節脩乎朝法則度量出乎官忠信愛利形乎下行一不義殺一無罪而得天下不爲也此君義信乎人矣通于四海則天下應之如讙是何也則貴名白而天下治也故近者歌謳而樂之遠者竭蹶而趨之四海之內若一家通達之屬莫不服夫是之謂人師詩曰自西自東自南自北此之謂也夫其爲人下也如彼其爲人上也如此何謂其無益于人之國也昭王曰善然終不能用郇卿也郇卿在秦知不見用無何由秦反趙後春申君之客又說春申君曰昔伊尹去夏入殷殷王而夏亡管仲去魯入齊魯弱而齊彊夫賢者所在君未嘗不尊

國未嘗不榮也今郇卿天下賢人也君何辭之春申君又曰善
于是使人請郇卿于趙郇卿遺書謝之曰諺云癘人憐王此不
恭之語也雖然不可不審察也此爲劫弑死亡之主言也夫人
主年少而矜材無法術以知奸則大臣主斷國私以禁誅于己
也故弑賢長而立幼弱廢正嫡而立不義春秋記之曰楚王子
圍聘于鄭未出境聞王病反問疾遂以冠纓絞王殺之因自立
也齊崔杼之妻美莊公通之崔杼帥其君黨而攻莊公莊公請
與分國崔杼不許欲自刃于廟崔杼不許莊公走出踰于外牆
射中股遂殺之而立其弟景公近代所見李兌用趙餓主父于
沙丘百日而殺之淖齒用齊擢湣王之筋縣于廟梁宿昔而死
夫癘雖癰腫痂疵上比前世未至絞纓射股下比近代未至擢

筋餓死也夫劫弒死亡之主也心之憂勞形之困苦必甚于癘矣由此觀之癘雖憐王可也蓋李園之包藏禍心李園女弟之陰謀郇卿早知其必發故以書刺之也又爲歌賦以遺春申君曰天下不治請陳佹詩天地易位四時易鄉列星殞墜旦暮晦盲幽晦登昭日月下藏公正無私反見縱橫志愛公利重樓疏堂無私罪人憼革貳兵道德純備讒口將將仁人絀約敖暴擅彊天下幽險恐失世英螭龍爲蝘蜓鴟梟爲鳳凰比干見刳孔子拘匡昭昭乎其知之明也郁郁乎其遇時之不祥也拂乎其欲禮義之大行也闇乎天下之晦盲也皓天不復憂無疆也千歲必反古之常也弟子勉學天不忘也聖人共手時幾將矣與愚以疑願聞反辭其小歌曰念彼遠方何其塞矣仁人絀約暴

人衍矣忠臣危殆讒人服矣琁玉瑤珠不知佩也雜布與錦不知異也閭娵子奢莫之媒也嫫母力父是之嘉也以盲爲明以聾爲聰以危爲安以吉爲凶嗚呼上天曷維其同春申君得書與歌賦恨之復固謝郇卿卿不得已乃行至楚復爲蘭陵令春申相楚之二十五年楚考烈王卒春申君果被李園所殺而郇卿遂廢蘭陵令因家蘭陵二十餘年秦始皇三十四年李斯爲秦相郇卿聞之爲之不食知其必敗也後卒年葢八十餘矣因葬于蘭陵方郇卿至稷下也諸子咸作書刺世諸子之事皆以爲非先王之法也蘇秦張儀以邪道說諸侯以大貴顯郇卿退而笑曰夫不以其道進者必不以其道亡孟子言人之性善郇卿後孟子百餘年以爲人之性惡作性惡一篇疾濁世之政亡國

亂君相屬不遂大道而營乎巫祝信禨祥鄙儒小拘莊周等又
滑稽亂俗于是推本儒術闡道德崇禮勸學著數萬言凡三十
二篇又作春秋公子血脈譜郇卿善爲詩禮易春秋從根牟子
受詩以傳毛亨號毛詩又傳浮丘伯伯傳申公號魯詩從馯臂
子弓受易並傳其學稱子弓比于孔子從虞卿受左氏春秋以
傳張蒼蒼傳賈誼穀梁俶亦爲經作傳傳郇卿郇卿傳浮丘伯伯
傳申公申公傳瑕丘江公世爲博士郇卿尤精于禮書闕有閒
受授莫詳由是漢之治易詩春秋者皆源出于郇卿郇卿弟子
今知名者韓非李斯陳囂毛亨浮丘伯張蒼而已當時甚盛也
至漢時蘭陵人多善爲學皆卿之門人也漢人稱之曰蘭陵人
喜字爲卿法郇卿也教澤所及蓋亦遠矣後十一世孫遂遂生

淑淑生子八人時號八龍卿之後甚著于東漢迄魏晉六朝知名之士不絶云

論曰劉向言漢興董仲舒亦大儒作書美郇卿孟子董先生皆小五伯以爲仲尼之門五尺童子皆羞稱五伯如人君能用郇卿庶幾于王然世莫能用而六國之君殘滅秦國大亂卒以亡觀郇卿之書其陳王道甚易行疾世莫能用其言悽愴甚可痛也嗚呼使斯人卒終于閭巷而功業不得見於世哀哉可爲霣涕其書可比于傳記可以爲法諒哉斯言向故元王交之孫交郇卿再傳弟子也其知之深矣其哀痛有由矣然而汙不至阿其所好也向校讎中秘書定著郇卿子三十二篇傳之至今向亦卿之功臣哉唐儒楊倞復爲之注表彰之功亦向之亞矣

又郇卿別傳攷異二十二事林寶元和姓纂郇周文王十七子郇侯之後以國爲氏詩郇伯勞之毛傳云郇伯郇侯也郇本侯爵郇侯曾爲二伯詩舉重者言故毛傳云然後去邑爲荀晉有荀林父生庚裔孫況況十一代孫遂遂生淑生儉緄靖燾汪爽肅時人謂之八龍案水經注涑水逕猗氏故城北又西逕郇城郇伯國也其地卽今山西蒲州府猗氏縣之境郇國晉武公所滅見竹書紀年故郇伯之後仕于晉獻公之世有荀息魯僖二十七年荀林父御戎林父于息屬之親疎未詳林父子庚成三年聘魯庚子偃成十六年佐上軍偃子吳襄二十六年聘魯吳子寅昭二十九年與趙鞅城汝濱定十三年入于朝歌叛魯哀五年奔齊由寅至郇卿幾二百年由哀五年至周赧王十六年得一百九十四年也其閒幾世不可詳矣林寶所云皆据郇氏家

傳信而有徵者也但後漢書荀淑傳稱淑爲荀卿十一世孫則遂當是十世孫不知今本元和姓纂誤衍一字歟抑今本後漢書十一世乃十二世之誤歟無明據以證之也云後去邑爲荀此乃想當然之辭殊非確論何也荀姓乃黃帝之後國語司空季子言黃帝之子二十五宗得姓者十二姬酉祁已滕葴任荀僖姞儇依是也郇國之郇詩郇伯勞之竹書紀年晉武公滅郇此據漢書地理志臣瓚注所引紀年之文今本紀年皆作荀不作郇矣國語訾祏言范文子受以郇櫟字皆作郇幷不作荀也而左傳諸荀之在晉者字皆作荀不復作郇此蓋傳寫相承久而不改正如許國許姓之許字作鄦凡經典之中竟無鄦字人遂相沿不改是其證也幷非有故去邑爲荀明矣今別傳中皆用郇字以著受姓之源　史記稱

荀卿國策劉向漢書藝文志應劭風俗通皆稱孫卿司馬貞顏師古皆以爲避宣帝諱詢故改稱孫謝東墅云漢不避嫌名時人荀淑荀爽俱用本字左傳荀息至荀瑤亦不改字何獨于荀卿反改之邪蓋荀孫二字同音語遂移易如荆軻謂之荆卿又謂之慶卿又如張良爲韓信都信都司徒也俗音不正曰信都案謝東墅駮郇卿之稱孫卿不因避諱足破千古之惑以爲俗音不正若司徒信都則仍非也郇卿之爲郇伯之後以國爲氏無可疑矣且郇卿趙人古郇國在今山西猗氏縣境其地于戰國正屬趙故爲趙人又稱孫者蓋郇伯公孫之後以孫爲氏也王符潛夫論志姓氏篇云王孫氏公孫氏國自有之孫氏者或王孫之班或公孫之班也是各國公孫之後皆有孫氏矣由是

言之郇也孫也皆氏也戰國之末宗法廢絕姓氏混一故人有兩姓幷稱者實皆古之氏也如陳完奔齊史記稱田完陳恆見論語史記作田常陳仲子見孟子郇卿書陳仲田仲互見田駢見郇卿書呂覽作陳駢陳田皆氏故兩稱之推之荊卿之稱慶卿亦是類耳若以俗語不正二字同音遂致移易爲言尚未達其所以然之故也今別傳不稱孫者以別族在當時宜稱孫舉近者言也孫氏各國皆有不明所出後人宜稱郇以著所出故郇卿書稱孫子仍之不改郇卿自稱之辭也自史公稱荀卿其後裔荀淑等皆曰荀相沿至今皆曰郇子故不復稱孫也　齊宣王尊寵稷下諸子號曰列大夫言爵比大夫也孟子宣王時在齊居列大夫之中而孟子書言孟子爲卿于齊孟子自言我

無官守我無言責與史記田完世家云列大夫不治而議論者合然不稱列大夫而曰爲卿蓋卿即列大夫之長所謂郇卿三爲祭酒是也然則郇卿亦爲卿于齊矣史記虞卿傳虞卿說趙孝成王再見爲趙上卿故號虞卿郇卿亦爲趙上卿又從虞卿受左氏春秋郇卿之稱卿蓋法虞卿矣劉向云蘭陵人喜字爲卿以法孫卿也然則在齊人趙人稱郇卿尊之之辭也蘭陵弟子稱郇卿美之之辭也　史記荀卿年五十始來遊學于齊劉向云孫卿有秀才年五十始來遊學應劭風俗通窮通篇云孫卿有秀才年十五始來遊學作年十五者是也史記與劉向序皆傳寫誤倒耳郇卿來齊在何時史公劉向應劭皆未明言桓寬鹽鐵論論儒篇云湣王奮二世之餘烈南舉楚淮北幷巨宋

莒十二國西摧三晉卻强秦五國賓從鄒魯之君泗上諸侯皆入臣矜功不休百姓不堪諸儒諫不從各分散慎到接子亡去田駢如薛而孫卿適楚內無良臣故諸侯伐之是郇卿湣王末年至齊矣今郇卿書彊國篇有說齊相一章正諫湣王矜功五國謀伐齊之事蓋說之不從遂之楚五國旋果伐齊湣王奔莒被殺襄王復國稷下諸子分散者復反稷下郇卿適楚不久即反齊是以史記劉向應劭皆云襄王時尚修列大夫之缺言湣王末列大夫已散襄王復聚之尚能脩列大夫之缺也　劉向云威王宣王之時聚天下賢士於稷下號曰列大夫是時孫卿有秀才年五十始來遊學應劭亦如此云惟作齊威王時無宣王年五十作十五年十五是也無宣王蓋脫去耳應劭之文全

本劉向故也說者遂疑郇卿齊威王時至齊非也稷下之士實威王初年始聚之湻于髡傳齊威王八年楚伐齊髡使趙請兵是其證也威王在位三十六年宣王立據田完世家宣十八年乃尊崇稷下之七十六人賜列第爲上大夫不治而議論是以稷下之士復盛且數萬人宣王在位十九年十八年始尊崇稷下之士號曰列大夫威王時並無列大夫之號也郇史記所云是以稷下之士復盛且數萬人皆終言其事非宣王之世在湣王之世也劉向應劭所云皆溯稷下聚士之由故統威王宣王言之云是時孫卿有秀才非謂威王宣王之時指稷下之盛時郇湣王之世也讀者不察以辭害意故繆爲之說耳　史記春申君傳考烈王元年以黃歇爲相封春申君春申君相楚之八

年以荀卿爲蘭陵令然則郇卿被讒去齊入楚在楚考烈王之八年齊王建之十年也客說春申君以湯武百里有天下孫子賢人藉以百里之勢不便于君審其詞意必郇卿爲蘭陵令不久之事春申信客言卽謝郇卿郇卿乃去而之趙當在考烈王八九年趙孝成王之十二三年議兵于趙孝成之前卽此時矣劉向云孫卿應聘于諸侯見秦昭王及秦相應侯今郇卿書儒效篇有秦昭王問孫子儒無益于人國一章彊國篇有應侯問孫子入秦何見一章是其事也據范雎傳雎爲相封侯在秦昭王四十一年五十二年因王稽坐法誅應侯懼蔡澤說之遂罷相應侯罷相之年卽楚考烈王八年郇卿爲蘭陵令時應侯既罷相矣劉向稱秦相應侯約言之郇卿書直稱應侯不曰秦相

得其實矣秦昭王在位盡五十六年郇卿入趙當昭王五十二三年由趙入秦不出秦昭王五十四至五十六三年中也即由秦反趙亦不出此三年中　客再說春申君春申君請郇卿于趙國策不言在何時考春申君傳春申君相楚二十二年諸侯合從西伐秦楚為從長春申君用事至函谷關諸侯兵皆敗走楚考烈王以咎春申君春申君以此益疏客言春申君以合從伐秦不利歸咎諸客疏而遠之前譏郇卿之客必在所疏之中于是春申君所聽信者惟觀津人朱英春申君從楚都壽春一切所為皆朱英之謀然則說春申君反郇卿于趙之客蓋即朱英歟由是言之郇卿復為蘭陵令在楚考烈王二十二年之後矣二十五年春申被李園所殺郇卿廢蘭陵令計前後兩為蘭

陵令不過三四年耳　桓寬鹽鐵論毀學篇云李斯之相秦也始皇任之人臣無二然而郇卿爲之不食覩其罹不測之禍也李斯相秦據始皇本紀在三十四年是年郇卿尚存猶及見之其卒也必在是年之後矣郇卿以湣王末年年十五來齊據田完世家湣王三十八年伐宋滅之而郇卿說齊相之辭但曰巨楚縣吾前大燕鰌吾後勁魏鉤吾右不及宋國時宋已滅明矣說齊相不從郇卿乃適楚必湣王三十九年之事蓋郇卿之來齊亦即在是年歟雖無明證試以是年郇卿年十五推之當生于周赧王十六年計至始皇三十四年得八十七年故別傳云卒年蓋八十餘矣　李斯傳斯長男由爲三川守告歸咸陽斯置酒于家百官長皆前爲壽李斯喟然而歎曰嗟乎吾聞之郇

卿曰物禁大盛斯乃上蔡布衣今人臣無居臣上者物極則衰吾未知所稅駕也所謂郇卿為之不食必有戒斯之詞物禁太盛其戒斯之詞歟當由告歸百官長上壽之時追念師言不覺而歎耳史公紀由告歸在始皇三十五年之後敘此事畢接書三十七年事則由告歸李斯之歎在三十六年矣是年郇卿之存與卒不得而考然可為郇卿為之不食之明證也　劉向讎校中孫卿書凡三百二十二篇以相校除復重二百九十篇定著三十二篇言中祕所藏孫卿之書共有三百二十二篇實三十二篇餘皆重複之篇也而漢書藝文志云孫卿子三十三篇乃傳刊之誤當作三十二篇王伯厚漢藝文志攷證已言之矣然漢志既列孫卿子三十二篇于諸子儒家又列孫卿賦十篇

于詩賦今郇卿書賦篇僅有賦六篇讀者莫明其故蓋郇卿書中之賦篇成相篇也漢志雜賦十二家有成相雜辭十一篇藝文類聚八十九卷引成相篇曰莊子貴支離悲木槿注云成相出淮南子（據此則淮南子亦有成相之篇今已久佚漢志亦從本書別出）然則成相雜辭十一篇者淮南王之所作也賦者古詩之流成相亦賦之流也今案賦篇禮知雲蠶箴五賦之外有佹詩一篇凡六篇成相篇自請成相世之殃至不由者亂何疑爲是弟一篇自凡成相辨法方至宗其賢良辨孼殃是弟二篇自請成相道聖王至道古聖賢基必張是弟三篇自願陳辭（願陳辭上脫請成相三字）至託于成相以喻意是弟四篇自請成相言治方至後世法之成律貫是弟五篇合之賦六篇實十有一篇今漢志云孫卿賦十篇者亦脫一字

當作十一篇也隋書經籍志有楚蘭陵令郇況集一卷注云殘闕梁二卷隋志本之梁阮孝緒七錄蓋七錄題二卷者正謂賦一卷成相一卷也脩隋志者不知成相亦賦也徒見郇卿賦篇僅六賦不可分爲二卷疑有殘闕故注其下曰殘闕梁二卷亦殊疏矣至舊唐書經籍志有郇況集二卷新唐書藝文志亦有郇況集二卷皆據隋志梁二卷之文載之而已非別有全本也

王伯厚玉海引宋李淑書目云春秋公子血脈譜傳本曰郇卿撰秦譜下及項滅子嬰之際非郇卿作明矣然枝分派別如指諸掌非殫見洽聞不能爲其閒不無訛繆案郇卿從虞卿受左氏春秋故作春秋公子血脈譜蓋據左氏傳文及左丘明世本之姓氏篇以成書也世本左丘明作見顏氏家訓書證篇云出皇甫謐帝王世紀世本有姓氏篇見

左傳正義引李淑疑非郇卿作不過因秦公子譜下及秦亡而已不知郇卿卒于始皇三十四年之後去秦亡項滅子嬰才數年耳下及子嬰之世又何疑邪據云非殫見洽聞不能爲其書之善可知又云其閒不無訛繆其中必有與史記諸書不合者如皇甫謐帝王世紀亦據左丘明世本其中有足攷訂史記者即其比也不得因其不合遂指爲訛繆矣其書不見引于羣籍七略七錄皆不著其目宋時猶存竟至亡佚惜哉虞荔鼎錄云荀況在嵩溪作一鼎大如五石甕表裏皆紀兵法大篆書四足

劉向云孟子以爲人性善孫卿後孟子百餘年以爲人性惡向必言後孟子百餘年者以史記言孟子所如不合退而與萬章之徒述仲尼之意作孟子七篇又言郇卿著數萬言而卒是孟郇著書皆在晚年故據孟郇之卒年相

去百餘年爲言也向徧讀中秘書博覽參稽其言信而有徵者也故別傳從之郇卿卒于始皇三十四年之後逆推孟子之卒當在周赧王初年方合百餘年之數今世所傳孟子譜禮樂錄闕里志等書皆出宋明人之手記孟子生卒言人人殊均無據之游辭不足信者也而說經者好稱之誠末學所不解矣　陸德明經典釋文敘錄毛詩子夏授高行子高行子授薛倉子薛倉子授帛妙子帛妙子授河閒大毛公毛公爲詩詁訓傳于家以授趙人小毛公一云子夏授曾申申傳魏人李克克傳魯人孟仲子孟仲子授根牟子根牟子授趙人孫卿子孫卿子傳魯人大毛公陸璣毛詩草木蟲魚疏云孔子刪詩授卜商商爲之序以授魯人曾申申授魏人李克克授魯人孟仲子孟仲子授

根牟子根牟子授趙人孫卿卿授魯國毛亨亨作詁訓傳以授趙國毛萇時人謂亨爲大毛公萇爲小毛公此毛詩得郇卿之傳也　漢書楚元王傳楚元王交嘗與魯穆生白公申公俱受詩于浮丘伯（浮丘一作包丘見鹽鐵論毀學篇浮丘蓋齊地名因以爲氏浮包同聲字如春秋浮來之地左傳浮來公穀皆作包來是其例也）伯孫卿之門人也浮丘伯在長安元王遣子郢客與申公卒業文帝時申公爲詩最精以爲博士申公始爲詩號魯詩此魯詩得郇卿之傳也　劉向別錄（左傳正義引）左丘明授曾申申授吳起起授其子期期授楚鐸椒椒作鈔撮八卷授虞卿卿作鈔撮九卷授孫卿卿授張蒼經典釋文云左丘明作傳以授曾申申傳衛人吳起起傳其子期期傳楚人鐸椒椒傳趙人虞卿虞卿傳同郡郇卿名況況傳武威（張蒼陽武人此云武威傳寫之誤）張

蒼蒼傳洛陽賈誼此左氏春秋郇卿之傳也　楊士勛穀梁疏穀梁子名俶字元始一名赤魯人受經于子夏爲經作傳授孫卿卿傳魯人申公申公傳瑕丘江翁此疏有脫文當云卿傳浮丘伯伯傳申公申公傳瑕丘江翁漢書儒林傳申公少與楚元王交俱事齊人浮丘伯卒以詩春秋授而瑕丘江公盡能傳之是其證也顏師古亦云穀梁授經于子夏傳郇卿此穀梁春秋郇卿之傳也　史記仲尼弟子列傳商瞿字子木孔子傳易于瞿瞿傳楚人馯臂子弓今本史記作子弘張守節正義已正其誤然韓昌黎云太史公書弟子傳有姓名馯臂子弓則昌黎所見之史記未誤也張守節所據本誤致令今本皆誤子弓傳江東矯子庸庇漢書儒林傳商瞿受易仲尼傳魯橋庇子庸子庸傳江東馯臂子弓亦誤當以史記爲正今漢書子庸子弓二名互易幸畱江東二字在中間不誤然子弓史記云楚人漢書云魯人未詳孰是也郇卿善爲易得子弓之傳也

郇卿傳易于何人不可考　郇卿尤善于禮今授受源流不可考然漢書儒林傳東海蘭陵孟卿事蕭奮以禮授后蒼蒼說禮數萬言號曰曲臺記授戴德延君戴聖次君德號大戴聖號小戴據劉向云蘭陵人善爲學葢以孫卿也長老至今稱之曰蘭陵人喜字爲卿葢以法孫卿也孟卿蘭陵人善爲禮又字卿必得郇卿之傳也惜今未能知其詳耳孟卿傳士禮十七篇于后蒼蒼傳二戴今大小戴所傳儀禮篇次各殊見賈公彥儀禮疏由是言之儀禮葢亦郇卿之傳也

郇卿之師子弓韓昌黎以爲馯臂子弓此說不起自昌黎張守節作史記正義所據本作子弘辯之曰荀子作子弓楊倞注非相篇云馯臂子弓受易者也傳易之外別無聞非馯臂也楊注力辯非馯臂子弓則唐以前之說

皆以郇子之子弓即馯臂矣古說相傳信而有徵者也應劭云子弓子夏之門人蓋子弓學無常師學業必有異人者故郇卿比之孔子不得以典籍無傳而疑之也楊倞以子弓爲仲弓云子者著其爲師元人吳萊以爲子弓之爲仲弓猶季路之爲子路考其時世郇卿不得受業于仲弓不過因孔子稱仲弓可使南面以爲必仲弓方可比孔子耳殊乖事之實也王弼注論語云見經典釋文朱張字子弓郇卿以比孔子者朱張字子弓或有所據以爲即郇卿所稱子弓誣亦甚矣朱張在孔子之前郇卿不能受業即以爲郇所受業亦孔子前之聖人何以郇卿動曰孔子子弓先孔子而後子弓邪　劉向云董仲舒作書美郇卿案漢書藝文志董仲舒百二十篇今惟存春秋繁露八十二篇復

多殘闕不見美郇卿之文其逸久矣汪氏述學極詆國策記郇卿之事其言曰孫子謝春申書去就曾不一言泛引劫弑死亡之事未知何屬且靈王楚之先君豈宜斥言其罪韓嬰誤以説詩劉向不察采入國策失之矣自厲憐王以下乃韓非子姦劫弑臣篇文其言刻覈舞知以禦人其詞賦乃郇子佹詩之小歌由二書雜采爲篇文義不屬孫卿自爲蘭陵令逮春申君死十八年其間未嘗適趙本傳稱齊人或讒郇卿卿乃適楚詩外傳國策所載卽因此緣飾未所引詩乃詩外傳之文國策亦並載之案汪氏此説殊武斷因不達郇卿謝書之旨遂妄言之耳書之旨言春申將有劫殺之禍指李園女弟之謀與親信李園也故其詞隱其意微言外有去而不就之心何得以去就不言爲

疑邪其說靈王也直據春秋所記之事言非斥其罪國策載之韓詩外傳載之劉向校孫卿書雖未載其謝書然云謝春申書以刺楚國事必不誣也韓非郇卿弟子其書援引師說又何足怪因韓非引之即斥爲刻覈舞知禦人今讀其書心情悱惻諷刺深遠並無舞知禦人之事何其誣也且以爲郇卿此書乃劉向采自韓非以入國策韓非之書雖全用其文然未明言是郇卿謝春申書而向遂割取以妄爲之向之博學篤實乃至荒唐若此乎何其自信而輕蔑古人邪郇卿遺春申書與歌賦本屬二事何得云文義不屬邪但國策所載歌賦不全今賦篇末佹詩一篇皆是也乃云詞賦乃郇子佹詩之小歌何其知二五而不知有十也不信劉向不信國策徒拘守史記漫不加考窒莫

甚焉妄云孫卿自爲蘭陵令逮春申君死十八年未嘗適趙但據春申君傳相楚八年以郇卿爲蘭陵令之文計至春申君死郇卿廢其閒十八年十八年不誤未嘗適趙則繆之繆者也此十八年中果在蘭陵未之他國而何時議兵于趙孝成王之前何時入秦與秦昭王應侯相問荅邪凡此皆見于郇卿書者豈抑可誣爲劉向所爲乎至以國策韓詩外傳皆因史記齊人或讒郇卿之文緣飾而成更屬駕誣之詞直以莫須有斷獄矣惟國策篇末所引詩實韓詩外傳之文所見良是然以爲劉向采自韓詩外傳則仍非後人據韓詩外傳以竄入國策耳今世所行國策皆非劉向著定之舊夫豈不知邪汪氏以考據自命雄視一時不料其亦畱此武斷之説于世也